练好口才的
第一本书

中国金话筒奖得主
殷亚敏 著

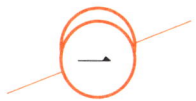

亲爱的读者，翻开这本书，你希望找到什么？

先别忙着回答，来看一个故事。

有三个人要被关进监狱三年，监狱长让他们三人每人提一个要求。

美国人爱抽雪茄，要了三箱雪茄。

法国人最浪漫，要一个美丽的女子相伴。

而犹太人说，他要一部与外界沟通的电话。

三年过后，第一个冲出来的是美国人，嘴里、鼻孔里塞满了雪茄，大喊道："给我火，给我火！"原来他忘了要火。

接着出来的是法国人，只见他手里抱着一个小孩子。美丽女子手里牵着一个小孩子，她的肚子里还怀着第三个。

最后出来的是犹太人，他紧紧握住监狱长的手说："这三年来我每天与外界联系，我的生意不但没有停顿，反而增长了200%。为了表示感谢，我送你一辆劳斯莱斯！"

这就是人生：你选择什么，你就得到什么。

作为一名领导者,作为一名企业家,当当众讲话成为你的拦路虎的时候,你一定急切地在成百上千本演讲类书中寻找、选择。如果你相信自己的眼光,并打算按照本书中的方法持之以恒练习,我想说,选择本书是对的!

因为这本书中提供的当众讲话训练方法简单、有效,是我在自己的工作和教学实践中总结出来,并被数万名读者和学员验证过的。

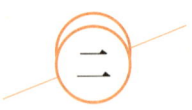

这本书提供的,就是领导者当众讲话的方法。

我做播音主持工作三十四年;做基层管理工作二十多年;在大学里兼职教授大学生当众讲话训练课七年;到大学、企事业单位做培训,做了七八十场;主持了上百场成功人士的讲座;研究了上百个领导者的讲话案例。在主持、管理、教学、写作的实践中,我总结出,当众讲话的技能可以用两个成语概括:

有胆有识、声情并茂。

再浓缩一下,就是四个字:

胆,声,情,识。

凡是会讲话的领导者,具备的就是"胆声情识";不会讲话的领导者,缺的也是这四点。

无胆,是不少领导者一生过不去的"鬼门关"。讲话稿写得很好,台下练习的次数很多,可是往台上一站,脑子里一片空白,浑身发抖,讲话结巴。

无声,指的是不会用气用声,说话声音小,不悦耳,话说多了嗓子就哑,吐字含混不清。

无情,指的是讲话平淡如水,没有感情,语气没有抑扬顿挫的变化,台下人听了打瞌睡。

无识,指的是讲话内容见识不够,逻辑混乱,没有条理,不好听,记不住。

培养胆声情识的方法是什么呢?

也是四个字：定，耳，舞，诀。

定 笑定、眼定、站定，就是保持微笑，眼睛看观众，站定三秒钟再开口说话。这是练胆之法，培养领导者在讲台上迅速进入沉着镇定状态的方法。通过对外在体态语的训练，由外向内改变人的心理素质，由无胆变有胆。学会了"三定"，就可以达到好声、好身、好脑、好运的目的。

耳 耳语练气发声法，是让领导者快速掌握科学用气发声的理论及方法。这个方法很简单，就是说悄悄话。天天说悄悄话，你就掌握了练气发声的方法，就可以达到美声、美身、美神的目的。

舞 "双人舞"理论，这里不是指学跳舞，而是指手舞足蹈、眉飞色舞。通俗地说，就是说话时一定要加手势，这是练习讲话生动形象的方法。牵住手势训练这个牛鼻子，呆板的讲话马上会变得生动形象，台下观众个个被你吸引。

诀 "一简二活三口诀"。"一简"，就是讲话的观点要简化成一个字；"二活"，就是紧接着举出生动鲜活的例子；"三口诀"，就是讲话中的小观点要用常用词把它们串联起来。这是让讲话内容好听、好记、过耳不忘的一套方法。

按照书中的方法训练，你的当众讲话能力就一定能提高！

我为什么要写《领导者练好口才的第一本书》这本书呢？原因有两条：有需要，要感恩。

一是有需要。

讲两个例子。

例一：

　　我到一个高新区管委会讲课。讲完课吃饭的时候，管委会主任说，今年春节他和管委会书记全都做手术了。

　　我问怎么回事。他说，招商引资压力大，两位主官天天都要见几拨客商，不停地讲话，讲得多了嗓子就疼。三年下来，最后声音都嘶哑了。一检查，全都是长了声带小结，医生要求做手术。何时做呢？为了不影响工作，就双双利用春节七天长假做了声带手术。

例二：

　　在给一家上市公司管理层做培训时，我做了一个关于讲话技能的书面调查，共回收问卷120份。其中自认为上台讲话无胆者75人；不会用声者18人；讲话没感情者16人；讲话没有见识、没有条理者11人。

这两个例子说明，写一本关于领导者当众讲话训练方法的书，把自己经过实践检验的一套方法与人分享，在领导者中大有需求。

二是要感恩。

感恩读者。

讲个读者颜滨的故事。

颜滨是浙江新颜物流公司的董事长。有一天，颜滨在开车时听到了中央人民广播电台经济之声《财经夜读》节目主持人刘静正在就《21天掌握当众讲话诀窍》一书对我进行专访。

颜滨在给我的邮件中写道：

于是次日我就通过上网了解，然后马上专门叫办公室主任订购此书。这些天虽然有些忙，但是可以用手不释卷来形容，一直饶有兴趣地抽空读着此书，享受技巧，已经能够用上一些技巧了。

我本人学习了您的《21天掌握当众讲话诀窍》后，写了11628字的学习心得。我把我的心得转发给了在上海的博士学友会的我的四十多个同学。有七八个同学给我反馈说受益匪浅。有的说，等于他也跟我一起深入学习了您的书。

我在给颜滨的回信中写道：

看了你的学习心得，我非常震撼！从你身上我看到的是江浙企业家强大到可怕的学习能力！

对你的学习能力，我有"四学"感受：学习态度，学习时间，学习方法，学习效果。……

2011年江南草长莺飞的季节，我又应颜滨先生的邀请，专程到上海，为他女儿所在的上海师范大学剑桥国际中心的老师、家长和学生做了一场如何当众讲话的公益讲座。

这个作者与读者交往的美丽故事，一直温暖着我。

自从2010年4月出版了《21天掌握当众讲话诀窍》后，我先后收到了上千封读者来信，他们向我求教当众讲话的心得，我也每信必回复。在这些交往中，我获益良多。从这些来信问答中，我筛选出了二百多封，放在我的新浪博客里。

将这些博文细细读来，我更感受到读者的信任、厚爱，以及教学相长的丰硕收获。于是，我又从博文中选取了四十多篇，分类放在本书前五章的后面，使"定耳舞诀"的内容更显丰满，教学方法更加多样。

在此向所有关心、支持、信任我的读者表达深深的谢意！

目录

第一章 领导者怎样提升当众讲话魅力 · 001

一、什么叫"领导"？· 003
1. 领导者要能身教 · 003
2. 领导者要能言教 · 004

二、什么叫"当众讲话"？· 006
1. 当众讲话不能只用口讲 · 006
2. 当众讲话：对内聚人心，对外树形象 · 007

三、什么叫领导者当众讲话的魅力？· 010
1. 从听众角度讲，讲话的魅力有三好 · 010
2. 从讲者角度讲，讲话的魅力在于胆声情识 · 013

四、提升当众讲话魅力的方法：定耳舞诀 · 020
1. "三定"练胆法 · 020
2. 耳语练气发声法 · 021
3. "双人舞"练情法 · 022
4. "一简二活三口诀"练识法 · 022

五、21天能掌握当众讲话的诀窍吗？· 024
1. 变，符合量变质变的哲学规律 · 024
2. 行，有行为心理学的依据 · 025
3. 果，教学效果的验证 · 025

六、当众讲话"四字经"怎样训练？·027

    1.什么叫训练的"训"？·028

    2.什么叫训练的"练"？·029

七、讲话训练的目的——形成正确的肌肉记忆·029

    1.什么叫肌肉记忆？·029

    2.讲话习惯也是肌肉记忆·030

八、当众讲话练习四原则·031

    1.恒练·031

    2.精练·036

    3.全练·038

    4.巧练·039

读者来信问答·041

    1.将相宁有种乎？·041

    2."行"与"悟"·042

    3.遇到练习的停滞期怎么办？·044

    4.学讲话有技也有道·045

第二章 "三定"练胆法
——提升领导者当众讲话魅力第一招·047

一、为什么领导者当众讲话要练胆？·049

    1.讲话有胆，内容才能精彩·049

    2.讲话有胆，避免"错词、滞词、没词"·051

    3.解决讲话无胆，势在必行·052

4.领导者为什么讲话无胆？·054
5.从无胆到有胆的练习模式·056
6.无胆讲话者的外在表现——"三不定"·061

二、快速克服讲话无胆方法之一：笑定·064

1.微笑对观众来说有两个作用：悦目，悦耳·064
2.微笑对当众讲话者有四好·067
3.怎样练习微笑？·075
4.微笑练习的材料和方法·077

三、快速克服讲话无胆方法之二：眼定·081

1.为什么眼定能展示自信？·083
2.练习眼定的好处：尊重人，吸引人，观察人·083
3.练习眼定的方法和要求·087

四、快速克服讲话无胆方法之三：站定·091

1.站定的两个标准·091
2.站直与站稳的具体要求·099
3.练习站定的方法·100

五、快速克服讲话无胆方法之四：
循环式综合练胆法·101

1.什么是循环式综合练胆法？·101
2.循环式综合练胆法的神奇之处·102
3.循环式综合练胆法的步骤和方法·104
4.循环式综合练胆法一定要群练·106

003

读者来信问答 · 107

1. "三定"训练对竞争上岗者很重要！ · 107
2. 怎样做到对上讲话、对下讲话都有胆？ · 108
3. "有识无胆"与"无胆无识" · 110
4. 牙齿稀疏能开口讲话吗？ · 110
5. 自己觉得微笑了，但别人却看不出来，怎么办？ · 111
6. 练微笑两腮不舒服，对吗？ · 112
7. 嘴衔筷子练微笑可以吗？ · 112
8. 怎样改变大舌头？ · 112
9. 怎样改变目光呆滞？ · 113
10. 讲话眨眼怎么办？ · 114
11. 讲话语速快怎么改？ · 115
12. 站着讲话不习惯怎么办？ · 116

第三章 耳语练气发声法
——提升领导者当众讲话魅力第二招 · 119

一、为什么讲话魅力在声？ · 121

二、领导者用声常见问题：疼，嘶，哑，浊 · 123

三、可望而不可即的胸腹式联合呼吸法 · 127

四、会说悄悄话，你就掌握了耳语练气发声法 · 129

五、用耳语法练气发声让你声美、身美、神美 · 129

1. 用耳语法练气发声的好处之一：美声 · 129

2.用耳语法练气发声的好处之二：美身·132

3.用耳语法练气发声的好处之三：美神·134

六、耳语练气发声法的特点：不玄，不哑，不吵·135

七、耳语练气发声法练习要领："笑手镜"·138

八、练习秘诀：辛苦一个月，受用一辈子·142

九、少而精的练习材料——见缝插针，聚沙成塔·145

1.背的材料：一个四字词，两首绕口令，

一段励志格言·145

2.说的材料·147

读者来信问答·148

1.用耳语法练习的时候，语速要放慢吗？·148

2.练习悄悄话的气息量要很大吗？·148

3.练习耳语法真的能让气色变好吗？·148

4.声音小，吐字不清，怎么办？·149

5.声音浑浊怎么办？·150

6.紧吸着肚皮练耳语法对吗？·151

7.怎样练习膛音？·151

8.讲课讲话要用小虚声吗？·152

9.练耳语法为什么会头晕？·152

10.大声说话有气，小声说话无气，怎么办？·153

11.怎样把普通话练标准？·154

 **第四章**

"双人舞"练情法
——提升领导者当众讲话魅力第三招·155

一、从乔布斯的演讲中看什么叫抑扬顿挫·157
1. 抑扬顿挫可以让你讲话有感情·157
2. "双人舞"练情法可以让你讲话抑扬顿挫·160

二、讲话生动形象,定要掌握"双人舞"练情法·161
1. 什么是"双人舞"?·161
2. 讲话生动形象的人都会"双人舞"·162
3. 不加"双人舞",讲话一定枯燥乏味·164

三、讲话运用"双人舞"有什么好处?·165
1. "双人舞"让讲话有激情·165
2. "双人舞"让讲话有形象感·167
3. "双人舞"让讲话有条理·170
4. "双人舞"让讲话内容更好记·172

四、怎样练习"双人舞"?·173
1. 多练:让双手成为传情达意的神奇工具·173
2. 练手势的三原则·175

五、让手势美观大方的"三手"要领·178
1. "舞"美观的要领之一:手臂抬·178
2. "舞"美观的要领之二:手腕硬·179
3. "舞"美观的要领之三:手指并,虎口张·179

六、"双人舞"的训练材料和方法 · 181

1. 练习讲话有激情的段子——"速度" · 181
2. 练习讲话有形象感的段子——"气球说" · 181
3. 练习讲话有条理性的段子——"三乐说" · 182

读者来信问答 · 183

1. 庄重场合能用"双人舞"吗？· 183
2. 讲话语气不坚定怎么练？· 184
3. 怎样让讲话时的动作优雅大方？· 184
4. 我不会加手势，怎么办？· 185
5. 想克服娘娘腔，该如何练习呢？· 187
6. 字快与句快怎样改？· 188
7. 语言不流畅怎样解决？· 188
8. 练"双人舞"时眼睛看哪里？· 189

第五章 "一简二活三口诀"练识法
——提升领导者当众讲话魅力第四招 · 191

一、"一简二活三口诀"概述 · 193

二、"简"——让听众过耳不忘的秘诀 · 200

1. 讲话之大道——观点要少而精 · 200
2. "简"的目的——好记 · 204
3. 讲话为什么有条无点？· 206
4. 讲话怎样做到"简"呢？· 209

三、"活"——让讲话喜闻乐听的诀窍 · 213

1. 什么叫"活"？· 213

2.领导者讲话为什么做不到"活"？·215

3.领导者讲话怎样做到"活"？·217

4.讲话运用"活"的好处·225

四、口诀——归纳讲话观点的秘方·232

1.什么叫口诀？·232

2.口诀化的三大好处：好记忆，有悬念，条理清·235

3.怎样做到口诀化？·239

五、"一简二活三口诀"的训练·243

1."四说"结构训练·243

2."三二一"讲话戒律训练·247

3.一字悟写稿练习·248

读者来信问答·249

1.有什么方法可以让自己的讲话深刻、新颖、鲜活呢？·249

2."活"的事例很少，怎么办？·254

3.举例子，可长，可中，可短·255

4.怎样写一字悟？·256

5.一字悟中一定要写每天的成长·257

6.有稿讲话是即兴讲话的前提·259

7.讲话卡壳，怎么办？·259

8.接不上别人的话，怎么办？·260

9.讲话诀窍从哪里来？·261

第六章 领导者当众讲话十一个实战技巧 · 263

一、前读后看——宣读文稿时与观众交流的秘诀 · 265

二、先排后演——隆重场合讲话不出错的秘诀 · 267

三、低开高走——让讲话节省气力的秘诀 · 270

　　1.每句话低开高走 · 270

　　2.全篇低开高走 · 271

四、讲话前动手写，上台时带提纲 · 274

五、讲话提纲要简略 · 276

六、首次讲话写提纲，重复演讲打腹稿 · 277

七、企业家演讲要讲自己的故事 · 277

八、讲话用金句的三个方法 · 280

　　1.多用因果结构金句 · 280

　　2.找金句的两个方法 · 281

　　3.讲好金句有三招 · 283

九、讲话互动五种方法 · 284

　　1.口头提问式 · 284

　　2.板书提问式 · 285

　　3.讲半句互动法 · 285

4.正反式体验 · 286

　　5.换位互动 · 286

十、控制讲话时间三法 · 287

十一、克服面对镜头的紧张感的方法 · 288

附录 · 290

第一章

领导者怎样
提升当众讲话魅力

优秀的领导者
既要身教,
又要言教。

每一个领导者都要传道授业解惑。"传道",即你要把组织的文化、做人的道理教导给你的下属;"授业",即你要把专业的技能教授给你的下属;"解惑",即他有什么疑惑,你要与他沟通,帮他解开。这些都离不开言教。

一、什么叫"领导"？

我们把"领导"这两个字拆开来看：领，是带领，也就是身教；导，是教导，也就是言教。一个优秀的领导者要做的就是两件事：身教与言教。

1. 领导者要能身教

身教——一个领导者首先要像一位冲锋陷阵的将军，横刀立马，身先士卒。

毛泽东率领着工农红军四渡赤水，爬雪山，过草地，进行艰苦卓绝的两万五千里长征，就是身教。

1992年，邓小平以八十八岁高龄坐火车前往南方，视察武昌、深圳、珠海、上海等地，强调继续坚持改革开放，要敢闯敢试，就是身教。

被称为中国"晚清中兴四大名臣之首"的曾国藩，在组建湘军之后，特别注重抓部队纪律，他要求部队所有将士早晨五点就得起床，六点左右吃完早餐，然后打仗或训练。他要求将士做到，自己首先做表率。他喜欢熬夜读书，但即使睡得再晚，第二天也必定一大早就起床，而且终其一生都不变。这就是身教。

王石领导万科地产三十余年，坚守企业价值底线，从来不行贿，这也是身教，是给中国企业领导者做出的榜样。

2. 领导者要能言教

领导者的言教，就是韩愈所讲的"传道授业解惑"。

每一个领导者都要传道授业解惑。"传道"，即你要把组织的文化、做人的道理教导给你的下属；"授业"，即你要把专业的技能教授给你的下属；"解惑"，即他有什么疑惑，你要与他沟通，帮他解开。这些都离不开言教。

  毛主席说："枪杆子里面出政权。"这个著名的论断，统一了全党的思想，指引中国共产党靠武装斗争夺取了革命胜利。这就是最好的言教。

  邓小平"不改革开放……只能是死路一条""科学技术是第一生产力"的论断，指引中国社会主义建设事业取得巨大成功。这就是最好的言教。

  曾国藩有句名言："败人两字，非傲即惰。"意思是说有才能之人的失败都在于骄傲，平庸之人的失败都在于懒惰。这么精准的概括，真是可以传世的教导！我常感叹，如果每个人在年轻的时候能听到这句名言，不知要少走多少弯路呀。

我在给企业讲课时经常会出一道判断题，大家的答案非常一致。

  我：现在请大家来做一道判断题，以下三种哪一种是一流的领导者？会做又会说，会做不会说，会说不会做。
  学员：会做又会说。
  我：大家说得好！各位的观点和古代一位圣贤的看法不谋而合呀。战国时期伟大的思想家荀子说过这样一段话：

> 口能言之,身能行之,国宝也;
>
> 口不能言,身能行之,国器也;
>
> 口能言之,身不能行,国用也。

你看,关于**"优秀的领导者既要身教,又要言教"**的观点,千古不变。因为它经历了几千年人类的共同印证,是超越时空、言之不虚的真理!

的确,要做一个优秀的领导者,身教言教缺一不可。如果你是茶壶里煮饺子——有口倒(道)不出,一定是一个有缺陷的管理者。

有一次我主持一家物联网公司校企联盟挂牌仪式。到这家公司的老总上台发言了,没想到,他讲了一半讲不下去,自己下台了。原来这位老总是搞研发出身,第一次上台当众讲话,头天写讲话稿写到深夜,第二天拿着稿子就上台了。虽然稿子是自己写的,但写得太长,事先又没有上口练习过,对稿子不熟,台下人一多,他读得结结巴巴,下面的听众纷纷离场,搞得他实在读不下去了,只能红着脸提前结束。

在高科技企业里,像这种研发出身,不会讲话的领导者有很多。

大公司领导不会讲话、害怕讲话的情况也不罕见。

心理咨询师吴仕逵在一篇分析管理者口吃的文章中谈道:

> 据最近的媒体调查,在口吃患者中有80%是白领,甚至是房产公司总裁、IT业的CEO。他们都是轻度患者,往往是小时候因为紧张而口吃,长大后慢慢改观,但是在强大的工作压力下,口吃的症状又有所反复。患者的口吃还分场合:某位总裁,与下属讲话不口吃,同上级对话就会结巴;一位董事长平时讲话有点结巴,法庭辩论时一点也不口吃。
>
> 思科总裁钱伯斯,曾患严重的口吃与学习困难症,并长期为自己能否完成学业而担忧;某知名企业的总裁,少年时代也患有口吃;乔·吉拉德,被称为世界上最伟大的推销员,在三十五岁时还患有相当严重的口吃,换过四十个工作还是走投无路;IBM的创始人老托马斯·沃森刚

入职场时，在大型公众场合讲话也结巴。

许多总裁口才不好，看上去所谓的谨慎、考虑周全、答非所问，其实都是发言恐惧的变相表现形式。他们的完美主义倾向过于强烈，恨不得在别人面前表现得完美无缺，特别爱面子，那么，这种人便容易发言恐惧。

领导者不会讲话，损失的不光是个人形象，损失更多的是一个单位、一个企业的形象。

网上有一段对不会当众讲话的领导的描述，虽然尖刻，但也很准确：

看看有些领导，他们身上已经没有演讲素质了，只会念稿子，不敢讲话。每次开会，台上一个人一本正经地念，好不容易抬头看一下听众，又赶快低下头接着念。再看看那稿子，空话、套话成堆。

这样的讲话，损害的更是政府的形象、国家的形象。
因此，作为领导者，学会当众讲话至关重要。

二、什么叫"当众讲话"？

1. 当众讲话不能只用口讲

说完了什么是领导者，我们再来说什么是"当众讲话"。
领导者口中讲出的话，我把它分为两种：一种叫谈话，一种叫讲话。
谈话，百度百科上的解释是：彼此的对谈。它是面对面，一对一进行，你来我往，你一言、我一语地交流和沟通。
讲话，是一对多进行，一人讲，众人听。

这两种虽然都是说话，但是细分起来，它们传播的方向是不一样的。谈话是双向传播，讲话是单向传播。二者的规律不完全相同。这本书重点研究的就是讲话，谈话我们按下不表，单说如何进行当众讲话的练习。

什么是当众讲话？这里要请读者做一个体验式练习。

什么是"体验"？"体"是身体，"验"是验证。就是用自己的身体来验证一个道理，来验证一种方法。

我们用三种方式来说"你领导的团队真棒！"：

第一种方式，面部不许有任何表情，脸上的肌肉不许动，说"你领导的团队真棒！"。

第二种方式，微笑，嘴角翘起来，眼睛笑眯眯，再开口说"你领导的团队真棒！"。

第三种方式，微笑，右手伸出大拇指说"你领导的团队真棒！"。

同一句话，我们用了三种方式来说，哪种效果最好？

答案是：第三种方式最好。为什么？因为有声音，有表情，有手势。

好了，做完这个练习，我们可以对"当众讲话"下一个定义了。

当众讲话就是一人对多人，口、手、脸共同参与的"多媒体"表达。

为什么当众讲话要口、手、脸共同参与呢？因为讲话的效果遵循二八定律：**20%的效果是靠听觉产生，80%的效果是靠视觉产生**。如果你当众讲话不加上手势，不加上面部表情，只靠口，只有20%的效果，所以一定要三管齐下。

2. 当众讲话：对内聚人心，对外树形象

领导者当众讲话，简单来说，分为两大类：一是对内讲，二是对外讲。

（1）对内讲话聚人心

华为公司创始人任正非就是"对内讲话聚人心"的典范。

华为历史上举行过两次海外出征誓师大会，一次是在2000年，当时任正非在讲话中喊出口号："青山处处埋忠骨，何须马革裹尸还。"还有一次是在2016年，任正非又喊出口号："春江水暖鸭先知，不破楼兰誓不还。"

在美国举全国之力打压华为公司的严峻局面下，华为公司面临第三次生死关头。华为公司"五大军团"成立，担负起冲锋突围的重任。

2021年10月29号，华为公司在松山湖园区举行军团组建成立大会，任正非在现场发表了简短的讲话：

> 和平是打出来的，我们要用艰苦奋斗，英勇牺牲，打出一个未来三十年的和平环境，让任何人都不敢再欺负我们。
>
> 我们在为自己，也在为国家。为国舍命，日月同光，凤凰涅槃，人天共仰。历史会记住你们的！等我们同饮庆功酒那一天，于无声处听惊雷。

这段讲话就是在关键时刻凝聚十九万华为人的战前动员！狭路相逢勇者胜！任正非的这个讲话让人听起来热血沸腾，激情澎湃。

当现场视频在华为内部社区发布后，很多华为员工留言："必胜！必胜！必胜！"

我在演讲课上与学员共同再读任正非这段讲话的时候，仍然止不住地热血沸腾。

对基层领导者来说，对内讲话则是天天要用的基本功了。

我在录制《口才百练成金——管理者21天提升当众讲话魅力》的光盘时，台下的听众是一家家电公司北京门店的店长们。他们说，每天开门之前，都要给员工开晨会，天天要当众讲话。

（2）对外讲话树形象

对外讲话主要有两个目的：一是树品牌，树形象；二是讲产品，讲业务，讲经验。

再来看看任正非怎样讲华为的云计算产品：

> 信息网络的未来其实就简单化到两个东西，一个是管道，一个是云。未来管道的直径至少是太平洋，绝对不是黄河长江。电影《2012》是虚构的，但信息社会是真实的，这就是想象不到的信息网络的未来。我们认为管道里流的是水，天上飘的是云，水是不可压缩的，有稳定的流态，有严格的程序与代码。而云是缥缈的，时有时无的，变幻多端的。我们打造的管道是要有稳定的水流量的，有合理的管理。但是云在天上千变万化，刚才还在雷鸣电闪，突然没有了，变成五彩云霞了。

又如：

> 在云平台上我们要更加开放，同时将信息流的管道的直径做得比太平洋还大，让它有更大的能力、心胸，迎接各种云下来的雨。我们的开放要像黄河、长江、密西西比河一样，任雨水在任何地点、任何方式流入，一样方便地接入。……云水谣，云水谣，不断地自我循环，不断地自我加强，浸润着大地，服务于社会。

如果按不同标准来划分，对领导者来说，当众讲话无处不在，须臾不可离开。例如：从时间上来划分，晨会、周会、月会、年会，皆需要当众讲话；从空间上划分，分为台上讲，台下讲。这里的台上讲指的是一个人面对全场观众讲话；台下讲指的是一个人在会议中站起来发言。

由此可见，对领导者来说，当众讲话非常重要。既然时时要讲，月月要讲，年年要讲，如何提升自己讲话的魅力，就显得十分重要。

三、什么叫领导者当众讲话的魅力？

我们常说某某人长得有魅力，某某人讲话有魅力，某某人人格有魅力。那么什么是魅力？

我们先从字义上看一看"魅力"这两个字。

魅，是吸引；力，是力量。"魅力"两个字合起来就是吸引人的一种力量。

领导者当众讲话的魅力，就是靠讲话而吸引人的力量。

魅力是一种感觉，有点只可意会不可言传的味道。一个人当众讲话有无魅力，听众常常是靠感觉进行判断的。大家知道，人的感觉有五种：听觉、视觉、味觉、触觉、嗅觉。讲话的魅力主要是靠听觉和视觉传递的。一个人讲话声音很悦耳，内容很精彩，会产生听觉上的魅力；一个人讲话面带微笑，表情丰富，你会觉得他在视觉上很有魅力。所以，当众讲话的魅力主要体现在视觉和听觉这两个方面。

从研究的角度来讲，我把当众讲话的魅力做了两种划分。一种是从听众角度讲，讲话的魅力在于好听、好记、好用；一种是从讲者角度讲，讲话的魅力在于胆声情识。

1. 从听众角度讲，讲话的魅力有三好

三好：第一个叫好听，第二个叫好记，第三个叫好用。

（1）好听

讲话好听，其实就是体会在"三声"上。

第一是鸦雀无声。一个人讲话讲得好，你就会全神贯注，竖着耳朵听，这叫鸦雀无声。

第二是笑声。讲话讲得风趣幽默，听众常常会发出会心的笑声。

第三是掌声。讲话者讲到精彩的地方，听众会不由自主地鼓掌。这个掌声是发自内心的，不像电视节目中的掌声，有个领掌的，专门指挥大家鼓掌，那个掌声不是发自内心的。

能做到"三声"的讲话者，一定是很有魅力的讲话高手。

温总理有一次参加博鳌亚洲论坛，他的讲话时间是20分钟。其间，自发的掌声响起了七次。

新东方的俞敏洪，大家都比较熟悉。2008年他受当时的北大校长许智宏的邀请回到北大，在新生开学典礼上发表演讲。俞敏洪40分钟的演讲中，掌声响起二十四次。

以后要想了解自己的讲话好听不好听，就拿这"三声"来做判断。你讲话讲得好，肯定一是鸦雀无声，二是有笑声，三是有掌声。

（2）好记

什么叫好记？就是你不用带纸，不用带笔，听完讲话内容，你就能记在脑子里了。

看过电影《建国大业》的读者，可能对毛主席讲的两句话十六个字记忆犹新。

当时胡宗南大兵压境，党中央到底是坚守延安，还是撤离延安？毛主席对此说了一句话："存地失人，人地皆失；存人失地，人地皆存。"

这句话讲得非常精练，看完电影全记住了。仔细一琢磨，你对毛主席的讲话艺术佩服不已。从修辞上讲，这十六个字当中，八字一小句，对仗工整；使用对比手法，上下小句对比强烈；前半句使用了顶真手法，首尾相连。从听觉上来讲，十六个字里只使用了五个不同的汉字，重复使用，读来铿锵有力，你想不记住都难。这就是讲话好记的一个经典例子。

著名学者南怀瑾先生的"三等人"说，也是好记的典范。

上等人，有本事没有脾气；
中等人，有本事也有脾气；
末等人，没有本事而脾气却大。

这段话，拿"本事"与"脾气"进行三次不同的组合，语言通俗，内容深刻，将做人的道理讲得清清楚楚，让你"过耳不忘"。

我自己也有一个"动物三论"的观点，让观众记了好多年。

有一次我参加电视节目做嘉宾，那个节目的话题是"男怕入错行，女怕嫁错郎"，怎样让女人"嫁对郎"？我当时讲了三个观点，第一是牛论，第二是鸟论，第三是马论。

什么叫牛论呢？我们古代有两句诗叫"身无彩凤双飞翼，心有灵犀一点通"。这就是说男女双方选择彼此的时候，大家的价值观应该是一致的，比如说在看待忠，看待孝，看待名利金钱的问题上，两个人的价值观一定要一致，心有灵犀，不言自明。

什么叫鸟论？"在天愿作比翼鸟，在地愿为连理枝。"就是说两个人要在事业上比翼双飞，不能够两个人一个好学上进，一个天天搓麻将。这样两个人差距越来越大，将来这个婚姻，它是一定会有问题的。

第三是马论。大家都知道，炒股票要找黑马，黑马就是潜力股，其实女孩子找男朋友也是要找潜力股。男孩子在二十多岁的时候，他很难在事业上有大成就。但是我们要看他是不是有德行，是不是有潜力，一个男孩子肯吃苦，肯吃亏，就一定有潜力，一定能成长，就是黑马。

结果电视节目播出好几年之后，碰到了一个观众，他说：你当初讲那个

"动物三论",我到现在都记得清清楚楚。为什么记得住呢?就是观点字数少,生动形象,善用比喻。

(3) 好用

什么叫好用呢?

就是不要讲空话、大话、不着边际的话,要让别人记得住,用得上。

我们来看看健康教育专家洪昭光的讲话是不是很好用。

> 健康的生活要做到"三个平":
> 一是平常饭菜,叫一荤一素一菇,一菇就是香菇,这是饮食。
> 二是平常心情。什么叫平常心情?第一,你要有真心;第二,你要有善心;第三,你还要很开心。
> 三是平均身材。第一,你不能胖;第二,也不能太瘦;第三,你还得不能堵。不堵是什么意思?是血管不能堵,血管堵了,你得心脏病,得高血压,脑血管方面的病也是很危险的。

你看,一般人讲健康,讲养生,有很多的公式,很多的医学名词,长篇累牍,你根本听不懂,也记不住。但是洪昭光的"三个平"是不是非常好懂?你一下子就能记住了;记住了,你在生活中就用得上。

领导者一定要去研究讲话的艺术,让自己的讲话好听、好记、好用。要不占用了宝贵的时间,讲的话没任何效果,那就是"嘴上抹石灰——白刷(说)"。

以上从听众角度讲了讲话魅力的"三好"——好听、好记、好用。而从讲者角度看,讲话的魅力体现在哪儿呢?体现在胆、声、情、识四个字上。

2. 从讲者角度讲,讲话的魅力在于胆声情识

当初开始教授讲话课的时候,什么是"讲话的魅力",我也说不清。后

来，通过不停地研究琢磨发现，讲话的魅力其实就是四个字：

胆，声，情，识。

做到了这四个字，一个领导者的讲话就有魅力。做不到这四个字，领导者的讲话一定是没有魅力的。

（1）讲话的魅力在胆

什么叫有胆？就是讲话时沉着自信，镇定自若，不慌不忙。有了胆，讲话者才会有魅力。

胆是个电源开关。

假如你往台上一站，沉着自信，有胆量，就像是房间里的灯全打开了，你不光能把事先准备的内容完整地发挥，而且能妙语如珠，有超水平的发挥。

假如你站在台上紧张害怕没有胆，就像将会场里的电源一关，整个场地黑了，你的脑子里是一片空白，会把事先精心准备的讲稿内容忘得干干净净。

有一年，著名主持人杨澜在广州做金鹰奖颁奖晚会主持人，上台报节目的时候，一不小心摔倒了。

摔倒之后，杨澜马上站起来，面带微笑对观众说："真是人有失足，马有漏蹄呀。我刚才的狮子滚绣球节目滚得还不够熟练吧！看来这次演出的台阶不那么好下哩，但台上的节目会很精彩的。"

杨澜这个即兴表达，十分出彩，台下不仅没有哄笑，反而爆发出了敬佩的掌声。

试想一下，如果换了我们常人，在台上摔了一跤，肯定非常紧张，手足无措，红着脸就狼狈地下场了。而杨澜之所以这么机智，变出丑为出彩，靠的就是有胆。你看，摔了一跤，还能够"面带微笑"。这一笑，就是自信；一自信，大脑就放松；大脑一放松，就有灵感产生，才会讲出那一段妙语。

再讲一个无胆的例子：抖裤子的处长。

有一次，我应邀担任一个厅级单位的演讲赛评委。上台演讲的都是处、科级干部。轮到一位处级干部上台了，他非常紧张，给我的印象就是一个"抖"字。手上的稿子一直在抖，笔挺的西裤裤缝一直在抖。三分钟的演讲，自始至终都是这个样子。因为没有胆，紧张，所以完全无法控制肌肉发抖。这个样子哪里还有魅力可言呢？

（2）讲话的魅力在声

声音的魅力主要体现在三点：一是气息畅通；二是声音悦耳；三是吐字清楚。

第一，气要通。

气、声、字这三者中，气是前提。气者，声之帅也，是声音产生的动力系统。气息不通畅，声音就容易嘶哑，吐字也不清楚。什么叫气不通？讲话觉得嗓子累，小腹不累，就是气不通。

第二，声要悦。

因为人的声带条件不一样，不可能个个声如洪钟，但是通过训练，你可以做到气息通畅，让声音锦上添花，比过去更美，听起来悦耳舒服。我们都见过，有的人说话的时候，脖子上青筋暴起，声音嘶哑，这些都是用气发声方法不正确，气息不通畅造成的。这样的人讲话时，听起来不悦耳，就会影响讲话的效果。

第三，字要清。

讲话不要求你字正腔圆，但要做到吐字清晰；不要求你像播音员一样发音标准，但要让听众不用费力就能听明白你的意思。吐字不清，会造成信息误传，甚至会带来南辕北辙的讲话效果。

抗战时期，蒋介石手下有一个官员，有件事情他没做好，蒋介石非常恼火，就把他叫过来当面训斥。结果蒋介石一训他，他就在那儿辩解。他讲来讲去，搞得蒋介石非常恼火，蒋介石说了一声："枪毙。"

这个官员一听，委员长说要枪毙自己，就吓坏了。回到家以后，他赶快跟家人告别，说这回完了。结果过了三四天，好像没下文了。他大着胆子去问蒋介石的卫士，问到底是怎么回事。那个卫士跟他说，委员长讲的不是枪毙他，而是说他"强辩"，强词夺理，自我辩护。

你看，就因为蒋介石的奉化口音太重，把这个主任吓得差点命丧九泉。吐字不清的事情，在主持人身上也时有发生。

有一次，一个新闻主持人做现场报道，说："我现在在新落成的人民妓院向你做现场报道。"因为发音不准，他把"剧院"说成了"妓院"，在观众中留下了笑柄。

像这种语音不准造成歧义，闹出笑话的情形，我们在讲话时一定要避免。对领导者来说，不要求你讲话像播音员一样语音标准，字正腔圆，但是吐字清楚，不生歧义，却是必需的。

（3）讲话的魅力在情

这个"情"字，看不见，摸不着，好像很玄。实际上讲话的"情"就在于四个字：抑扬顿挫。

抑，就是语调往下降；扬，就是语调上扬；顿，就是讲话会停顿；挫，就是会转折。

阿里巴巴的马云讲话就很善于用抑扬顿挫表达感情。

我在给学员讲课时，曾模仿过马云在一次全国网商论坛的一段讲话。

阿里巴巴最关心的就是你们能不能够赚钱，你们赚钱了，阿里巴巴比你们稍微多赚这么一点点，这个问题就不大了，和谐社会嘛，大家要一起赚钱啦。

在"阿里巴巴最关心的就是你们能不能够赚钱"这句话里,"你们"二字他声调提高,特别强调;在"阿里巴巴比你们稍微多赚这么一点点"一句,说"一点点"时,他的语调降下来,很轻很柔;说"大家要一起赚钱啦"的时候,他把"一起"二字拖得很长。通过这些语气上的变化,他把谋求双赢的心情表达得淋漓尽致。

温总理讲话时也很善于用抑扬顿挫的语气来表达感情。

温总理在哈佛演讲时,引用了中国宋代大儒张载的一段话,来表明自己为国为民的心迹。

> 中华民族的祖先曾追求这样一种境界:为天地立心,为生民立命,为往圣继绝学,为万世开太平。

如果没有抑扬顿挫地读这段话,就会像小学生读书一样,没有轻重起伏,字与字的距离完全一样,听起来就没有感情,会让人打瞌睡。

而温总理在讲话中把抑扬顿挫的语气运用得十分娴熟,给人留下了深刻的印象。他讲完"中华民族的祖先曾追求这样一种境界",有一个大的停顿,让观众十分期待,洗耳恭听。后面的话,他的语气是低开高走,一气呵成,将一个政治家胸怀天下、继往开来的浩然之情传达得十分到位,深深打动了全场的观众。

一位记者也记录了他在哈佛听温总理演讲的情况。他写道:

> 温总理首先介绍了中国几千年灿烂辉煌的文明,用大量的数据和生动的例子介绍了中国现在的国情。当讲到在中国的偏远地区人畜连喝水都很困难时,他难过地停顿了几秒钟。会场一片寂静,我被深深地打动,眼中充满了泪水。

你看，就是这"几秒钟"的停顿，把温总理的难过之情迅速传达给观众，让观众"眼中充满了泪水"。

这两个例子都说明，讲话有抑扬顿挫就有感情，就有魅力！

（4）讲话的魅力在识

"识"就是讲话的内容。

讲话内容的魅力主要体现在两点：一个是深刻，一个是新颖。

北京万通地产董事长冯仑，被称为"地产界的思想家"，他有个关于"汽车型"企业和"马车型"企业的理论，就体现出讲话内容既深刻又新颖的特点。

> 做企业要做"汽车型"的企业，而不能做"马车型"企业。"汽车型"企业，就是说做企业一定要规范，注重制度建设，制度建设好了，你不管谁来开这台车，车都会快速往前跑。
>
> "马车型"企业，是说人治的企业就像一辆马车，因为它对马车夫的经验、技巧要求很高，这个人能驾驭，换个人就可能会翻车。

他的观点很深刻，又用了汽车、马车做比喻，就达到了新颖且让人"过耳不忘"的目的。

金蝶软件董事局主席徐少春的"三种人"说，也是既深刻又新颖。

> 他在中欧商学院的演讲中说，一个企业假如能把三种人用好了，让他们提升了，这个企业就一定了不起。哪三种人？他说，第一种叫凡人，利己不损人，这就是一般的人。第二种叫菩萨，利人利己。第三种叫佛，克己利人，利世界，利大家。他说假如一个企业能把凡人变成菩萨，把菩萨变成佛，这个企业一定非常可怕，一定是非常了不起的。

用"凡人、菩萨、佛"来比喻企业领导的三层境界,生动形象又发人深省,十分吸引听众。

这就是讲话魅力的第四点。魅力在识,体现在内容的深刻和新颖上。

在大学总裁班讲课时,讲完了讲话的魅力之后,我都会让学员用"胆声情识"这四个字分别组两个成语。也请读者想想:可以组成哪两个成语呢?

"胆"和"识"组合,叫"有胆有识";

"声"和"情"组合,叫"声情并茂"。

这两个大家耳熟能详的成语,就高度概括了当众讲话的魅力。

我在一家上市公司做培训时,对参加培训的分公司领导、总公司中层干部专门做了一个问卷调查。这个简单的调查也表明了领导者当众讲话时缺乏胆声情识是普遍性的问题。

我问的问题是:你认为自己在当众讲话中的主要问题是什么?共回收问卷120份。

认为自己当众讲话存在无胆问题的有75人,占总人数的62.5%,排在第一位;

认为自己当众讲话不会用声的有18人,占总人数的15%,排在第二位;

认为自己当众讲话没有感情的有16人,约占总人数的13%,排在第三位;

认为自己讲话内容无条理,不吸引人的有11人,约占总人数的9%,排在第四位。

从这个调查中可以看到,领导者当众讲话中的常见问题就是缺乏胆声情识,他们迫切需要提高这几个方面的能力。

了解了当众讲话的魅力,那么提升讲话魅力的方法是什么呢?

四、提升当众讲话魅力的方法：定耳舞诀

授之以鱼，不如授之以渔。

提升领导者当众讲话的魅力，一定要有方法。

我在2010年出版了《21天掌握当众讲话诀窍》这本书，新东方教育集团董事长俞敏洪为这本书写了一个推荐语，推荐语是这么写的：

殷亚敏先生提供的"定、耳、舞、诀"四字真经解决方法，对那些希望提高自己当众讲话能力的人来说，是难得的指导。按照殷老师的方法做一做，放大胆子练一练，奇迹也许就会发生。

"殷老师的方法"是什么呢？总结起来就是四个字：定、耳、舞、诀。也被网上的读者称为"金话筒的讲话四字经"。

定对胆，解决讲话无胆的问题；
耳对声，解决讲话声音嘶哑、不悦耳的问题；
舞对情，解决讲话平淡无情的问题；
诀对识，解决讲话内容无新意、不深刻的问题。

一个对一个，针对性地解决讲话魅力问题。

1. "三定"练胆法

定，有三：笑定、眼定、站定。
笑定，就是当众讲话时始终保持微笑；
眼定，就是讲话时眼睛一直和观众交流；
站定，就是上台要站如松，站定三秒钟再开口说话。

"三定"是练胆之法。凡是讲话无胆的人，一定是"三不定"：面部僵硬，毫无表情；眼睛不敢看观众；慌慌张张，语速太快。通过"三定"的练习，无胆者可以迅速具备在讲台上沉着自信的状态。

胆是心理素质，属于人的内在，但可以通过训练人外在的体态语，由外向内改变人的心理素质，让你很快由无胆变有胆。站在台上还未开口，就已经吸引观众的眼球了。

一位电力系统领导班的学员说："我过去一上台就紧张，总忘词。'三定说'让我每句话稍做停顿，整个人就冷静下来，自信心也就回来了。"

有关"三定"练胆法，我将在第二章里做详细的介绍。

2. 耳语练气发声法

耳，即耳语练气发声法，是让学习者快速掌握科学用气发声的理论及方法。

这个方法很简单，就是说悄悄话。天天说半个小时的悄悄话，你就可以快速掌握练气发声的方法，讲话时就可以做到气息通畅，声音悦耳，吐字清晰。

练好了耳语练气发声法，你讲话时的气息短、气息弱、嗓子哑、嗓子疼等问题，全都可以解决。

一位做管理工作的读者说："这是一本实用性、指导性非常强的书。我照着书中的耳语法练习了一阵子，嗓子竟然恢复了多年前的优美音质，上台讲话再也不嘶哑了。"

耳语练气发声法，将在本书的第三章详细讲解。

3. "双人舞"练情法

舞，即"双人舞"理论，这里所指的不是学跳舞，而是指手舞足蹈，眉飞色舞。通俗地说，就是讲话时一定要加手势，加表情，这是练习讲话抑扬顿挫的方法。

你注意观察，身边讲话生动形象、感情丰富的人，一定都是手舞足蹈之人。牵住手势训练这个牛鼻子，呆板的讲话马上会变得生动形象，讲话魅力十足。

> 一位企业家学员说："平时说话没有抑扬顿挫的我，学了'双人舞'理论，现在知道了要配合恰当的手势渲染讲话的内容。"

"双人舞"练情法，将在本书的第四章进行详细讲解。

4. "一简二活三口诀"练识法

"一简"，就是讲话的观点要简化成单个字。比如：仁义礼智信，戒定慧，唱念做打，都是一个字一个观点。这样的讲话观点，简单好记。

"二活"，就是讲完观点，紧接着举出生动鲜活的例子。我在给学生讲做人道理的时候，用的都是"一简二活"法，先抛出简练的观点，紧接着就是讲故事。

> 今天和大家分享的人生感悟是：舍得。
> 什么是舍得呢？就是先舍后得，不舍不得。
>
> 下面给大家讲个俞敏洪打开水的故事。
>
> 俞敏洪的新东方办到一定的规模时，需要得力助手。这时候，他

带上大把美元到美国去大把大把地花钱，目的是让同学明白国内也有钱赚。五位同学跟着他回国了，然而，他们回国的理由却是那么简单：俞敏洪，冲着你大学时为我们打了四年开水，我们知道，只要你有饭吃，就不会让我们喝粥。俞敏洪风趣地说："我没有让他们喝粥，而是给他们吃比饭更好的东西。跟我回国的每一位同学，目前资产起码上千万元。"

原来，上大学四年，俞敏洪包揽了宿舍打扫卫生和打开水的任务，四年从未间断。甚至有时候他忘了打水，同学会问他："俞敏洪，你今天怎么没去打水？"即便如此，俞敏洪也不会生气，乐呵呵地拎起四个水瓶打水去了。俞敏洪怎么也没想到，他十年前的舍得付出，得到的是如此丰厚的回报。

利用"二活"法讲故事，润物无声，你讲的道理学生就真正听得进，记得住，用得上了。

"三口诀"，就是用口诀把讲话中的小观点串联起来。

比如："一个优秀的领导干部要做到三明白：第一，想明白；第二，讲明白；第三，做明白。"三个明白九个字，一压缩，一串联，剩了三个字"三明白"，这就达到了简短好记的目的。

再比如，清华大学总裁演讲班的一位学员学了口诀化表达以后，这样介绍自己的产品："我们企业生产的矿泉水的特点是：'天''安''门'。天，是天然；安，是安全；门，是送水上门。"

一位在水利系统做管理工作的读者说："我过去讲话想说的内容很多，但无法找到一个好的顺序进行表达，结果常常出现语无伦次的现象。学了'一简二活三口诀'，再也不为讲话没条理发愁了。"

"一简二活三口诀"练识法，将在本书的第五章里做详细的介绍。

古人讲：道法自然。**"定耳舞诀"这四字方法不是我的原创，而只是我的发现。**

我把生活当中正确的讲话方法加以总结提炼。这些方法来自生活，大家在生活工作中都曾经使用过，今天我一总结，人人听得懂，一学就会，一练就灵。

一位机关领导干部学员说："殷老师短短100分钟所讲的'定耳舞诀'的课程，消除了我近三十年的困惑，不但使我对当众讲话有了信心，而且使我对孩子的教育也有了信心。"

深圳清华总裁班的学员说："在一天的时间里，我们充分练习了殷老师讲授的'定耳舞诀'四法。大组分两次练习15分钟，所练习的项目，组员都熟练掌握了。"

五、21天能掌握当众讲话的诀窍吗？

《21天掌握当众讲话诀窍》出版后，有的读者怀疑："21天能练好当众讲话吗？""是广告吹嘘吧？"

我为什么敢用"21天"做标题，具体说来，有三条理由：**变，行，果。**

1. 变，符合量变质变的哲学规律

"不积跬步，无以至千里；不积小流，无以成江海。"做任何事情先要有量的积累，后才有质的变化。当众讲话训练也是一样，你只要按照"定耳舞诀"的方法，天天练习，坚持21天左右，练习的效果就会逐步积累，最后功到自然成。

例如很多读者用耳语练气发声法坚持练习21天左右，不知不觉中，嗓

子不累了，气息通畅了，声音悦耳了，切身体会到日积月累，量变到质变的喜悦。

2.行，有行为心理学的依据

美国行为心理学家通过大量的研究发现：**21天左右就可以养成一个新的习惯**。心理学家研究指出，一项看似简单的行动，如果你能坚持重复21天以上，你就会形成习惯；如果坚持重复90天以上，就会形成稳定习惯；如果能坚持重复365天以上，你想改变都很困难。

通过自己的教学实践，我把21天理论总结为"三个三"：第一个三，指的是头三天"敏于行"，马上开始练习很重要；第二个三，指的是坚持三周，就是21天，其间可以基本养成习惯；第三个三，指的是坚持三个月，这样就可以变成稳定的习惯。

当然，21天只是个平均数。根据每个人的不同勤奋程度，效果显现早晚也不同。例如，我的学生练习"定耳舞诀"四字经，快的一周就有效果，慢的两三个月才有效果。这种时间差距是由勤奋和专注程度决定的。

3.果，教学效果的验证

无论是我的学生、学员还是读者，按照"定耳舞诀"法进行练习，大都产生了很好的效果，让自己的讲话魅力大大提升。我们来看读者反馈的例子。

例一，读者李平：

通过11天的练习，第一，我的声音有了很大的改变，自己觉得柔和很多，第一次感觉自己的声音很动听。准确地说，是第一次真正接受自己的声音，我真的很开心。

第二，我脸上的笑容多了，每当想起"稀奇稀奇真稀奇"时，我就想笑。昨天第一次开讲座，时间为2个小时。结束后，一个学员说我讲得很好，我很开心。

第三，我原来说话很快，练了"百炼成钢"之后，发音从简短、急促转向慢和圆，我想这也是声音变得柔和的一个方面吧。

这位读者为什么11天就能练出效果呢？她在邮件中告诉我她的练习计划：

练习计划：对镜练习耳语法。
练习
《稀奇》，每天两次，每次20分钟。
练习
"百炼成钢"，每天两次，每次10分钟。
练习
"引"字，每天两次，每次5分钟。
练习
"各位来宾"，每天两次，每次15分钟。
练习过程中也会有变化，遇到出差等情况，就大致保持练习总时长不变。在乘车途中，洗菜做饭时，进行耳语练习，反正别人听不见。

例二，读者老刘：

我过去不会用声，讲话一多，就声干，声累，声哑。通过练习耳语法，我的声不干了，声不累了，声不哑了，声音还好听了！

例三，读者zhangyi：

我才练习了几天就明显觉得"双人舞"的方法实在太好了，加上手势说话，明显加强了语气，生动形象。这个方法引导、活跃思维，增添了我的自信心。

还有对着镜子练"引"。我以前从来都不会笑着露出牙齿，一般都是抿嘴笑。为什么呢？因为我的上门牙中间多了一颗畸形牙。可我练习"引"字的时候并没有一点排斥，镜中的我实在太和善帅气了，虽然有一点暴露不好看的牙齿，但我一点也不在乎，以后我可以大大方方地笑了。

例四，读者小伟：

以前和别人对视的时候，有点发虚，定不下来，或碰到别人的目光就躲开了，其实也没做亏心事，为什么会这样呢？现在对着镜子练"眼定"一段时间后，看人的目光自然多了，也不感觉到害羞或胆怯了。而且工作一段时间后练"眼定"，无意之中也让眼睛得到了休息，而不是长期处在疲劳状态。

上千封的读者来信证明，只要阅读本书，按照书上的方法练习，就可以产生"21天掌握当众讲话诀窍"的效果。

同时要记着，练习是投入产出成正比的。你每天投入的时间越多，见效就越快！

将相本无种！这些读者能做到，相信你也一定能做到！

六、当众讲话"四字经"怎样训练？

提升当众讲话魅力的方法是四个字：定耳舞诀。

而要真正掌握该方法，还要靠两个字：训练。因为任何一门技能的掌握都要靠训练。打篮球，靠训练；游泳，靠训练；弹钢琴，靠训练；学开车，靠训练；学讲话也要靠训练。

1. 什么叫训练的"训"？

"训"和"练"这两个字可以拆开来说。

训，有指导的意思，属于老师的事。老师要指导，就要给学生提供一种一听就懂、一练就会的训练方法。

本书提供的当众讲话四字经，最大的特点就是一个"简"字，简单易学。读者一看就懂，一学就会。

例如耳语练气发声法，就是一个简单易学的方法。该方法最大的好处就是将玄学变成好学，一学就会。

在大学的音乐专业和播音主持专业中，学发声，都要用胸腹式联合呼吸法。这种方法专业人员要用本科四年才能入门，而对没有任何基础的普通读者来说，则是玄而又玄，让人丈二和尚摸不着头脑。胸在哪儿？腹在哪儿？二者怎么联合？膈下降，膈在哪里呢？看不见，摸不着，很难一下子掌握。而耳语练气发声法就是让人用说悄悄话的方式说话，人人从小就会。你只要一用说悄悄话的方式说话，马上就觉得小腹酸累，一下子找到气沉丹田的感觉。

跟着我上课的学员，不管时间长短，或一学期，或一天、半天，也不管是面对面授课，还是读书自学，通过练习耳语发声法，都收到了神奇的效果。声音小的变大了，声音哑的变好听了，气不通的变通畅了。

一位软件行业的管理人员说："殷老师教授的耳语法，即说悄悄话，太奇妙了！气沉丹田这个我以前很难感受到的练气法，我一下子就掌握了。真是太妙了！"

再比如练习当众讲话胆量的三定（笑定、眼定、站定），微笑怎么练，眼神怎么练，停顿怎么练，都有一套量化训练方法。一位网友在新浪读书上看了书的内容后，按书中所讲方法坚持练习了10天，然后留言说：

我按照书上的要求，讲话之前，先站稳，停三秒，再开口，想清楚了再说。不论是向领导汇报工作，还是接客户电话，我都这样去做。讲话慌张毛躁的毛病大有改观。

2. 什么叫训练的"练"？

练，是指反复学习，多次操练，属于学员的事。

现在很多人常常听培训课程的时候万分激动，听完之后忘得一干二净。为什么？就是因为光听不练。

因为实践出真知。不吃梨子，永远不知道梨子的滋味；不下水，永远学不会游泳；不到驾校学车，你永远不会开车。听一千遍不如练习一遍。听讲，只是听觉参与；看书，只是视觉参与；而练习，则是听觉、视觉加神经、肌肉的共同参与。只有神经和肌肉参与了，身体才真的体验到了，才能叫作实践。

常言说：师傅领进门，修行在个人。如果说我不管好坏还算个教讲话的"师傅"的话，那么这本书介绍的"定耳舞诀"四字经，就是提升讲话技巧的"门"。捧起书，就算进了学习当众讲话的"门"，剩下的就看读者自己的修行了。

修行，就是按照师傅教的方法反复练习，修正自己错误的讲话习惯，养成正确的讲话习惯。怎样练呢？有四个练习的方法，此内容在本章的最后一节里具体论述。

七、讲话训练的目的——形成正确的肌肉记忆

1. 什么叫肌肉记忆？

训练的最终目的，是形成良好的讲话习惯。

良好的讲话习惯，实质是正确的肌肉记忆。

什么叫肌肉记忆呢？比如弹钢琴，开始学习的时候，你是靠脑子记忆，手指头不听指挥，僵硬笨拙，要边想边弹，因为十个手指没有形成肌肉记忆。而通过反复的弹奏练习，最后，不用脑子想，手指就可以很流畅地弹奏曲子了，这时，就是你的手部肌肉已经形成正确的记忆了。

为了让学员理解什么叫肌肉记忆，我在上课的时候会做一个双手交叉练习。

第一次：

请举起你的双手，十指交叉。

然后我问：右手大拇指在上面的请举手。结果60%的人都举了手，剩下的40%是左手大拇指在上的。

第二次：

现在反过来做一次。原来左手大拇指在上的，改为右手大拇指在上；原来右手大拇指在上的，改为左手大拇指在上。

做完了我问：这一次有什么感觉？

大家答：不习惯，很别扭。

我说：第一次就叫肌肉记忆。你想都不用想，就很习惯地交叉了。第二次肌肉没记忆，就很不习惯。反过来做怎样才能习惯呢？通过反复练习，你的肌肉就会形成新的习惯。

做了这个练习，大家一下子就明白了什么叫肌肉记忆。

2. 讲话习惯也是肌肉记忆

正确的讲话方法也是肌肉记忆。

例如，有的人讲话多了出现声带小结，声音嘶哑，这都是由错误的讲话习惯造成的。而错误的讲话习惯一定是一种错误的肌肉记忆。他在讲话的时候，喉部肌肉紧张。而通过耳语练气发声法的反复练习，就会变成小腹肌肉紧张，而喉部的肌肉放松。方法掌握了，自己就要反复练习，最后形成正确的肌肉记忆：只要一开口讲话，不用想用气发声的要领，自然就做到腹部肌肉紧张，喉部肌肉放松，这就算是养成正确的讲话习惯了。

再比如眼定的训练，要让讲话者的眼睛始终和观众进行交流，这也是一种肌肉记忆。因为不敢看观众的讲话者，他的眼皮是耷拉的，眼部肌肉是松弛的。而讲话时眼睛炯炯有神，始终和观众交流的人，他的眼部肌肉一定是紧张用力的，已经形成了一种眼部肌肉的正确记忆。反复进行眼定的训练，就可以让讲话者的眼部肌肉形成一种紧张有力的肌肉记忆，讲话时眼睛放光，充满神采。

讲话生动形象的人善于手舞足蹈。手舞足蹈是一种习惯，这种习惯也是一种肌肉记忆，只要一讲话，他的身体就会自动地开始协调运动。我们通过对手势的训练，就可以让原来讲话没手势的人形成手舞足蹈的肌肉记忆，使之变成他讲话的一种习惯。

八、当众讲话练习四原则

有句俗话说：工作是干出来的，口才是练出来的。

怎样按照当众讲话四字经进行练习呢？从学员和读者的成功经验中，我总结出练习的四个原则：**恒练，精练，全练，巧练**。

1. 恒练

为什么要恒练？

"天才就是重复最多的人。" "卓越不是单一的行动，而是习惯。"

苏格拉底是古希腊著名的思想家，很多人慕名来向他学习。有一天,一个学生在课堂上问苏格拉底,怎样才能成为像他那样学识渊博的学者。

苏格拉底没有直接作答,只是说:"今天我们只做一件最简单也最容易的事,每个人把胳膊尽量往前甩,然后再尽量往后甩。"

苏格拉底示范了一遍,说:"从今天开始,大家每天做三百下,能做到吗?"

学生们都笑了:这么简单的事,有什么做不到的?过了一个月,苏格拉底问学生:"哪些同学坚持了?"教室里有百分之九十的学生举起了手。

一年过后,苏格拉底再次问学生:"请告诉我,最简单的甩手动作,有哪几位同学坚持做到了今天?"这时整个教室里只有一个学生举起了手,这个学生就是后来成为著名哲学家的柏拉图。

台上三分钟,台下十年功。当众讲话也要靠持之以恒的练习。持之以恒的标志就是早晚练,天天练,不断地重复练习。拳不离手,曲不离口,才能由量变到质变,才能把声情并茂、有胆有识的讲话变为你的习惯。

我在我的新浪博客上曾经专门和读者谈过持之以恒的道理。

大道至简。天下的成功之道、核心之道,都是很简单的,人人都知道的,关键就看你是不是天天去重复实践。不厌其烦地重复,才是成功的唯一道路。

讲两个我自己的故事吧。

重复1500遍的诗朗诵

2005年,珠海市举行庆祝抗日战争胜利六十周年大型晚会,会务组指定我担任晚会全部主持工作,并承担晚会节目中的一个诗朗诵——光未然的诗《黄河之水天上来》的独诵。全诗近1000字,朗诵需6分钟时间，其间由珠江电影制片厂乐团的交响乐伴奏，身前后是由500人组成的合唱团演唱。

为了保险起见，一般人都是拿着夹子上台，看着内容朗诵。但拿着夹子朗诵，要时不时地看内容，会分心，无法全身心投入诗歌的意境之中，手势表情都受局限。我就决定破釜沉舟，不拿夹子，把全诗背下来。

我用了一个月的时间，天天背诵这首诗。每天还没睁开眼就开始背了："黄河！我们要学习你的榜样，像你一样的伟大坚强。这里，我们要在你的面前，献一首长诗，哭诉我们民族的灾难……"吃饭、走路、睡觉、上厕所都在背，开车时还播放诗朗诵的录音。总之，像发了疯一样一遍遍重复。当时我太太说："求求你别背了，我听得都想吐了。"

最后，我把这首诗背诵了300遍，达到了滚瓜烂熟、脱口而出的程度。终于在正式演出时，与珠影乐团的演奏浑然一体，将这首诗声情并茂地朗诵出来，给现场观众留下了深刻的印象，很多观众不由自主地落下了热泪。我自己也完成了在朗诵方面的突破。

为了把朗诵这首诗作为我的保留节目，从2005年到现在，我每天至少背诵一遍这首诗，做到随时可以上台朗诵。

2009年有一场突如其来的演出。珠海市爱乐合唱团和中国歌剧舞剧院交响乐团合作，有一场重要演出。当天下午才告诉我，由交响乐团伴奏，我来朗诵《黄河之水天上来》。由于我天天都在背诵这首诗，心里有数，所以只和乐团排练了一次，晚上就很熟练地上台演出。我与乐团配合默契，一气呵成，换来了观众长时间的掌声。晚会结束，导演很惊奇，问我："下午才布置任务，晚上你怎么就能背出来了？"我告诉他事情的真相，他恍然大悟。

手指梳头1080000次

我小时候得过伤寒病，留下的后遗症就是头发又稀又细。我记得十七八岁的时候，理发师傅就说我的头发到了中年就会掉光。

十五年前，我从报纸上偶然看到古人靠梳头养生的方法，说是天天坚持用十指梳头200次，可以健脑、养发。

我就开始练习，天天用十指从前往后梳头，早上100次，晚上100次。这一梳就是十五年，梳了多少次呢？我粗算了一下，1080000次。

这样做的效果是：脑子不健忘，敏捷好使；头发粗了密了，没有脱发。

举了我自己的两个例子，还是想再次说明：

无论大成功，还是小成功，成功唯一的路径就是找到正确的方法，剩下的就是要重复和坚持！

练耳语，练微笑，练手势，练"一字悟"，你比别人多练一次，多练一天，你就离成功更近一步！

==天才就是重复最多的人！==
==成功者就是重复最多的人！==

与大家共勉……

当你把持之以恒的训练坚持到底的时候，你收获的已不仅仅是讲话的能力，还有做任何事情都能成功的习惯。

怎样培养恒心？

我在北京师范大学-香港浸会大学联合国际学院（英文简称"UIC"）的教学中，创造了小小的奇迹。一个学期的当众讲话课程，60个人的教学班，有50人培养了持之以恒的精神。

恒心是怎样培养的呢？

是靠"人一之"免试练习培养的。

我在开学第一周，公布了期末口试免试方案：只要坚持用耳语法加上手势练习"人一之，我十之；人十之，我百之；百折不挠，滴水穿石"这段话，每天练习20遍，期末口试就可以免试。

一位姓赖的同学期末这样写道：

> 恒心，是最让我头疼的一个问题。我的父母从来都说我三分钟热度，什么都学不完整。小时候学电子琴学到六级放弃了，学书法学到一半不想学了，学习学到一半跑去打游戏。我一直都没办法耐下心来好好将一件事干完。我记得曾经有个老师和我说："你最大的弱点就是没有恒心，如果你不将它改掉，你永远也成不了大器。"我很清楚，很明白，可是就是做不到。
>
> 殷老师布置下来的"人一之"免试作业，对我来说是一个非常大的挑战，是一个直接和我自己单挑的机会。我考虑了很久，最后还是接受了这个挑战。每天练习20次"人一之"听起来很简单，可做起来却没有那么简单。经常会有学习、做作业到很累想偷懒的时候。于是，我选了一个每天都必须经历的时段——洗澡，在洗澡的时候练习"人一之"，同时将身心放松，最终我坚持了下来。
>
> 我并不仅仅将"人一之"坚持了下来，还将练成的恒心发散到了其他方面，每天健身，专心复习，做项目多累都做下去。只要遇到类似的困难，我就会告诉自己挺一挺就过去了，就像"人一之"一样。多谢"人一之"，多谢殷老师，我练就了恒心。

为什么"人一之"练习可以培养恒心呢？这里有三个关键词：**甜头，容易，量化**。

甜头，就是恒练要给学生回报。只要天天坚持练习20遍"人一之"，期末的口试就可以免试，给89分。这个甜头给学生很大的练习动力。

容易，如果让学生每天练习1个小时，可能很多人就觉得太难，望而却步。而练习一遍只要20秒，20遍只要不到7分钟，时间不太长，见缝插针就可以完成，学生就容易接受。

量化，就是要有数字化的要求：一是天天不间断，二是每天20遍。目标很明确，便于计算，便于完成。

2. 精练

净空法师说：一年讲十部经，不如十年讲一部经。意思是一年讲十部经，部部都讲不精；十年讲一部经，用时间换质量，才能深钻细研，讲出精彩。

精练，就是要精选书中提供的练习材料，选准一个，反复练习，不要贪多。

书读百遍，其义自见。话讲百遍，方法自见。所以，一定要以一当十。把一个话题讲100遍，自然就掌握了讲话的方法技巧，互动、幽默等都会了。忌讳贪多！

为什么要精练呢？再来看我和读者的通信：

殷老师：

我是一名单位副职，您的《21天掌握当众讲话诀窍》一书对我帮助很大。我想问一下，对书中第93页耳语练声法的背诵材料，是选择一个练习，还是将四段材料全部背下来练习？谢谢！

我的答复：

你好！

只需要选取一个材料反复练习就可以。建议如下：

首先，选取"人一之"进行练习："人一之，我十之；人十之，我百之；百折不挠，滴水穿石。"

接下来，每天练习40遍，坚持一个月，用耳语加"笑手镜"的方法练习。贵在坚持。

我为什么强调耳语练习中只练习一个内容，而不让练习太多的材料呢？借助此书，来和大家分享我的感受。

感受一：练"一"才能深，练深才见效，贪多嚼不烂。

就像是挖井找水，十天时间挖十口井，每口井都挖个两米深，浅尝辄止，都挖不出水。而你集中精力，十天只挖一口井，就可以深挖二十米，就一定能够挖出水来。常言说，伤其十指不如断其一指，集中力量打歼灭战，说的都是要想取得战果，就要集中力量，在一个点上求突破。例如天天用"人一之"练习耳语法，就等于在一个地点上往深里挖井，就能在用气吐字上快速突破，快速见效。

感受二：反复练"一"，才能掌握规律。

常言说，书读百遍，其义自见。"义"就是规律，只有在不断重复中才能掌握规律。"天才就是重复最多的人"，练耳语法就是在找用气发声的规律。要反复练习一个材料，才能在重复中不知不觉地感受到耳语法的精妙和神奇，掌握气沉丹田的规律。

感受三：反复练"一"，才能一通百通。

一通百通的"一"，也就是"其义自见"的"义"，就是规律。反复练习"人一之"，掌握了气沉丹田的规律，形成了稳定的小腹肌肉记忆和唇舌肌肉记忆，这时再去练习绕口令、诗歌，再开口当众讲话，就可以在气、声、字方面一通百通了。

在这里要提醒各位读者，练耳语，练"三定"，练"双人舞"，都忌讳蜻蜓点水，浅尝辄止，都要从练"一"开始！

有一位读者非常精通精练之道，他发给我的邮件这样写道：

我按照书上的要求，循序渐进，由易到难进行练习。练习时要专一。我开始练习"双人舞"时一味贪多，一次性学习三到四个动作，效果并不好。于是，我改变策略，只练习一个动作，先看视频再练习，然后总结不足，再看视频提高，用这个方法不仅学得快，而且能看到自己进步，很有成就感。

如果你也想不断看到自己进步，就不妨学学这位读者，坚持精练原则。

3. 全练

什么是全练？就是讲话能力的训练，包括四项：练口，练手，练胆，练脸。要多管齐下，综合练习，而绝不是单纯练口，练嘴皮。

（1）练口

就是天天开口用耳语法练习，达到气息通畅，声音圆润，吐字清晰的目的。

（2）练手

练手包括两个方面：一是动手写，二是练手势。

动手写，就是写讲稿或者提纲。先我手写我心，再我口讲我心。一定要先扎扎实实地写好文字，写好提纲，然后再按文字或提纲讲。千万不要一上来就追求出口成章。初学者追求出口成章，实在是一个误区。因为大凡出口成章的人一定都受过三种训练：一是先写后说的训练，先"出手成章"，再出口成章，先学会写，然后再讲，经过反复训练，熟能生巧，才可能做到出口成章；二是背诵经典诗文的训练，从小就背诵诗词古文，这些经典篇章已经化成了自己的语言，如南怀瑾老师；三是反复讲的训练，职业讲话者一般都是一个内容讲了很多遍，烂熟于心，而你是第一次听，就会给你留下他出口成章的印象。所以，没有天生的出口成章者，只有经过训练的出口成章者。想出口成章，一定要循序渐进，先从"出手成章"训练开始。

练手的第二个方面是练手势，即反复进行手势的训练。手一动，讲话的语言自然生动，手势比画形象，语言自然就很形象。要按照第四章的要求，反复练习讲话的"双人舞"小段，把讲话加手势变成讲话的一种习惯。比如说"芝麻这么小，西瓜这么大"这句话，不加手势说，语言就平淡枯燥，而一加手势，说芝麻时，用两个手指一捏，说西瓜时，用两只手一比西瓜的形状，语言马上就生动传神起来。对动作反复练习，就可以让双手形成肌肉记忆，一讲话就自然加上手势。

（3）练胆

练胆就是寻找一切机会主动上台，反复上台，进行笑定、眼定、站定的三定训练。练出胆量，治好上台恐惧症（表现在手抖、脚颤、脸红、心跳加速）。

（4）练脸

练脸包括练习微笑，练习用眼睛和观众交流，练习讲话时眉飞色舞。反复练习，使面部肌肉养成微笑的习惯，养成用眼睛大胆和观众交流的习惯，养成讲话时眉飞色舞的习惯。

4.巧练

巧练有三个意思：一是"号脉"，二是"找方"，三是"吃药"。

（1）"号脉"就是抓重点

学讲话不能眉毛胡子一把抓，先厘清自己在当众讲话中最关键的难题是什么。是没有胆量，声音容易嘶哑，讲话没有感情，还是讲话没有条理。抓住难点，重点突破。解决了主要矛盾，就容易树立信心，再接再厉，持之以恒地练习。

如果你觉得自己拿不准难点在哪儿，建议你先把本书看上3遍，就能找到难点了。

（2）"找方"，就是对照自己的难点找"药方"

根据自己当众讲话的难点，从这本书里寻找相对应的章节作为"药方"。

但是光看书，你还缺乏身临其境的感受，所以接着就可以看我的短视频。短视频在微信视频号、抖音、小红书上都有，帐号名字叫"殷亚敏演讲口才"。与短视频号相连接的还有线上教学课程。看书等于预习，看视频等于上课，两者一结合，效果就会好很多。

（3）"吃药"

后文的章节中，都有针对性的练习的材料、方法和步骤。针对自己的"病症"，选准一个"药方"，定出每天练习的时间和次数，马上开始练习。头7天最难坚持，要咬紧牙关，不急不躁，天天练习，等你坚持了21天，蓦然一回首，胆、声、情、识的能力都具备了。

为了让学生掌握巧练的方法，我专门布置了一个对症下药的作业：先给自己"号脉"，找出自己当众讲话中最大的问题；然后"找方"，在我给出的练习方法中找出对症的"药方"；最后是按时"吃药"，自己制订每天的练习计划。

通过两个月的对症下药练习，全班同学都实现了重点突破，成效明显。

谢同学说："老师让我们自己找到病根，做到对症下药。讲话时摇摆不定一直是我的致命伤，我就让自己每天贴墙站20分钟。两周下来，我可以站在讲台上讲10分钟，完全不会再像'唐老鸭'一般左摇右摆了。"

张同学说："我的病症是：气不顺，用嗓子说话。我的药是：每天用耳语法练习'人一之'100遍。练习两个月的效果是：声音通透，底气十足。"

将恒练、精练、全练、巧练的原则贯穿在当众讲话的训练当中，就能一步一个脚印，扎扎实实地练出效果，掌握当众讲话的技能。

读者来信问答

读者在按照"定耳舞诀"法进行练习的过程中，时常遇到一些疑难问题，我都一一作答，并发表在我的新浪博客上。现将这些问答内容选出一部分，分类放在前五章后面，供读者在练习中参考。

1. 将相宁有种乎？

殷老师的讲授内容，主要是针对有一定才能的人，而不是针对普通人。如果一个普通人能做到"定耳舞诀"的要求，他一定是人才了。期待下一本有关说话的书，是讲普通人如何练习讲话的，用更通俗的语言。

谢谢你的建议！

练习当众讲话就是要大家由普通变成不普通。我的这本书也是为了让大家由普通变成不普通！能有机会面对大家讲话的人都是不普通的人。将相宁有种乎？要有自信，做不普通的人！和你分享两位网友的评论：

fsk_0321："我相信殷老师的书是面向有决心，有恒心，想提高自己的人。任何人只要想改变自己，都可以。"

zhangyi："殷老师的书，是天底下最大的大白书了，百分之百是针对普通人的。"

我非常赞成这两位读者的评论。只要有决心，有恒心，我们就一定能从普通变成不普通！希望每一位读者克服畏惧心理，马上开始练习！

2. "行"与"悟"

"实践出真知"。"实践"说的是"行"，"实践"与"真知"之间的联系就是"悟"。

"要知道梨子的味道，就要亲自尝一尝"，也许大家都知道这句话。它的另一层意思是"如果不尝一尝，你永远不知道梨子的味道"，即使准确地告诉你梨子的各种成分，也无济于事，还是需要你去尝，去行，去实践，才会知道。学习殷老师的理论，也是一样，要去"行"，去实践。

在"定耳舞诀"的QQ群里，看到很多人问"殷老师讲的方法真的有效吗？""21天真的能达到预期的效果吗？"。

其实这些问题很难回答，就像是你问我梨子的味道一样。也许我出于热心，耐着性子告诉你梨子的成分，其中包含多少水分，多少糖分，酸度为多少，甚至专业一点，我告诉你梨子的物理指标，密度是多少，刚度是多少。你听了这些，觉得很有道理，似有所懂，但实际上你还是不知道梨子的味道。

不知道梨子的味道，你也从来不会有吃梨子的冲动，这是梨子的悲哀，更是你的不幸。

其实最好的答案应该是"去尝尝梨子"和"去实践一下殷老师的理论"。这样，你就准确知道了梨子的味道，知道殷老师教的方法是否有效，关键就是要去"行"。

"21天真的能达到预期的效果吗？"这不是个完整的问题，先容我讲一个故事："一位年轻人向老者问路：'到城里要多长时间？'老人说：'你走啊！'年轻人以为老人耳背没有听清，就又重复了一遍问题，老人还是说：'你走啊，你走啊！'年轻人想，真倒霉，问路碰到个傻子，转身走开了。'我不知道你的速度，怎么告诉你时间呢？'身后传来老人清晰洪亮的声音。"

我想，您应该明白我的意思了吧？达成目标所需的时间与你的训练和努力程度（速度）关系极大，21天，是个概数，实际的天数取决于你自己的努力和体悟。

训练见效快的例子，建议您看看老师博文"讲课互动七法"中，"狂客笑谈"的分享：

"我在这20天里没有完全遵守您跟我说的方案（向您道歉），最主要的原因是时间不是那么充足，但是我平均两三天用耳语法坚持练习，总共加起来有一个星期左右的时间。给朋友打电话他们都说我的声音比以前响亮多了，不像以前那么发闷，听到这些话后我就感觉练习耳语法真的很管用，我就坚持每天都练习。"

这是一星期就有明显感觉的例子，离老师说的21天，还差14天，何如？

见效慢的例子，我可以自己分享。我的训练方法是每天坚持读6遍"羊皮卷"，在前面跟老师的通信中已详细讲过。从4月18日到7月1日，合计75天的时间，我没有间断过，有天晚上睡前训练时赶上停电，又没有准备蜡烛，我是借着手机的荧光完成的训练，也算得上有恒心吧？但我的效果就不如"狂客"兄明显，不过对付3个小时不间断的培训，早已经绰绰有余了。感觉不足之处就是声音不够洪亮。

为什么声音不够洪亮？有问题就要找出问题产生的原因和解决的方案，这就是"悟"，是"行"的第二重境界。不去"行"，就无从发现问题。没有问题，就无从找到解决方案。只有去"行"了，去"实践"了，才会发现问题，才会找到"解决方案"，才能得到"真知"。

我开始也找不到小腹累的感觉，后来感觉忽然找到了，还在老师博客里分享过发"嘿哈"音找感觉的方法等等。事实证明，都是不太可取的，因为我当时找到小腹累的感觉是通过收腹来实现的，不很实用。于是我又仔细阅读老师书中的相关章节，看老师的授课视频，翻看一些胸腹式呼吸方法的理论介绍，仔细体悟老师讲的每一个关键的字句。老师在讲课中指导耳语训练时说过一句"要收着练"，就是这个"收"字，启发了我，不是"收"着小腹，而是"收"着吐出来的气息。

悟到了这些，通过不断的实践，我在一星期前找到了正确的方法，与老师7月1日博客中"练耳语小腹不累怎么办？"中介绍的方法一模一样，就是"一只手卷成话筒，放在嘴前边，对着这个'话筒'练习耳语"（殷老师语），可以找到很自然的小腹累的感觉，并且也找到了嘴皮子用上力的感觉。

悟的这个过程，我花了66天的时间，而殷老师，作为一个已经功力深厚、造诣很深的专业人士，俯下身去感受我们这些入门级菜鸟的感觉，想必也是很难的。足见老师用心之良苦，我等有何托词不尽心学习啊？

梦里走了千里路，醒来还是在床上，"行"和"悟"就从现在开始！

网友 恩宽

3. 遇到练习的停滞期怎么办？

我现在按你讲的每天练习20遍"人一之"，可是感觉进步并不明显，一筹莫展。今天反思了一下，可能与在练习当中心浮气躁有关。

我发现最近练习流于形式，以完成任务的心态练习，比如在练"人一之"时，虽然手上有动作，但心里却想着快点做完，做完了我干别的事。心不能静下来，身与"心"没有参与，所以就没有什么效果。

在坚持的过程中，会出现一个停滞期，好像没有效果，没有收获，这是正常现象。只要咬牙挺过去，就会柳暗花明。这就像走路，走了九十九里，是最累的时候。这时候不走了，就前功尽弃。一咬牙，就走到头了。毛主席说："有利的情况和主动的恢复，产生于'再坚持一下'的努力之中。"

坚持讲话技能的练习，学会讲话还在其次，首先是练习心态，锻炼的是人做事的恒心。通过学讲话，练出了恒心，人生则无往不胜。

网友恩宽说:"把当前的事情做好就是最大的成功,不要贪多。"这句话说得非常好,这就是活在当下。

活在当下的关键是"身在曹营心在曹",而不是"身在曹营心在汉"。只有全身心地投入,才有效率,才有效果。

4. 学讲话有技也有道

读殷老师的书,有"三悟"。

一悟义。

还记得我3月份刚买来书时,只看重"21天"和"诀窍";反复研读后,才深入理解了"定耳舞诀"的内涵和贯穿整本书的"一简二活三口诀"。

二悟行。

知行结合。每天在自制的计划表上逐项打钩,每天200次"引",40次"大家好",每天写日记总结优缺点,已经成了我最快乐的事,生活从没这么充实过。

三悟心。

从开始的功利心、急成心,到现在的自信心、进取心,我不仅提高了讲话能力,更变得乐观、坚定、积极向上了。

我会继续读下去,练下去,悟下去,在三悟中不断提高自己。

看了你的"三悟"非常高兴!让我高兴的有两点。

一,悟道。最高兴的就是你已经从讲话之技上升到了人生之道。道就是规律,你不光学会了讲话的技能,而且从中悟出了人生根本性的一些道理、规律,这是一个质的提升和飞跃。

为什么说你悟出的是道呢?

因为快乐是道。快乐幸福就是人生的目的。人享受过程中的快乐,才是真快乐,才能说是天天快乐。你在天天的学习、实践、自省中感受到了快乐,这是生活过程中的快乐,就是真正的快乐。

因为充实是道。什么生活最充实？天天在成长进步的生活最充实。你找到了，体验到了，这是非常宝贵的体验。这种体验是天天打麻将，天天喝酒抽烟，天天抱怨，天天自卑自弃所体会不到的。

因为恒心是道。所有的成功都要靠恒心才能取得，这是我最大的体会。"定耳舞诀"四字经，就是靠我在六年的大学教学实践中，每天写教学总结、感悟，记了几十万字，总结出来的；出《21天掌握当众讲话诀窍》这本书，也是靠我每天写500字，坚持写了一年，写出来的。你制订了计划表，并坚持按计划表练习，找到了坚持的有效方法，并在坚持中进步提高，尝到了有恒心的甜头，这非常宝贵。

你的"三悟"，都是人生的大道，是幸福人生、成功人生所必须具备的核心心态和方法。你用自己的感官和心灵体验到了这些人生的大道理，不是书本上的、口头上的，它就真正是属于你的精神财富了。由衷地祝贺你！

二，知音。你读出了我写《21天掌握当众讲话诀窍》这本书的双重目的。我写这本书就是有意识地将传道授业解惑三者结合起来。在教授给读者学习当众讲话技能的同时，融汇了中国传统文化的内容，如忠、孝、仁、舍得等等；融汇了做事的根本方法，如持之以恒。

因为我通过个人的学习和生活体验，感觉这些道理是想要幸福、想要成功的人必须遵守的规律。所以我就把这些观念融汇在教学当中，学生也在学会当众讲话技能的同时，学会了做人的道理。很多学生在期末作业中写道："老师教给我们的人生道理，比讲话技能更重要，会让我们受用一生。"基于这些成功的经验，所以我在写书时，也把这些价值观融进去了。

你读出了这层意思，真是我的知音啊！希望我们和更多的读者都能坚持忠孝仁义等这些中国古圣先贤的宝贵的价值观。

送给大家两句话，我们共勉：

简单练到极致就是绝招！

天才就是重复最多的人！

第二章

"三定"练胆法
——提升领导者当众讲话魅力第一招

> 微笑就是阳光,
> 它能消除人们脸
> 上的冬色。

定——笑定、眼定、站定，是练胆之法，培养领导者在讲台上迅速进入沉着镇定的状态。胆是心理素质，属于人的内在，但可以通过训练人外在的体态语，由外向内改变人的心理素质。学会了"三定"，就可以达到好声、好身、好脑、好运的目的。

一、为什么领导者当众讲话要练胆？

1. 讲话有胆，内容才能精彩

我常在琢磨："有胆有识"这个成语，为什么不能颠倒过来说成"有识有胆"呢？

因为这个顺序反映的是一种因果关系。有识未必有胆，有胆是前提，有了胆，上台才能讲出精彩的"识"；没有胆，准备的"识"再精彩，到了台上也会讲不出来。

胆像什么？就像房间里的电源开关；识像什么？就像房间里的精美装修。电源一关，房间一片漆黑，再精美的装修你也看不见；打开电源，灯光亮了，才能看到屋子里漂亮的装修。我们上台讲话也是如此，上台前讲话内容背得滚瓜烂熟，可是因为没胆，往台上一站，脑子一片空白，把词忘得一干二净；因为有胆，到台上才能超水平地发挥。

网友"射手mm"看了中央电视台《赢在中国》的总决赛后写了一段评论：

> 我很喜欢那个唯一的女选手，周瑾。她镇定从容，回答巧妙机智，滴水不漏，真是让人喜欢。她刚参加比赛的时候还是一个孕妇，现在比赛完，小孩已经四个月大。一般的孕妇都在家休养，她来到这个创业的舞台和男人们一争高低，不卑不亢，拿到500万元的创业资本也是实至

名归。

周瑾为什么能够在总决赛中获得季军的佳绩？正是有胆帮了她的大忙。只有"镇定从容"在先，才有"回答巧妙机智，滴水不漏"在后。

《演讲与口才》中讲过一个大学生靠有胆转危为安的求职故事。

大学生郑某参加某合资公司的求职面试，负责接待的一位先生向她递来名片，郑某因为紧张，匆匆看了一下名片，就连忙对对方说："您好！藤野先生，您不远万里，远离祖国，来到我们中国创业，真的很佩服您的创业精神。"

那人愕然地说道："远离祖国？你以为我是日本人吗？我姓腾，叫野阔，是地地道道的中国人！"

这下郑某陷入了尴尬，她调整了一下情绪，诚恳地道歉说："对不起，我刚才太紧张了，不过您的名字让我想起了鲁迅先生的老师——藤野先生。他教给鲁迅先生很多知识和做人的道理，让鲁迅先生受益终身。我希望您能成为我生命中的'藤野先生'，帮我走上事业的大道！"

腾先生一下子转怒为喜，不但没有怪罪郑某的言语过失，还因为她敏捷的思维和出众的口才而决定录用她。

太紧张，让她看错人名；一镇定，马上妙语出口。

我自己也有切身的体会，当主持人时间长了，胆量练出来了，站在台上放松自如，嘴里才不时能蹦出几句妙语来。

全国著名健康教育专家洪昭光来珠海做健康报告，我担任主持，在介绍洪昭光时我这样说：

"洪教授在健康教育方面做出了特殊贡献，今天我想授予他三个头衔：'五星上将''农业部长''体委主任'。说他是'五星上将'，是因为他推广防病养生之道，不战而去人之病；说他是'农业部长'，是因为他介绍的'红黄黑白绿'的食品，促进了农产品的销售；说他是'体委主任'，是因为他提倡的步行锻炼，推动了全民健康运动……"

当时全场大笑，洪昭光也笑了。

我在介绍洪昭光时，这三个形象称呼的产生，就得益于我当时轻松自如，不紧张，有胆。如果紧张，只能按照主办方提供的资料，平淡无奇地宣读出来，不可能像上面那样形象地介绍对方。

2. 讲话有胆，避免"错词、滞词、没词"

根据我的观察，当领导的上台讲话无胆，大多会出现"三词"表现：错词、滞词、没词。

错词，就是心口不一，把词说错。我们主持人是以说话为职业的，也常常会因为紧张无胆而说错话。

> 有位主持人，长期在直播室里对着话筒做节目，他在第一次主持大型晚会时，往台上一站，看到几千人的场面，一下子紧张了，报幕时说："下面请欣赏新疆歌舞《掀起你的头盖骨》。"惹得全场哄堂大笑。原来是把《掀起你的盖头来》说错了。

网上有个连长讲错话的笑话：

> 军首长到连队视察。连长汇报工作时，读到"干部要爱护士兵"这句话时，由于"干部要爱护士"这六个字处于本页的最后一行的末端，"兵"字处于次页的首行第一个字的位置，这位连长一紧张，就念成了"干部要爱护士"，因此闹出个大笑话。

滞词，就是舌头发硬，结结巴巴，读稿都读得很不连贯。为什么会出现这种情况呢？因为无胆，就会紧张，一紧张，全身肌肉都是僵硬的，舌头也不例外。常言说"笨嘴拙舌"，这"拙舌"就是舌头僵硬。舌头一僵硬，就打不过弯来，自然就结结巴巴。

没词，就是脑子里一片空白，不知道讲什么了。

在和一些企业老总聊天时，他们经常会讲到一种情况：我在台下讲话流利自如，可是出席一些很隆重的会议，往台上一站，脑子就短路，一片空白。结果讲的是什么，自己都不知道了。下来一想，后悔不迭：我刚才在台上应该这样讲才对呀。可在台上就是想不起来。

为什么会出现这种情况呢？也还是紧张、没胆造成的。

脑子为何会空白？从生理学上讲，人一紧张，肾上腺素会分泌过旺，使得心跳加快，身体各部分毛细血管充血，肌肉收缩加剧。正是因为心跳加快，肌肉加剧收缩，用去大部分氧气，大脑反而供氧不足，会出现暂时缺氧的现象，因此头脑会出现一片空白。

另外，从思维科学角度讲，在台上思如泉涌，妙语如珠，是灵感思维的产物；灵感思维又是右脑的产物。右脑只有在镇定放松的时候才运转工作，一紧张，右脑马上关闭。所以站在台上一紧张，管灵感思维的右脑就关闭了，自然就讲不出精彩的话来。

3.解决讲话无胆，势在必行

我在教学和培训中发现：讲话无胆者，细分起来，共有两种，一种叫全无胆，一种叫半无胆。

什么叫全无胆？

就是台上台下都没有胆量讲话。全无胆的情况，在大学生当中比较多见，在领导者当中不太常见。

什么叫半无胆？就是有时讲话无胆，有时讲话有胆。在领导者当众讲话中，半无胆的现象比较多见。常见的有这样几种类型：

第一，对上无胆，对下有胆。

就是对员工、下属讲话，有自信，能够有条有理，侃侃而谈。有一家电器销售公司的店长，他说每天开晨会，面对下属几百名员工讲话，没有一点问题，但是一遇到总公司领导来视察，让他汇报工作时，就紧张，读稿都读得结结巴巴。

一位读者就属于这种情况，在给我的信中他写道：

> 在您的指导下，我的口吃情况得到很好的改善，在人际交往中所受到的限制明显减少，在平常和同事们谈话基本达到流利自如的水平，每天独处时就自言自语地讲一些我认为重要的事情，也能达到满意的流利程度。可在和领导及其他单位的同事讲话时就难了，有些话明明知道怎么说，该说什么，可就是说不出来，结结巴巴，以至于造成很多误会，让人很反感，自尊心、自信心都受到打击，很多工作也很难展开。如我把工作方案写得很好，可向领导汇报时，却是乱七八糟，有口难言，有想法无法表达，一次两次倒没什么，可我每次见到领导都如此，就很糟糕了。

第二，对外无胆，对内有胆。

对内讲话时，因为大家都熟悉，能够放得开，不紧张；而对外讲话，面对陌生人就紧张，不会讲了。

在培训中我也发现，有一种人正好相反，对外有胆，对内无胆。

一位航空公司的乘务长说：

> 我面对陌生乘客服务或讲话时有胆有自信，而面对领导和同事讲话时却很慌张。

第三，讲话无胆，谈话有胆。

与同事、下属在私底下一对一谈话时，手舞足蹈，眉飞色舞，讲话内容生动、形象，很有感染力。但是一让上台面对着众人讲话，就紧张，或者是语速太快，或者是表情严肃，或者是眼睛不敢看人，或者是手足无措，或者是讲话结结巴巴，总之，像换了个人似的。

4. 领导者为什么讲话无胆？

领导者为什么会出现这种无胆的情况呢？

我分析主要有两个原因：一是跛脚论；二是鸭子论。

先说跛脚论。我认为是中国语文教育重文轻语造成的讲话无胆。

"语文"二字，顾名思义，文，是指文字、文学，以及作文的训练；语，是指口头语言的训练。语文课应该有文有语。而我们的语文课是有文无语，所以说是跛脚的。

> 我每学期开始接新班上当众讲话课时，都要做一个简单调查。对学生说：从小学到高中上过口头语言表达课的请举手。结果全班60个人，举手的只有一两个。一问，还都是因为上高中时要考播音主持专业，在社会上找老师学过一点。所以，我们的语文课最后造成的结果就是哑巴中文，学生只会写作文，不会开口讲话。

我们经常在电视上看到，美国的政要和企业家面对记者时能从容不迫，侃侃而谈。为什么能做到这一点呢？网友"伴我成长"在一篇文章中写道：

> 其实，美国人的演讲口才，不是一朝一夕练就的，而是从小学、中学到大学的各个阶段不停磨炼而成的。也就是说，真正培养美国人一副好口才的重要原因是美国的教育。有关专家曾对演讲人的心理做过调查："60%以上的人都对做演讲有胆怯心理，以为演讲仅次于死亡，

其可怕程度排在第二位。"由此，专家以为：演讲不仅仅是对口才的训练，也是对胆量的挑战和锻炼，演讲能力需要长期培育。

　　美国教育界充分意识到了这一点。所以，美国从小学起就十分重视培养学生的演讲能力。他们从小学开始就注意在课堂上磨炼学生的口才，无论是语文还是数学，或者历史等其他科目的课堂，演讲、争辩已是家常便饭，学生早就习以为常。这样的课堂，学生的胆量处处能得到锻炼，口才时刻能得到训练。尤其是在课堂上老师们经常根据学生所学过的知识要求学生以专题的形式上台演讲，更是让学生的口才得到充分的展示和锻炼。演讲、争辩在学习中的作用是不言而喻的。

腾讯评论中有篇文章更是讲到，美国人培养演讲能力是从幼儿园开始的。

　　美国人十分重视沟通交流的能力、演说的能力，从小就培养。从上幼儿园开始，每个小朋友就要到台上去和别人分享自己的观点、想法，或向别人展示和讲解自己的物品，还会像模像样地要求大家提问，别的小朋友也不会客气，会提出来五花八门的问题。老师会予以鼓励赞扬，给小朋友以无比的勇气和自信。

我们的每位领导者也都是从中国语文有文无语的课堂里走出来的。如何写作文，老师教过，也很重视。但是怎样当众讲话，老师却从来没教过。所以，上台无胆也就是很自然的现象了。

再说鸭子论。俗话说"赶鸭子上架"，意思是说强迫人去做他能力达不到的事情。"宰相必起于州部，猛将必发于卒伍"，每个大领导都是小领导出身，每个小领导都是从普通员工干起。当员工的时候你只要能干就行，但是当了领导就被逼着要会干又会说。这一逼，就好像是赶鸭子上架了。所以初当领导的人，会干不会说，也是一种常见现象。

心理咨询师吴仕逵在《管理者为何"口吃"?》一文中谈道:

> 某患者一次公司例会要做部门工作总结,会前原本准备得非常充分,甚至写了发言提纲,但当众站起来后,十分恐惧,张口结舌,竟然什么都说不出来,又是出汗又是发抖,感到十分烦恼,并导致自我评价降低,自艾自叹,自卑自责。
>
> 另一位患者的口吃出现在谈判中,尤其是快要拿到大单的时候,思维混乱,语无伦次,大单总是拿不到。
>
> 这是一个普遍现象。专业人员默默工作就行,不需要频繁的沟通和交流,但被提拔做管理人员后,就需要在部门会议、中层会议、全体员工大会上发言,紧张和恐惧的问题就来了。有的甚至害怕与领导和陌生人谈话。一旦讲不好,领导还没有说什么,自己就担心会失去目前的职位,因为公司越来越倾向于吸纳更年轻的职员。

著名的彼得原理也和"赶鸭子上架"的意思差不多。

> 管理学家劳伦斯·彼得指出,在管理学中有一种普遍现象,每一个职工由于在原有职位上工作成绩表现好(胜任),就将被提升到更高一级职位;其后,如果继续胜任则将进一步被提升,直至到达他所不能胜任的职位。而要想胜任新的职位,就要通过自我训练和不断进步。

通过以上的分析可以看出,讲话无胆有其客观原因,不用大惊小怪。但是讲话无胆,会直接影响领导者的工作,又不能坐视不管。

那么,从哪里入手改变讲话无胆的状况呢?

5. 从无胆到有胆的练习模式

胆小害怕,是学习讲话的第一只拦路虎。怎样降伏这只老虎?

胆量，属于人的心理素质，属于人内心的东西。无胆，是块心病，是个心魔。治心病，有两种办法：一种叫西医式练胆法，一种叫中医式练胆法。

（1）西医式练胆法

西医治病是就事论事，外病外治，内病内治。没胆属于心病，大部分演讲书都会给你提供心理疏导，改善心理素质的几句话：

害怕当众说话并不是个别现象；
一定程度上的登台恐惧是有利的；
再出色的演讲者一样有登台演讲的恐惧；
恐惧是因为你不习惯登台。

接着，还教给你积极的心理暗示方法：

确信自己的题目有意义；
避免想那些使你不安的事情；
要自己给自己鼓气；
把听众当成你的朋友。

一般的演讲书上会教你三种消除紧张情绪的方法：深呼吸，握紧拳头再放松，后仰放松颈部肌肉。

平心而论，这种西医式练胆法，对有一定登台经验的人和心理素质较强的人有用，但对大多数首次登台的人、心理调适能力差的人、上台受挫产生严重心理阴影的人来说，则基本用不上。

这些治疗讲话无胆的药方之所以不太有效，是因为缺少一种整体思维，没有将心理与生理、内心与形体统筹考虑。对无胆的人来说，他们需要的是一种看得见，摸得着，能模仿，能练习，循序渐进的内病外治的具体方法。

（2）中医式练胆法

中医看病都是把人体看成一个各部分相互作用的整体，辨证治疗，内病可以外治，外病可以内治。

先看看中医的外病内治。

在中里巴人的《求医不如求己》这本书里，介绍了一个案例：一个12岁的男孩，皮肤不太好，小腿上有鱼鳞斑，一到秋冬季节就很痒，孩子经常挠，然后就长痂，有时面积很大，痂很厚。孩子夏天都不敢穿短裤。

中里巴人是怎么治的呢？他认为看起来是皮肤上的病，病根却在脾肺气虚。于是，给孩子开了参苓白术丸，健脾益肺；补中益气丸，健脾止泻；玉屏风散，防风止汗。结果，外病内治，孩子的皮肤病治好了。

再看中医的内病外治。

中里巴人在书中又举了一个例子。

前年的春天，我去新加坡旅游，暂住在好友杰森家里。那天晚上正在喝茶聊天，杰森突然接到一个电话，说他的一个英国朋友突然病重，不能说话了，他得过去看看，并请我一起过去帮忙给诊诊。路上杰森对我说，这个英国朋友很喜欢中国文化，经常和他一起聊天，已经75岁了，是个忘年交。

来到那个英国朋友的家，老人正斜靠在沙发上，两目有神，看着并不像有病的样子。他的私人医生已经来了半天了，据说是当地最有名的西医。那医生说他是脑血管有问题，建议他回英国去治疗，并马上住院检查。老人似乎不同意，连连摇头。朋友向老人介绍，说我可以用中医的方法帮他看看，老人睁大眼睛很惊奇地望着我。我让老人伸出手来，帮他把脉，他的脉弦滑有力，弦为肝火，滑为痰盛。再让他张开嘴看他的舌象，老人张嘴很费力，舌头歪向一边，卷曲着，舌头一边已被咬破，还在出血，里面还尽是食物残渣。

他的侍者向我们介绍说，老人几年前得过脑血栓，左手臂一直不是很灵活，但其他一切正常。昨天晚上喝了点酒，今天早上说话就有点不太清楚了，尤其吃饭时总咬舌头，而且食物都糊在舌头上无法下咽，到晚上连张开嘴都吃力了。

老人的问题在中医看来属于中风先期，肝风内动，痰蒙清窍，心脉瘀阻。舌通心脉，"舌乃心之苗"，故舌头的症状最多。

老人身体壮实，本可直接用安宫牛黄丸化痰熄风，但手边无药，我的针灸用具也没带在身边，便提出用汤勺为老人刮痧。我把我的思路一说，杰森用英语一翻译，那个西医大夫连连说"No"，并显出气愤的样子。而那个英国老人却露出欣喜的表情，频频点头。西医大夫最终铁青着脸，坐在旁边的沙发上，不再说话了。

我在老人家的厨房搜寻了一番，找到了一把做工精致的、可能是盛饭用的小木铲，又找来了一瓶橄榄油。我让老人脱掉外衣露出左臂。老人的肌肉很结实，我顺着左臂的心经刮了起来，从极泉穴开始。那个小木铲很好使，比我在国内用的刮痧板还顺手，边刮我边问："感觉怎样？"老人露出惊喜的表情，还时不时地点点头，好像正在欣赏一首美妙的曲子。

痧出得很畅，不一会儿心经已经变成了一条黑紫的线条，像是被人重重地打伤了一样。那位西医大夫惶恐得坐立不安，总让我轻一点、轻一点。

刮了大约十几分钟，当刮到手腕的灵道穴时，老人突然剧烈咳嗽了一阵，吐出了两口暗黄色的浓痰，然后向我挑起大指，清晰地用英语说了句"太奇妙了"。我接着又在老人的神门穴点按一分钟，以泻心经之余火，同时用另一手在脾经的大都穴按揉，以接引心经气血，最后掐点太白穴一分钟，把肝火之多余能量尽转于脾经储存，不致白白泻掉。治疗共30分钟，再让老人吐舌头，已经伸缩自如、归位如初了。

隔行如隔山，但隔行不隔理。中医辨证施治的思维方法给了我很大启发。治登台无胆的病，我就是以中医"有诸形于内，必形于外"理论做指导，用了内病外治法，**通过外在体态语的训练来解决无胆这个内在心理素质的问题。**

在教学当中，讲到练胆这一课时，我都会先做一个实验，让学员感受内无胆一定形于外这一内外两者的关系。

我站在讲台上，面对学生，低着头，眼睛看着地面，面部没有一点表情，身体歪歪扭扭，一直晃个不停，口中小声说："各位领导、各位来宾，大家好。"

然后问学员我是有胆还是无胆。学员说无胆。我问学员是从哪里看出来的。学员说，从低着头，不敢看观众，身体歪歪扭扭这些肢体语言上看出来的。

第二遍，我面带微笑，挺胸收腹，双脚并拢，目光坚定地和观众交流，声音洪亮地说："各位领导、各位来宾，大家好！"

这次，我再问学员有胆还是无胆。大家异口同声地说："有胆！"

通过这种对比演示，学员一下子明白了内病可以外治的道理。

概括起来，无胆的人，在肢体语言方面常犯三种毛病：笑不定，眼不定，站不定。

在我刚开始教授当众讲话课时，怎样克服上台无胆，是一个让我很困惑的问题。后来我在培训中发现：内心无胆、自卑的人上台讲话，一定会从他的身体语言中表现出来，观众是可以看出来的。

这个"看"字很重要，我们没有火眼金睛，看不到上台讲话者的内心，但是我们能看到他的脸、手、身的动作，这些外在的形体动作能准确地透露出他的内心状况。一个无胆的人，内心紧张、害怕，心怦怦狂跳，那我们一定会从他脸上肌肉绷紧，没有一丝笑意，眼睛不敢看观众，手不知道放哪里，双手发抖，两腿发抖等肢体语言上看出来。而一旦把上台的肢体语言改变，就可以给观众一个有胆的形象，让观众感受到你内心的沉着和自信。

下面我们先来逐一分析"三不定"的毛病，然后再用三定法对症治疗。

6. 无胆讲话者的外在表现——"三不定"

"三不定"是指：笑不定，眼不定，站不定。

笑不定，就是上台讲话没笑容。凡是上台紧张害怕的人，一定表情严肃，笑容绝不会自始至终挂在脸上。为什么？因为心里一紧张，反映在生理上，全身肌肉都会紧张，脸上的肌肉自然也是绷紧的，一绷紧，就必然给观众一种面如秋霜的感觉。

你给观众一个冷脸色，观众下意识地就会对你很冷漠；你看到观众的脸色难看，就会更紧张，表情更加僵硬。

我主持过一个大企业每年一度的客户答谢会。董事长上台讲话："各位来宾、各位客户，值此新春佳节到来之际，我们举办这个答谢活动，就是为了衷心地感谢大家对我们企业的大力支持。"他的文字是热情洋溢的，但他的面部表情自始至终冷冰冰的，嘴角不往上翘，眼角看不到任何笑意，你从他的语言当中感觉不到一点感谢的意思。会场排场很大，钱也花了不少，就因为他讲话不会笑，答谢会的效果就大打折扣了。

还有一次，我参加一个干部培训讲座。培训中心的领导一开口，我就非常注意观察他的面部表情。他说："大家早上好。欢迎大家参加这一期的领导干部培训。经过精心筹备，我们的国学讲座终于开班了。"

说"大家好"，本来应该面带微笑，热情洋溢，给人心口一致的感觉，可是他脸上的肌肉是僵硬的，没有任何表情，传递的是不欢迎大家来听讲座的信息，让人很不舒服。

根据我的观察，领导者当众讲话"笑不定"的情况非常普遍，占比能达到80%。包括一些很有经验的演讲者，也存在着不会笑的问题。

眼不定，内心无胆、紧张的人，他的眼睛一定不敢看人。不看人看哪儿呢？或者看天花板，或者看地面，或者是看手中的讲稿，或者看一下观众，眼睛马上躲开了，就是不敢自始至终看着观众说话。因为眼睛是心灵的窗户，你心里害怕见观众，一定会在眼睛上反映出来；而一个内心自信，充满着讲话愿望的人，他的眼睛一定是放着光，应该像探照灯一样，始终和观众进行眼神的交流。

乔布斯是一位伟人，又是世界上出色的演讲家。但是他2005年6月12日在斯坦福大学的毕业典礼上的演讲，却并不出彩。

演讲内容很精彩，讲了三个故事：退学之后学习美术字的故事；30岁时被苹果开除的故事；战胜胰腺癌的故事。这三个故事激励了全世界千千万万的年轻人。但是看了视频才知道，他的现场演讲效果却并不热烈，15分钟的演讲中，学生的掌声只响起三四次。为什么呢？我从视频中注意到，他并没有将稿子背下来，五分之四的时间眼睛都在看稿子，顾不上和台下的大学生交流，而且他的脸上没有笑容。这次演讲与他后来在苹果新产品发布会上的演讲比起来逊色很多。

我主持过一个企业管理方面的高峰论坛，三位主讲嘉宾，其中有两位都存在着眼不定的问题。一位是自始至终都看着自己的演讲稿念，从不抬头。读到"尊敬的某某部长、尊敬的某某局长，非常感谢你们出席我们今天的会议"时，他的眼睛也没有看一次下面的部长和局长，给人的感觉是目中无人。另一位好一点，知道和观众用眼神交流，但是他的眼睛只敢看中间的观众，而从不看左右两边的观众，没有兼顾全场。给人的感觉是目中有人，但只有少数人，没有全场人。

这两种表现，都给人不尊重领导和其他观众的感觉，究其原因，并非傲慢，只是紧张，没有受过训练，就会造成误会。

上台讲话眼不定的情况，在领导者中大约能占到50%，与笑不定相比要好一些。

站不定，有两种情况：一是做不到站如松。由于紧张害怕，根本顾不上自己的形体姿态。手足无措，手没地方放，脚没地方搁，不知道怎样站才好，耷拉着头，含着胸，站得歪七扭八的。二是不等站稳就说话。因为紧张，恨不得一口气把话说完，不等说完话，就落荒而逃，根本顾不上鞠躬谢幕。而有胆的人，一定是站如松；一定是站稳了之后，等全场安静才开腔讲话；一定是讲话结束之后，非常从容地下台。

有一个专门做媒体数据调查的大公司的女老总，在一次调查数据发布会上，由她来发布调查数据。她非常重视此次讲话，所穿的职业套装很高档，大波浪发型是精心吹过的，然而站上讲台之后，她就将胳膊肘往讲台上一放，整个人的重心就靠在了讲台上，她就这样一直把话讲完，这就是站不定。本来往台上一站应该是像我们古人说的"站如松"，两腿并拢，身体站直，可是她由于紧张，下意识地要找个心理依靠，就一直靠到讲台上了。

我还在一个大型会议上看过一家很有影响力的网站的领导讲话，他的两只手没地方放，老是插在裤兜里，呈现一种不屑一顾的神态。实际上是天大的冤枉，这个人一直对人很和善，何况台下还坐着他的领导。他是因为紧张，手不知往哪儿放，这也是一种站不定。

在领导者中大约有30%的人会存在当众讲话站不定的现象，且主要存在于不经常上台讲话的人身上。

上台讲话紧张无胆的人，都逃不出"三不定"的毛病。通过对讲话无胆者进行笑定、眼定、站定三方面体态语的训练，就可以治疗无胆者的"三不定"，让观众看到一个在台上沉着自信的演讲者。

下面，我将逐一介绍"笑定""眼定""站定"的训练方法。

二、快速克服讲话无胆方法之一：笑定

什么是"笑定"呢？就是让笑容定在讲话者的脸上。从你开始起步走上台的时候就要面带微笑，在讲话过程中要面带微笑，讲完话最后走下台时还要面带微笑。这就是"笑定"的内容。

1. 微笑对观众来说有两个作用：悦目，悦耳

悦目，就是观众喜欢演讲者微笑的表情。面带笑容的讲话者，还没有开口就已经从视觉上吸引了观众。星云大师曾说："一束鲜花，不如一脸微笑；笑容，是世间最美的色彩。"

韩国金炅泰在《他是如何说服听众的——乔布斯演讲会》一书中写道："当乔布斯走向台上说出第一句话之前，请注意他对动作表情以及视线的处理。首先映入人们眼帘的是乔布斯的微笑。看到他的表情就可以知道，他对于今天的演讲感到非常高兴，人们觉察不到他有丝毫的紧张。……他从演讲台的边缘走向中央，在开始演讲的第一句话之前，将目光投向听众席上的每个角落。当然，即便是这个时刻他也仍然充满了微笑，向前来听演讲的听众传达欢迎的信息。然后，他才开始讲第一句话。"

微笑就是紧张无胆的克星！你微笑了，观众就认为你是从容自信的。

领导魅力就是这么简单！微笑，就有领导魅力；不笑，就没有领导魅力。

当你站在台上，未曾开口先有笑，就已经展示出你的魅力，吸引了观众的眼球。正如雨果所说："微笑就是阳光，它能消除人们脸上的冬色。"

我让学员微笑，自己更要言行一致。在讲课时，我的微笑贯穿于讲课的全过程，营造了良好的气场，给学员留下了深刻的印象。

一位大学老师上完我的课后写道：

> 殷老师授课总是时刻保持微笑。他教我们向观众问好的时候，一定要面带微笑。微笑的时候嘴角要上扬，眉毛要打开，眼睛要笑眯眯的，这样就能给观众留下良好的印象。殷教授的笑容非常有感染力！

中央电视台《晚间新闻》节目对北京市有关部门在学生中所做的一项调查进行了报道，调查主题是"你最喜欢什么样的老师"，结果90%以上的学生说最喜欢微笑着给他们上课的老师。

悦耳，就是微笑之后讲话声音马上奇迹般地变好听，从听觉上吸引观众。

《一切从微笑开始》这本书里讲了一个背对着面试员工的故事。

> 艾莱儿是个普通的美国女孩，既无背景，也无技术专长。当美国联合航空公司招聘员工的时候，艾莱儿抱着试试看的心态，带着她的微笑走进了面试间。
>
> 面试开始了。但是令艾莱儿不明白的是，主考官是背对着她说话的。即便如此，她还是自信、愉快地回答了所有提问。
>
> 最后，主考官转过身对她解释说，她所要从事的工作需要借助电话

来完成，包括预订、取消、更换机票或确定航班等事宜。他之所以背对着她，不是因为无视她的存在，而是为了清楚地知道她的声音里是否加进了微笑。

当然，艾莱儿很顺利地通过面试被录用了。从这以后，艾莱儿在自己的岗位上通过电话让顾客们感觉到她的微笑一直伴随着他们，让他们有如沐春风的感觉。

真诚的微笑，的确是可以听出来的。

我是广播主持人出身，深知广播主持人的声音甜美多么重要。有些主持人自身嗓音清脆响亮，但就是因为声音听起来冷冰冰的，而让听众讨厌。有些声音条件一般，但是听起来甜美亲切的主持人却大受听众欢迎，拥有很多粉丝。甜美的声音从何而来？不是天生的，就是看你爱不爱笑。只要你一微笑，声音马上甜美；只要你的脸上一冷漠，你发出来的声音一定是冷冰冰的，听众一听就能听得出来。

我曾经给电信公司呼叫中心做过培训，发现他们有一个误区，就是训练声音亲切悦耳往往只是从声音入手，而忽视了对笑容的训练。所以我都是把微笑训练作为重点，教给他们微笑的练习方法，要求其每天练习微笑。等他们把微笑练成习惯了，工作时声音自然就悦耳亲切了。

说一千道一万，不如现场练一练。现在请读者做个练习：

说两次："各位领导、各位来宾，大家好！"
第一次，皱着眉头说，声音一定是发闷的；
第二次，微笑着说，声音是悦耳明亮的。

为什么微笑能够让声音悦耳呢？在下面一节会做具体的讲解。

2.微笑对当众讲话者有四好

对当众讲话者来说，微笑可以带来四种好处：**好声，好脑，好身，好运。**

（1）微笑对当众讲话者的好处之一：好声

好声，就是微笑可以让当众讲话者的声音变好听。这里重点说说为什么微笑可以让声音变好听。

微笑可以让气息通畅。

第一，因为人紧张生气的时候，鼻孔收窄，呼吸的管道就变窄，呼吸不顺畅；而微笑的时候，鼻孔自然张大，呼吸的管道加大加宽，气一下子就吸进来，马上气沉丹田。

第二，紧张的时候，下巴、脖子是勒紧的，呼吸不畅。一微笑，面部、颈部、肩部、胸部、腹部都放松了，上下打通，呼吸没有任何阻碍。

微笑可以让声音圆润。

微笑时，颧骨的肌肉往上拉，口腔自然就打开了，共鸣腔大了，声音有共鸣，自然就圆润了。

微笑可以让吐字清晰、轻巧。

因为微笑的时候，嘴唇向两边咧开，双唇的肌肉收紧，吐字马上有力，一有力，字就清楚。

再一点，一笑，吐字就轻巧。我们常言说，笨嘴拙舌。拙舌，就是舌头很僵硬。人一紧张，舌头才会僵硬。而微笑的时候，舌根后缩，舌头放松，自然就变灵活了。

（2）微笑对当众讲话者的好处之二：好脑

微笑能使大脑放松，思如泉涌。

我们常说急中生智，实际上急中想生智，一定少不了先微笑。因为在事态紧急时，人的大脑里往往一片空白，猛然想出办法的情况不多见，如果能微微一笑，大脑瞬间放松，就能生出灵感，想出办法。

给大家讲个笑中生智的故事。

是王宠惠笑论婚姻的故事。

民国年间，法学家王宠惠在伦敦参加外交界的宴席。席间有位英国贵妇人问王宠惠："听说贵国的男女都是凭媒妁之言，双方没经过恋爱就结成夫妻，那多不对劲啊！像我们，都是经过长期的恋爱，彼此有深刻的了解后才结婚，这样的婚姻多美满啊！"

王宠惠笑着回答："这好比两壶水，我们的一壶是冷水，放在炉子上逐渐热起来，到后来沸腾了，所以中国夫妻间的感情，起初很冷淡，而后慢慢就好起来，因此很少有离婚的事件。而你们就像一壶沸腾的水，结婚后逐渐冷却下来。听说英国的离婚案件比较多，莫非就是这个原因？"

上面讲的故事，是先有笑脸后有妙语。若是全身紧张，一脸尴尬，一定是大脑空白，张口结舌，说不出话来。我们可以从生活中留意观察，能讲出妙语的人，大都是面带微笑的人。

为何微笑能让人消除紧张，产生妙语呢？

因为一微笑，整个脸部肌肉放松，太阳穴处的肌肉也随之放松。

太阳穴是头部的重要穴位，《达摩秘功》中将按揉此穴列为"回春法"，认为常用此法可保持大脑的青春常在，并能返老还童。一微笑，就是给太阳穴按摩，大脑马上就觉得很轻松，脑供血一下子很充沛，思路一下子接通，才可能有即兴发挥。而脸上一严肃，脸上的肌肉就紧张，太阳穴也绷紧，大脑就紧张、发木，马上就转不动，什么也想不起来。

再从潜意识理论讲，妙语如珠，属于灵感思维，灵感思维是潜意识的产物，潜意识只有在人放松的时候才会运作，紧张时潜意识是不肯运作的。所以，人一微笑，大脑放松，潜意识才开始运作，如珠的妙语才会出现。

（3）微笑对当众讲话者的好处之三：好身

常言说：笑一笑，十年少。此话虽浅，却蕴含着科学的大道理。微笑真是健康长寿的法宝。

我在博客中曾经转发了中医学博士彭鑫医生讲的一个治疗案例。

> 我在今年六月份的时候治过一个患者，是河北的一个患者。找我看病的时候，他说："彭医生，我肝硬化（早期）。"肝硬化大家都知道，肝硬化再往下发展那就是腹水，腹水再往下发展可能就是死亡。肝硬化发展的第二条路就是肝癌，存活期都不超过十年。
>
> 他说："我觉得我自己人生没有希望了，也不知道错误出在哪里。"
>
> 我说："这个病用中医是可以治好的，但是最重要的，是你自己先得立起来。所以医生很多时候是帮助病人树立信心。
>
> "你这个病可以自己治疗好。同时，我给你开药方，帮助你，慢慢地，你就好了。"
>
> 他说："真的吗？"
>
> 我说："这是完全可以的。"
>
> 因为从中医的眼光来看，只要是过分的金气退去之后，肝脉就会舒畅，他的肝硬化就会好。
>
> 我就跟他讲，你作为企业的领导，你的脸上从来都没有笑容。因为我们望、闻、问、切时间长了就有经验，来什么样的病人，一看大体就能知道，通过五行的望诊就知道。你从来没有笑容，而且内心当中特别受约束。
>
> 他说："我就是这样的，我的员工都跟我讲，他们特别害怕我，而且我自己的体会就是，我每天都好像被绑得紧紧的。"
>
> 我说："你这不是自讨苦吃吗？这叫造病运动，自己制造疾病。你这种心态时间长了，就会把病制造出来，你看你已经把病制造成功了，制造出肝硬化来了。假如说你继续往下制造的话，这个病就会发展成绝

症，就会夺取你的生命。这是内外双失，自己也不好，让别人也跟着难受。"

他说："那有什么办法？"实际上很简单，金气过重的人要练习什么，就是练习宽容和微笑。我就跟他讲："你从今天开始练一个内容就行了，就是天天微笑。因为人只要一笑，全身紧张的气就放松，脏器就得到舒展，脏器一得到舒展，病就好了。"

我跟他讲了这番道理之后，又给他开了四逆汤、四逆散，帮他把这个肝气再舒展一下，他就回去了。

大约两个星期之后，因为这个人是病情比较重的病人，我给他打电话。我问他，现在怎么样了。我问他吃没吃药。他说："彭医生，实话告诉你，没有吃。我现在就听你的话，我天天练习微笑对待周围的人。我发现我肝区疼痛的感觉没有了，而且去医院化验肝功能，各项指标都在往好的方向发展。"

他后来给我发了一条短信，说："彭医生，你当时教我微笑的场景，一直在我眼前晃动，每当我面容紧张，心里抑郁的时候就想到这个，天天就练习。"

而且，我当时还跟他讲，实际上人生气的时候，就是把自己吊在房梁上毒打。他这个人就是天天毒打自己。我跟他打这个比方的时候，紧张的气氛一下子就缓和了。为什么？人一旦反省自己，智慧就开了，很多问题就迎刃而解了。

他说："当时你给我打这个比方之后，我天天晚上想，想来想去我就笑了，我觉得我每天都在毒打自己，这何必！而且经常是自己毒打自己，并不是别人毒打你。"他把这个问题想通了之后，气血一通，然后身体就好了。

你看，微笑对健康的好处有多大呀！

读者"水就是水"看了我在博客上转载的这篇文章很受触动："微笑还有这样的好处，不看不知道，一看吓一跳！"

我亲身做过一个微笑与健康的实验。

最近单位组织去一家医院做年度体检。量完血压，我突然灵机一动：能不能做个微笑与血压的实验呢？看量血压的人不多，于是我就向护士提出："能不能帮我个忙？我想做个实验，先微笑着量一次血压，再发脾气时量一次血压，看看血压有什么变化。"

护士善解人意，答应了。

第一遍量血压时，我面带微笑，用耳语反复念"引"字，量完的结果是低压70mmHg。

第二遍量血压时，我皱着眉，瞪着眼，用耳语反复说"气死我了……"，量完的结果是低压80mmHg。

这个小实验让我亲身体会到了微笑能带来"好身体"。微笑让血压平稳，发怒让血压升高。天天发怒，血压就会天天升高，最后变成高血压。天天面带微笑，血压天天平稳，就不容易得高血压。

不花钱，不吃药，只是养成微笑的习惯，就能让自己健康长寿，上哪儿能找到这样的好事呢！

（4）微笑对当众讲话者的好处之四：好运

只有常微笑的人才有好运气。为什么呢？

因为微笑遵循镜子原理。你对镜子微笑，镜子中的你就对你微笑。生活中也是如此，当你微笑着对别人，对别人恭敬有礼，别人就会马上微笑着对你；当你横眉冷对一个人，别人也会横眉冷对你。

蔡礼旭老师在讲解《弟子规》时，讲过一个自己对长辈恭敬有礼，送微笑，巧遇贵人，终身受益的故事。

我有一次去澳大利亚学习中国传统文化，《弟子规》中有"事诸父，如事父；事诸兄，如事兄"，意思就是说侍奉别人的父母，也要跟侍奉自己的父母一样恭敬；对待别人的兄长，也应该跟对待自己的兄长一样恭敬。我学习之后感受很深。

有一天，我回到了寝室，看到有七八位长辈，我就一个一个开始问候。有一位长辈比我父亲年纪还要大，我马上微笑着说："唐伯伯您好！"然后鞠了一个躬。当我抬起头来一看，这位长辈笑得合不拢嘴，他说坐飞机飞了几万里，还收了一个侄子，很高兴。后来我又微笑着向旁边一位问候："陈叔叔您好！"这时突然有一位叔叔跑过来，他说："我也要，我也要。"事后我才知道这位叔叔非常有智慧，他是要来给年轻人创造机会，所以他自己跑过来也要当叔叔。

我就微笑着说："卢叔叔您好！"这个躬鞠下去之后，人生发生了巨大的变化。隔天下午其他人都不在，刚好就是这一位卢叔叔与我在房子里面。卢叔叔马上把我叫到客厅，我们坐了下来，他跟我聊了两个多小时。

这一聊才知道，卢叔叔曾经是雅马哈的总裁，雅马哈是一家生产电子琴、钢琴的公司，他领导着八万名员工。这让我瞠目结舌，只恨自己有眼不识泰山，但是同样也让我知道越有能力的人，越谦卑，越有涵养。

当时，他把自己的人生经验和智慧，无私地与我分享，给我教导。其中有一句话我印象最深，他说一个人要提高自己的道德修养，要记住一句话：对待自己，要赶尽杀绝；对待别人，"与狼共舞"。发现一个缺点，就要全心全意把它改过来，要有赶尽杀绝的决心。而对别人应该多多宽恕，多替对方着想，所以要厚道三分。

在这两个多小时的过程中，我是全神贯注在吸收，听完之后，我的情绪很激动，充满了感恩的心，并鞠躬谢恩。

从那天以后，每天吃完早饭、中饭、晚饭，我和他散步、聊天，他这样手把手教了我两个月。

我认识卢叔叔已经很多年了，对人生有任何疑惑，我只要打一通电话给他，他都会非常认真地把他的经验分享给我，教导我，让我破迷开悟，少走弯路。

其实，大道至简，真正的大道理，是最简单的。只要你的真诚心、你的恭敬心流露出来，向人送出一个微笑，表达恭敬之情，你的人生就会有很大的变化。你就会一生遇贵人。

蔡老师的成功，就是对人真诚、恭敬，并把他的真诚、恭敬用灿烂的微笑表达出来。

我的学生通过一个学期练微笑，没想到微笑竟然帮助她考上了研究生。她在期末作业中记述了这件事。

> 我到香港中文大学考研，在面试的时候，我想到殷老师强调的"笑定"。于是，我尝试着一直保持微笑，笑答面试官的问题，以此化解了我和他们之间的隔膜。我的英文不是非常流利，但是我还是在众多学生中脱颖而出，以优异的成绩被录取了。
>
> 记得面试结束时一个老师说："I like your smile, you looks so kindly and cute!"其意思是，我喜欢你的笑容，你很亲切和可爱！

我们常说"相逢一笑泯恩仇"，看了下面这个故事，你就会对这句话有更深刻的理解了。

> 《小王子》的作者安托万·德·圣-埃克苏佩里不仅是一名杰出的作家，还是位优秀的飞行员。第二次世界大战前，他参加西班牙内战，打击法西斯分子，后来陷入其魔掌。
>
> 在监狱里，看守监狱的警卫一脸凶相，态度极为恶劣。圣-埃克苏佩里认为自己第二天绝对会被拖出去枪毙，于是陷入极度的惶恐与不安中。他翻遍口袋找到一支香烟，却找不到火柴。他鼓起勇气向警卫借火，警卫冷漠地将火递给了他。接下来，圣-埃克苏佩里用细腻的文笔记下了那刻骨铭心的一刻：

"当他帮我点火时,他的眼光无意中与我的相接触,这时我突然冲他微笑。我不知道自己为何有这般反应,在这一刹那,这抹微笑如同鲜花般打破了我们心灵之间的隔阂。受到我的感染,他的嘴角不自觉地也现出了笑意,虽然我知道他原无此意。他点完火后并没有立刻离开,两眼盯着我瞧,脸上仍带着微笑。我也以笑容回应,仿佛他是个朋友。他看着我的眼神也少了当初的那股凶气⋯⋯"

然后,两人聊了起来,对家人的思念和对生命的担忧使圣-埃克苏佩里的声音渐渐哽咽。后来,看守一言不发地打开狱门,悄悄带着圣-埃克苏佩里从后面的小路逃离了监狱⋯⋯

微笑不光会给个人带来好运气,也会给企业带来好运气。不会微笑的人会影响一个公司的形象,所以任正非说:

我们要改善服务,不会微笑的人,就调个岗位,去做内部文件处理。你对待员工不笑,对待客户也不笑,给别人的印象是公司不好,谁会去冲锋?

微笑有这么多的好处,可是为什么大多数人不爱微笑呢?

我从教学中发现,除了中国人喜怒不形于色的民族性格,从家庭角度看,大都是父母遗传的原因。我曾经调查过许多严肃不爱笑的学员,一问,都说是家庭因素。父母不爱笑,耳濡目染,孩子就不爱笑。

蔡礼旭老师在讲《弟子规》时曾经讲道:

家庭教育对孩子的影响非常大。有位母亲,脸上从来没有一点笑容。她骑摩托车载孩子上学,我跟她打招呼,她都没有什么反应,我往后座一看,这个小朋友的表情,跟她妈妈几乎是同一个模子刻出来的。

我的一位学生，对此做过很好的分析。

  我自己是一个很爱笑的人，因为我曾经听过别人夸奖我，说看到我就很欢乐，原因是我时常笑。这与我的家庭环境也有关系，因为我的家人都很爱笑，而这深深地影响了我。
  我的室友则是一个不爱笑的人，我曾问过她，为什么不爱笑。她的回答是：我的家里人都不爱笑，我也不认为有什么事值得去笑。
  在这个小小的对比中，我才发现，家庭对孩子的成长有很重要的影响。虽然在日后的朋友圈中，孩子会受到一定的影响，但远远不及家庭的影响深远。如果我以后有孩子，我也一定会教他笑，让笑容伴随着他的成长。

我在教学中发现，领导者对微笑的重要性大都有深切的认识，但是关于怎样练习微笑，则常常感到束手无策。

有一次，一个开发区的主任告诉我："殷老师，当领导的不会笑，让我很苦恼。我仔细分析过，我们家的人都不爱笑，父亲、母亲、兄弟姐妹都是不苟言笑，很严肃。我见到同事，见到下属，内心很热情，可是别人都觉得我很冷淡，对我是能躲就躲。我现在是急切地想学微笑。"

那么，微笑可以练习吗？怎样练习呢？下面一节就专门谈这个问题。

3. 怎样练习微笑？

练习微笑就练习说一个字"引"。
为什么要练习说"引"字呢？
  第一，说"引"字的时候眉开。真笑和假笑的区别在哪里？就在眼睛上。因为眼睛是心灵的窗户，眼睛笑，说明心在笑。如果只是嘴笑眼不笑，说明笑得很勉强，是干笑、冷笑、皮笑肉不笑。

怎样让眼睛笑呢？我们来对着镜子做个体验练习。

先把眉毛皱起来，皱成一个"川"字，这时脸上是什么表情？苦相，这叫"愁眉苦脸"。先"愁眉"后"苦脸"。

再把眉毛舒展开，这时脸上是什么表情？喜庆相，这叫"眉开眼笑"。"眉开"是因，"眼笑"是果。

通过这个对比练习，可以发现，真笑的关键在于眉毛。眉一打开，眼自然就笑。而"引"字是三声，读的时候，眉毛自然就打开了，真笑的肌肉状态就自动出来了，所以让大家练习说"引"字。

第二，说"引"字的时候嘴咧。常言说，笑得合不拢嘴。真正微笑的时候，嘴一定是咧开的。而读"引"的音时，开头的字母是"y"，嘴自然就咧开了，牙齿就露出来了。

你看，练习说"引"这个字，眉打开了，嘴咧开了，微笑的肌肉状态全出来了。天天坚持练习，笑肌就形成了肌肉记忆，微笑就变成了习惯。

下面是两个练习说"引"字的同学的体会：

学生甲：

老师说我笑容不定，很僵硬，从那以后，我就坚持对着镜子练习说"引"字。虽然有时候自己也觉得自己很滑稽，但是一想到会有好看的笑容，就坚持下去了。开始练的时候，笑肌很酸，练了一个学期，效果出来了，现在一上台，自然就面带笑容了。

学生乙：

以前的我，无论是在老师还是在同学面前，别人都会说"你怎么那么严肃啊？""你好凶啊！""你看起来是一个很凶的学长！"。这一点我早就知道，我很早就想摆脱这种形象了。只有常微笑的人，才有好运气。一个天天面无表情，冷冰冰的人，是不会有好运气的。

这学期得益于殷老师的课，我终于发现了改变的机会和曙光。通过一个学期对着镜子练习说"引"字，我成功改变了原来凶神恶煞的形象。我在写这篇文章的时候，就有同学跑来跟我说："你最近怎么笑得这么灿烂啊？"

像以上两位通过练习说"引"字而养成微笑的习惯的学生和学员有很多。在大千世界里，我们会和很多人只有一面之缘，而珍惜一面之缘的最好办法，就是学会微笑着面对每一个你见到的人。

你不知道谁是你的贵人，但贵人一定在你微笑面对的人中间。

4. 微笑练习的材料和方法

微笑练习的材料是两个字和一个绕口令。两个字，一个是"引"字，一个是"笑"字；一个绕口令是《四是四》。

微笑练习一：练习说"引"字。
练习方法：
①每天对着镜子最少练100遍；
②用耳语法练；
③加手势，停三秒。加手势，就是用右手做第三声的手势，从左肩处往下走，下到腰带处，再往上走，到右耳朵平行处停止三秒钟。再做下一次。

为什么要对着镜子练呢？
因为对着镜子练，眼睛可以看到标准的微笑形象，在脑子中形成一个视觉的记忆，以后再练微笑的时候，脑海中就会浮现出说"引"时的微笑形象，从视觉上帮助你强化记忆。

为什么要每天练习100遍呢？

因为微笑练习实质也是一种肌肉记忆的训练。凡是不苟言笑的人，并非他内心不想笑，而是他的脸部肌肉长期不动，已经僵硬了，笑也只是在心里，脸上看不出来。如果练得少，肌肉动作转瞬即逝，脸上的笑肌形不成肌肉记忆。而天天对着镜子练习100遍，坚持21天左右的时间，脸上的笑肌就发达了，就形成微笑的肌肉记忆了。

请看读者按此方法练习的效果：
一位姓杨的读者：

我每天晚上坚持练习说"引"字半小时。我嫌计数太麻烦，就干脆把练习时间定为半小时，次数就不管了。要是还有时间就再加上"人一之"。感觉笑容比以前自然了，和别人交流会不由自主地微笑。

匿名读者：

每天有空的时候我都会练习"引"字，真的受益匪浅。现在不管是面对陌生人还是熟人，我都会面带微笑，人与人之间的隔阂真的会少很多，聊天也会更自然！

学员文良初：

我分享一下我和家人通过"引"字练习微笑的例子。
经过21天的连续练习，平时阅读文件信息也用上耳语了。晚上在家休息闲坐时，我太太也经常问今天练习了没有。
就在上周五，我女儿放假回来，我问她目前的在校情况和为出国留学所做的准备，女儿说正在准备语言考试，对口语的面对面考试方式感到有压力。我太太说："你爸爸也在上演讲课程，每天都坚持练习啊！

有些技巧你可以学一下，对你有帮助啊！"她即时示范做"引"字加手势练习，说这个比较好！

女儿和我都跟着太太练习，一下屋内的气氛欢乐起来了！女儿的心情也好多了。

"引"字练习好神奇，已经推动了全家人一起学习，也增添了家庭生活的色彩与快乐！

为什么要用耳语练呢？

为了一箭多雕，将笑容练习和气沉丹田等练习结合起来。

为何加手势练？

第一，手势做指挥。这和我们唱合唱看指挥是一个道理。把手势做到位了，就能从视觉上提醒你把三声发得更加标准，笑肌练习得更加到位。

第二，更加专注。加了手势之后，注意力会更加集中。如果单靠口说，可能有口无心，练习得不够专注。而要想做正确手势，必须一心一意。如果你的脑子分神，就做不出正确的手势来。

为什么要停三秒呢？

做好"引"的表情停顿三秒，就可以让微笑的肌肉记忆凝固三秒钟，以加深记忆。

读者小伟说：

以前的面色有点发黄，看起来没精神。对着镜子练习说"引"字后，笑容多了，表情丰富了，自信心也提升了，刚开始都没有觉察到，还是同事跟我说，我气色好了不少，这是意外的收获。还有，发觉练习说"引"字的时候，用右手手指画一个对钩的形状，更能带动脸部的肌肉，让自己投入到状态中去。

微笑练习二：对着镜子练"笑"字。

练习方法：

①天天对着镜子练习100遍；

②用耳语法练；

③加手势练，练完一次停三秒。

为什么对镜子练"笑"字？

大家可以对着镜子来体会两个字。先说"笑"字，脸上是眉开眼笑的表情；再说"哭"字，眉眼是挤在一起的愁苦相。这说明什么？就是我们汉语发音时，面部表情和字音字义是对应的，说"笑"脸上是笑的，说"乐"脸上是乐的，说"哭"脸上是哭的，说"愁"脸上是愁的。

天天对着镜子练"笑"字，既能练笑肌，又可以让笑进入你的潜意识，强化笑的意识。

微笑练习三：练习绕口令《四是四》。

练习内容《四是四》：

四是四，

十是十，

十四是十四，

四十是四十，

谁能说准十四、四十、四十四，

就请谁来试一试。

练习方法：

①天天对着镜子练习；

②用耳语法练；

③加手势练。

为什么要练这个绕口令呢？

一是练习微笑。说这个绕口令的时候，上唇一直是向上提的，嘴角是上翘的，牙齿是露出来的。天天练习，面部就会呈现自然微笑的肌肉状态。

二是练习讲话生动。手势一加，讲话马上就生动形象。

手势怎样加呢？

右手伸出四个手指，手心朝前，说：四是四；

两手伸出十个手指，手心朝前，说：十是十；

右手伸出四个手指，手心朝前，说：十四是十四；

左手手背朝前，伸出四个手指，说：四十是四十；

右手伸出四个手指，手心朝前，说：谁能说准十四；

左手手背朝前，伸出四个手指，说：四十；

左右手保持刚才的手势，说：四十四；

做双手请人的动作，说：就请谁来试一试。

加上手势主要有两个目的：一是可以练习口手协调，脑子专一；二是可以练习眼神。看着镜子中自己的眼睛做动作，练习时间长了，眼睛就有神，会说话了。

三是练习吐字清楚。主要是练习舌尖前音 s 和舌尖后音 sh，将二者区分清楚。

三、快速克服讲话无胆方法之二：眼定

什么叫眼定？就是演讲者目中有人，在台上讲话时眼睛要会说话，始终和观众交流。这是体现讲话者自信的第二个奥秘。

什么叫目中有人呢？我在讲课时会让学员做这样一个练习体验一下。

请大家起立，用三种不同的方式说三遍"各位领导、各位来宾，大家好！"。

第一遍，请学员抬头看着天说"各位领导、各位来宾，大家好！"。我问学员："这样说是自傲还是自卑？"

学员说："自傲。"

第二遍，请学员低着头说"各位领导、各位来宾，大家好！"。我问学员："这样说是自卑还是自傲？"

学员说："自卑。"

第三遍，请学员面向前方，看着我，双目炯炯有神，面带微笑地说"各位领导，各位来宾，大家好！"。我问学员："这是什么感觉？"

学员说："自信！"

眼睛看着三个地方，就代表着讲话者的三种心态，这正好应了古希腊哲学家苏格拉底的那句话：

高贵与尊严、自卑和好强、精明和机敏、傲慢和粗鲁，都能从静止或者运动的面部表情和身体姿势上反映出来。

一个出色的演讲者，是很善于用眼光和观众交流的。有篇文章专门分析了乔布斯的目光交流艺术。

眼睛是传递非言语信息的最有效的渠道。乔布斯比一般的演讲者更注重保持目光的接触，他很少在演讲时读幻灯片或注释。乔布斯并没有完全淘汰注释。进行示范展示时，他常常会参照事先准备好的注释提示。苹果公司的Keynote演示软件，使得演讲者可以很容易地参考准备好的注释，而观众只能看到显示在投影仪上的幻灯片。如果乔布斯逐字逐句地阅读注释，台下没有人知道，但是，事实上，他一直和听众保持着目光交流。他会偶尔扫视一张幻灯片，然后迅速将注意力转移到听众身上。

1. 为什么眼定能展示自信？

答案就是那句大家非常熟悉的话：眼睛是心灵的窗户。透过窗户可以看到内心。眼睛不敢看人，说明内心胆怯；眼睛敢于直视观众，说明内心自信和沉着。当一个人眼神飘忽不定，看了大家一下目光马上就离开了，或者干脆不敢看大家，我们可以肯定地说这个人内心很胆怯、自卑，不自信。

说眼睛是心灵的窗户，这绝不单单是一种诗意的比喻，而是有生理学依据的。人的大脑一共有12对神经，其中有数对神经是专门指挥眼睛的。当我们的眼睛在转的时候，不是我们的眼球在转，而是我们眼后边的神经在转动，它带动了眼珠转。

人们一般认为是用眼睛看东西，实际上眼睛只是成像的器官。那么，我们到底是用什么在"看"呢？是大脑。我们每天收到的各类信息中，有80%来自视觉，20%来自听觉、触觉、嗅觉和味觉。对大脑而言，75%的工作都是处理来自眼睛的视觉信息。显而易见，眼睛和大脑有着非常密切的关系，每一天我们都是用"脑"在看，用"脑"在判断外界的空间结构，物体的形状、色彩、方位及运动速度。

明白了大脑和眼的关系，就明白了练眼定的重要性：**一个人内心的自信，一定可以从眼睛这扇窗户中看出来。**

2. 练习眼定的好处：尊重人，吸引人，观察人

好处一：尊重人。

对一个管理者来说，对人尊重的奥秘就在眼睛上。当你面带微笑注视着你的观众的时候，他们感受到的就是尊重，尊重的背后实际上是你对观众的爱心。孟子说："爱人者，人恒爱之；敬人者，人恒敬之。"你的微笑，传达了爱和敬；同时，也会得到观众对你的喜爱和尊敬。利人就是利己啊！

乔布斯深知这个奥秘，当他每次在苹果的年度产品展示会上上场的时候，他都会面带微笑地扫视全场，而观众回报他的是雷鸣般的掌声。

当演讲者的目光不肯和观众交流的时候，观众感受到的就是被轻视，这种感受连小孩子都能体会到。

教育家黑幼龙讲过一个眼定的故事。他的女儿立俐读小学五年级时，突然迷上了浓妆艳抹，每天清晨五点半就起床，花两个小时化妆——抹唇膏、刷眉毛，还把眼皮涂成深蓝色。当时父母怎么劝她都不改。

多年后的一天，黑幼龙和女儿聊天，才突然明白了她当年为什么小小年纪要化浓妆。他问："立俐，从小到大，你感觉最让你受挫的事是什么？"立俐脱口而出："和你说话最有挫败感。因为每次和你说话，你从来不看我一眼。"啊，原来女儿化浓妆、早恋，是想吸引父母的注意力呢！

黑幼龙眼睛不看女儿，孩子都觉得不受尊重，如果做管理工作的人，对同事、客户讲话不看对方，给他人带来的挫折感岂不是更强？

好处二：吸引人。

道家对精气神有个比喻："人身所藏之精，譬如油；人身之气，譬如火；其光亮，譬如神。"人身上最有光亮、最有神的部位就是眼睛。通过眼定的训练，你就可以做到两眼放光，双目炯炯有神，吸引你的观众。

电视剧《亮剑》中李云龙有段戏，将用眼睛吸引人的力量表现得淋漓尽致：

同志们，大家都知道了，鬼子对我们的根据地进行扫荡。这一次扫荡不比以往，情况可能会更糟糕。

我要说的只有一句，天下没有打不破的包围圈。对我们独立团来说，老子就不把他当成突围战，当成什么？当成进攻，向我们正面的敌人发起进攻！

大家有胆量没有？（有！）记住，全团哪怕只剩一个人，也要继续进攻！死，也要死在冲锋的路上！

　　如果有谁怕了，我可以给他机会，让他脱掉军装，交出武器，和老百姓一起转移。我李云龙绝不难为他。有没有？（没有！）好，都是有种的汉子，把刺刀给我磨快，把子弹给我推上枪膛，把手榴弹的盖儿给我拧开喽。想消灭独立团，他鬼子还缺副好牙口。

李云龙在做这场战前动员时，眼睛有两个特点：一是炯炯有神，二是目光像探照灯一样不停地在每一个战士的脸上扫过。他说"都是有种的汉子"时，那信任的目光就瞬间扫过每一个战士的脸。而这种目光就是一块吸铁石，让全团每一位战士都目不转睛地看着他。强悍的语言加上如炬的目光，把每一个战士心中决一死战的豪气全部点燃。

好处三：观察人。

观察人就是通过眼睛观察现场观众听讲状况，及时调整讲话内容和时间。

蔡礼旭老师在讲解《弟子规》时，就引用了孟子的"观其眸子"的方法。

　　当别人真正需要我们时，一定要尽心尽力去引导、规劝。但是时机不成熟的时候，确实不要讲得太多，以免令人生烦恼。进退之间，缘分的成熟与否，也不是几句话能讲清楚的，还要自己去累积经验。

　　我们可以用孟子"观其眸子"的方法，比如说你跟他谈《弟子规》很重要，然后举了几句经文，"置冠服，有定位"，这经文对孩子今后做事的能力有直接的影响。你这样一讲，他的眼睛就会放光、发亮。此时你不能说，今天我们就讲到这里，如此就不是随缘。当说话的艺术缘分成熟了，我们可以顺势而为。

假如与一个人讲了5分钟，他目光呆滞，这时再继续讲就是攀缘了。所以，时时刻刻要观察缘分的状态，缘分是动态的不是静态的，要把握时机灵活运用。

研究明清历史的中国著名学者阎崇年在讲课过程中也非常注意通过观察听众的眼神来调整自己的讲课内容：

我讲课的时候有一个特点——眼睛喜欢看着大家。哪个地方大家有兴趣了，有点微笑，哪些地方可能不太感兴趣，闭会儿眼，我都看在眼里，就能随时根据大家的表情调整我的内容。

我自己也有用眼睛观察课堂情况的体会。

讲"定耳舞诀"的前三个内容时，因为互动较多，所以学员热情高，课堂秩序特别好。而到了讲"一简二活三口诀"部分时，练习少了，我观察台下听众时，就看到一些学员的眼神开始涣散了，有的开始打哈欠，有的开始交头接耳。我就明白光讲不练，学员会没兴趣，于是马上调整上课内容，增加互动练习。

例如，原来讲口诀化的例子，都是我自己在台上讲："南怀瑾先生讲过一段话：'上等人，有本事没有脾气；中等人，有本事也有脾气；末等人，没有本事而脾气却大。'把它压缩成口诀呢，就叫'三等人'说，这个'三等人'说，就是口诀化。"

通过课堂上的及时观察，发现效果不够好，我就在讲完南怀瑾先生这段话后，改为互动，问学员：

"这段话压缩之后，可以变成'三什么说'？"学员马上就集中注意力，开动脑子想答案。有的说"三人说"，有的说"三等说"，有的说"三气说"，马上现场气氛就活跃起来。

如果我只是一味埋头讲，不注意用眼睛观察台下的情况，就发现不了问题。

管理者当众讲话，也不妨多用"观其眸子"法，用自己敏锐的目光，及时捕捉观众眼中的信息，掌握讲话主动权，提高讲话效果。

3.练习眼定的方法和要求

上台讲话者的眼神如此重要，下面就教给大家练眼定的方法。

练习眼定的方法主要有四种：一是睁眼法；二是看眼法；三是兼顾观众法；四是远看片训练法。

（1）练习眼定的方法之一：睁眼法

具体练法： 在前上方3到5米处找一个点（绿色最好，黑色也行），睁眼看一秒钟，闭眼一秒钟，这样反复睁眼、闭眼连续100次，而且坚持早晚各100次。

为什么练睁眼？它有三个好处：

第一是眼皮不松。

说起来，我练这个功也是被逼出来的。因为自己年过五十之后，脸部的肌肉就越来越松弛，眼角开始往下耷拉，变成了三角眼，上台主持也好，表演节目也好，形象就受影响。后来看了一个电视访谈，发现一个年过六旬的京剧演员双目炯炯有神，眼皮一点都不松。他介绍说，他每天都要瞪大眼睛盯着一个地方半个钟头，几十年如一日地练习。于是我就下定决心练瞪眼，要把松弛的眼皮再练回去。

开始练的时候，眼肌松弛，睁起来很困难。坚持练了一个月，就感到眼部肌肉有力了；到三个月的时候，自己一照镜子，发现眼皮开始复位，三角眼又恢复成双眼皮了。

第二是眼有神。

你可以自己体会一下，眼睛如果漫无目标地看东西，眼神就是散的；而看定一个点的时候，眼睛聚焦，就自然会有光泽了。一有光泽，眼睛自然就有神了。

我自己也是在偶然当中发现睁眼法可以练眼神的。年轻的时候，在部队宣传队练过舞蹈，演过话剧，后来又学播音，做主持，但是从未专门练过眼神，年龄大了以后，眼睛就更显得没神了。

而通过练习睁闭眼以后，现在上课，学生都反映对殷老师的第一印象就是眼睛好有神啊，感觉自己在课堂上的每一个动作都逃不过他的目光。

另外，练眼神的同时也是练心定。每次练习一睁一闭100次，非常枯燥，对人的注意力、定力都是很好的磨炼。

第三是眼睛黑白分明。

常言说人老珠黄，意思是人年龄大了以后，血液循环慢，眼睛中的红血丝越来越多，眼白就发黄，变得浑浊，自然就难以黑白分明了。而我通过睁眼法的练习，眼球得到运动，血液循环加快，眼球里的血丝越来越少，眼白越来越多，就显得眼睛黑白分明了。

无论年轻人还是老年人，坚持练习睁眼法，都可以让眼睛黑白分明，往台上一站，炯炯有神，一下子吸引观众的目光。

几位读者按照书中的要求进行眼睛的练习，也都取得了很明显的效果。

网友"休闲人"：

> 首先是"亮"，即眼睛感觉比以前明亮了，有神了。每天早上六点半起床，打开窗子，望着窗外的山，练习15分钟的"睁眼法"。可能是我以前从未这样近距离看过自己的眼睛的缘故，当我练"三定"盯着眼睛看时，发现自己的眼睛明亮、清澈、有神，笑容也很好看。

读者小杨：

> 每天用睁眼法练习，感觉眼睛比以前舒服了，也有神了，这一点家人都能看得出来。

（2）练习眼定的方法之二：看眼法

具体练法：

①目不转睛，一直看着镜子中自己的眼睛说话；

② 用耳语法说；

③每个材料每天早晚各练习20遍。

练习的内容：

①看着自己的眼睛说"各位领导，各位来宾，大家好！"。

②看着自己的眼睛说绕口令《四是四》和《稀奇》。

四是四：四是四，十是十，十四是十四，四十是四十，谁能说准十四、四十、四十四，就请谁来试一试。

稀奇：稀奇稀奇真稀奇，麻雀踩死老母鸡，蚂蚁身长三尺六，八十岁的老头躺在摇篮里。

为什么要看着镜子中自己的眼睛说话呢?

原因有三：一是可以练精神专注；二是可以练讲话的对象感；三是有互动感，越练越来劲。

（3）练习眼定的方法之三：兼顾观众法

兼顾观众法，重在练习讲话时眼神兼顾全场观众的能力。练习的时候，要坚持循序渐进原则。

具体练法：

①一对一练习。两人面对面，一个人看着对方的眼睛说"早上好！"20遍；对方当观众配合。然后再换过来练习。

②一对二练习。一个人面对两个人说"各位领导、各位来宾，大家好！"。

先看着左边人的眼睛说"各位领导"，再看着右边人的眼睛说"各位来宾"，然后面向中间，眼睛兼顾两人说"大家好！"。练习20遍。然后三个人再轮换。

③**一对三练习**。一个人面对三个人说："各位领导、各位来宾，大家好！"。

先看着左边人的眼睛说"各位领导"，再看着右边人的眼睛说"各位来宾"，然后面向中间的人，眼睛兼顾两边说"大家好！"。然后四个人再轮换。

这就是以循序渐进的方法进行眼睛兼顾观众的训练。先一对一，再一对二、一对三，这样反复练习，成为习惯，上台就可以兼顾全场观众了。

练兼顾观众法的要求：

用耳语法练，面带微笑练，点头时要有力。每天早晚各20遍，练到形成肌肉记忆为止。

（4）练习眼定的方法之四：远看片训练法

该方法是兼顾观众法训练的延伸，就是讲话者面对台下观众时，把场下的观众分为左中右三部分，眼睛先看着左边观众说"各位领导"，再看着右边观众说"各位来宾"，最后看着中间观众说"大家好！"。

这个练习的主要要求是：方位准，眼神虚。

方位准，就是像上面说的，一定要按照左、右、中的顺序练习。通过这个练习，可以达到两个目的：一是可以把全场的观众都兼顾到；二是与观众眼神的交流井然有序，不会散乱。

眼神虚，就是眼睛不能只盯着台下的一个观众看，眼光要看到一片人，让每一个观众都感到你在看着他。如果你的眼睛只是盯着少数人讲话交流，大多数观众就会感到被冷落，破坏讲话的气氛。

不要小看这个技巧，它就像一层窗户纸，捅不破，有些人可能永远不知道怎样用眼神和观众交流。

四、快速克服讲话无胆方法之三：站定

什么叫站定？就是上台后身体要站如松，站定三秒再开口，讲话结束后停三秒再下台。

1. 站定的两个标准

站定练胆，要达到两个标准：一是站直，二是站稳。

（1）第一个标准：站直。

古人讲：站如松，坐如钟，行如风，卧如弓。这站如松，就是我们对讲话者在台上站姿的要求。在台上的时候，挺直腰背，面带微笑，马上展现独特的人格魅力。凡是站在台上歪歪扭扭，浑身乱晃的讲话者，观众马上会有三分看不起，人还未开口，就已先丢了印象分。

站直能达到三好：
怎样站，我们会在后面具体来讲，先来讲讲站如松的三大好处：印象好；声音好；身体好。

第一是印象好。
待人接物，第一印象非常重要。在心理学上，人们把第一印象影响大的现象叫作首印效应。

有天上午，马鸣赶到鸿达公司参加最后一轮应聘，主考官正是鸿达公司的谢老总。考试时间快要结束，马鸣才满头大汗地赶到了考场。

谢老总瞟了一眼坐在自己面前的马鸣，只见他大滴的汗珠子从额头上冒出来，满脸通红，上身一件红格子衬衣，加上满头乱糟糟的头发，给人一种疲疲沓沓的感觉。

谢老总仔细地打量了他一阵，疑惑地问道："你是研究生毕业？"似乎对他的学历表示怀疑。马鸣很尴尬地点点头回答："是的。"

接着，心存疑虑的谢老总向他提出了几个专业性很强的问题，马鸣渐渐静下心来，回答得头头是道。最终，谢老总经过再三考虑，总算决定录用马鸣。

第二天，当马鸣第一次来上班时，谢老总把马鸣叫到自己的办公室，对他说："本来，在我第一眼看到你的时候，我就不打算录用你，你知道为什么吗？"马鸣摇摇头。谢老总接着说："当时你的那副尊容实在让人不敢恭维，满头冒汗，头发散乱，衣着不整，特别是你那件红格子衬衫，更是显得不伦不类的，不像个研究生，倒像个自由散漫的社会小青年。你给我的第一印象太坏。要不是你后来在回答问题时很出色，你一定会被淘汰。"

马鸣听罢，这才红着脸说明原因："昨天我前来考试时，在大街上看见有人遇上车祸，我就主动协助司机把伤员抬上的士，并且和另外一个路人把伤员送去医院。从医院里出来，我发现自己的衣服沾了血迹，于是，我就回家去换衣服。不巧我的衣服还没干，我就把我二弟的一件衬衫穿来了。又因为耽误了时间，我就拼命地赶路，所以，时间虽然赶上了，却是一副狼狈相……"

谢老总这才点点头说："难得你有助人为乐的好品德。不过，以后与陌生人见面，千万要注意自己给别人的第一印象啊！"

与面试者的第一印象相比，上台讲话的第一印象也同样重要！而这个印象首先是视觉上的。因为讲话者一登场，观众首先接触到的不是你的声，而是你的形。未曾开口，站相如何，观众一看，马上就留下了强烈的印象。如果站如松，观众马上对你充满信心和期待；如果站如藤，歪歪扭扭，观众马上就对你没了兴趣。

想给观众留下沉着、自信、干练的第一印象，就要练习站如松。

第二是声音好。

因为只有站得直，腰部挺起来，气息才会通畅，丹田才能用上力，声音才会响亮。如果站得歪歪扭扭，前含胸，后驼背，腰部难以用力，气息不通畅，声音听起来自然是浑浊暗哑的。播音员和歌唱演员练声的时候，从来都是站直身体，挺胸收腹。歌唱家在台上演唱，也从未含胸驼背。

读者小杨：

> 我在练习耳语法的过程中感觉到精神状态非常重要。当我的上半身是积极向上，抬头挺胸时，气息和声音状态就好很多，腰部两侧的起伏和紧张感也会更明显。当我上半身弯腰驼背非常松弛时，表现出来的又完全是另外一种声音，气息不通，声音发闷。

第三是身体好。

常言说"站如松，坐如钟"，这是很有科学道理的。

概括起来，站如松有"三健"：**健肺，健体，健脑。**

首先是**健肺**。科学家研究发现，挺起胸可以使肺活量增加20%左右。肺活量增加了，身体的各部位获得的氧气也便增加了，这样人就不容易疲劳。

其次是**健体**。养成抬头挺胸、直腰的良好姿势，可以让身体挺拔，减少腰背酸痛感和脊柱的弯曲。人体中的脊柱长约70厘米，由24块椎骨及骶骨、尾骨连接构成人体的支柱和中轴，4个生理性弯曲形成了人体美丽的曲线，要避免椎骨与椎骨"狭路相逢"。如果长期弯腰驼背，椎骨向前的椎间盘组织就要萎缩消失，成了真正的驼背体形。

最后是**健脑**。坚持挺胸还能增强大脑的记忆力。人的大脑所需的氧是全身的40%，其血液的需要量是其他器官的30倍。供给大脑的血液越多，其思维记忆能力就发挥得越好。反之，人则反应迟钝，记忆力减退，久而久之，造成大脑萎缩，甚至使人患上阿尔茨海默病，而挺起胸膛可使丰富的血液顺利输送到脑部，保证大脑所需的乙酰胆碱、卵磷脂等营养物质的供应，保持敏捷的思维、良好的记忆。

经络专家蔡洪光老师也从中医经络理论的角度对"腰背直"做了很好的解释。

我通过对广西永福县30位百岁老人的研究发现，这些老人有一个共同的特点，就是腰板直，背不驼。腰板直有什么好处呢？这就像高速公路，如果弯道多，车就跑不快，人一驼背，经络也就不通畅，寿命就不长。腰板直，经络通，才能延年益寿。

（2）第二个标准：站稳。

站稳，也就是上台站稳之后停三秒钟再开口说话。为什么要站定三秒钟再开口呢？因为它能**稳场，稳神，稳口**。

稳场，就是讲话者一上台不急着开口说话，能让全场安静下来。

我自己做主持人的体会是，主持大型活动，一定要面带微笑上台，上台后先不说话，静静地等待着观众安静，人越多的场合，停顿的时间越长。结果是此处无声胜有声，你不开口讲话，观众反而更期待，他就会竖起耳朵来听，自然安静下来。如果你一上台急急忙忙开口讲话，下面还未安静，听众就听不清。一听不清，就会交头接耳，现场更混乱，形成恶性循环。

所以上场站定不开口，停顿三秒钟，是稳场的一个法宝。

稳神，就是通过停顿让自己的心平静下来。为什么上场后停顿三秒钟再说话就可以稳神呢？因为这样做主要有"两心"作用：**定心，移心**。

定心，就是上台讲话，只有站定了，心才定下来，心定了才能生出智慧来。

云居禅师每天晚上都要去荒岛上的洞穴坐禅。有几个爱捣乱的年轻人便藏在他的必经之路上，等到禅师过来的时候，一个人脚钩住树枝，头朝下，双手垂直下来，扣在禅师的头上。

年轻人原以为禅师必定吓得魂飞魄散，哪知禅师任年轻人扣住自己的头，静静地站立不动。年轻人反而吓了一跳，急忙将手缩回。此时，禅师又若无其事地离去了。

第二天，他们几个一起到云居禅师那儿去。他们向禅师问道："大师，听说附近经常闹鬼，有这回事吗？"

云居禅师说："没有的事。"

"是吗？我们听说有人在晚上走路的时候被魔鬼按住了头。"

"那不是什么魔鬼，而是村里的年轻人！"

年轻人问："为什么这样说呢？"

禅师答道："因为魔鬼没有那么宽厚暖和的手啊！"

他紧接着说："临阵不惧生死，是将军之勇；进山不惧虎狼，是猎人之勇；入水不惧蛟龙，是渔人之勇。和尚之勇是什么？就是一个字：悟。连生死都已经超脱，怎么还会有恐惧感呢？"

这群年轻人个个惊讶得说不出话来。在遭到吓死人的突然袭击时，云居禅师竟然能通过一双宽厚温暖的手来判断是村里年轻人的恶作剧，这份定力十分了得。

如果是常人，遇到黑夜被人按住头的事，早吓得魂飞魄散，哪里还能辨别出手的温暖来！云居禅师就是因为有了心如止水的定力，才能生出辨别真假的智慧。

为什么站定心才定呢？

人们常说"镜中花，水中月"，而要看"水中月"是有前提条件的。风平浪静时，水平如镜，我们很容易看到静影沉璧的水中月，而如果"风乍起，吹皱一池春水"，你就只能看到水面银光似雪，波光粼粼，而看不清水中的一轮明月。人心也如水，你快步走上台，心水晃来荡去，不等它平静下来，开口就说话，就无法见到心中"智慧的月亮"，讲不出精彩的话语来。而让你上台停顿三秒再开口，就是先让你定身，然后定心，心定了，才可能思维清晰，集中精力于讲话的内容上。

移心，就是把注意力从紧张情绪上转移到讲话内容上。

一位哲学家带着一群学生去漫游世界。十年间，他们游历了所有的国家，拜访了所有有学问的人。现在他们回来了，个个满腹经纶。

进城之前，哲学家在郊外的一片草地上坐了下来，说："经过十年游历，你们都已是饱学之士，现在学业就要结束了，我们上最后一课吧！"

弟子们围着哲学家坐了下来。哲学家问："现在我们坐在什么地方？"弟子们答："现在我们坐在旷野里。"哲学家又问："旷野里长着什么？"弟子们说："旷野里长满杂草。"

哲学家说："对。旷野里长满杂草。现在我想知道的是如何除掉这些杂草。"弟子们非常惊愕，他们都没有想到，一直在探讨人生奥妙的哲学家，最后一课问的竟是这么简单的一个问题。

一个弟子首先开口，说："老师，只要有铲子就够了。"哲学家点点头。

另一个弟子接着说："用火烧也是很好的一种办法。"哲学家微笑了一下，示意下一位。

第三个弟子说："撒上石灰就会除掉所有的杂草。"

接着是第四个弟子，他说："斩草除根，只要把根挖出来就行了。"

等弟子们都讲完了，哲学家站了起来，说："课就上到这里了，你们回去后，按照各自的方法去除一片杂草。一年后，再来相聚。"

一年后，他们都来了。不过，原来相聚的地方已不再杂草丛生，它变成了一片长满谷子的庄稼地。弟子们围着谷地坐下，等待哲学家的到来。可是，哲学家始终没有来。

若干年后，哲学家去世了。弟子们在整理他的言论时，私自在最后补了一章：要想除掉旷野里的杂草，方法只有一种，那就是在上面种上庄稼。同样，要想让灵魂无纷扰，唯一的方法就是用美德去占据它。

紧张就是我们在台上讲话时的杂草，要想除掉它，铲除、火烧、撒石灰，都不是最好的办法，最好的方法就是"数三秒"，这样做就等于种上庄稼，以覆盖杂草。

上台讲话的紧张情绪不是被否定掉了，而是被正确的情绪覆盖掉了。

迟毓凯在一篇心理分析的文章中举了赵本山小品的例子：

> 赵本山曾演过一个叫《我想有个家》的小品，主角头一次在镜头面前征婚，紧张得不得了，虽然不停地想放松，然而一开口自我介绍就露馅了——"我叫不紧张"。
>
> 可见，人在紧张时会有许多让旁人笑死，自己窘死的表现，而拼命自我暗示"别紧张"并没有多大效果。因为"情绪如潮，越堵越高"，抵抗排斥紧张只会让它越来越猖獗。

而怎样将注意力从紧张中拉回来呢？站定三秒再开口，就是一个行之有效的方法。当你慌慌张张上台的时候，你的注意力都在紧张上。这时候让你面带微笑，开始数"一、二、三"，你的注意力就被强制性地转移到了数数上，因为心无二用，此时此刻你只能有一个想法，绝对排他，一旦把注意力从紧张的惯性中拉出来，人就马上放松，稳住神了。心一定下来，就可以将注意力成功地转移到内容和观众身上了。

站定的第三个好处是**稳口**。

站定稳口，就是讲话时通过停顿，让脑子想在先，张口讲在后，中间要有一个组织语言的时间差。

十个紧张九个快。在台上讲话紧张者一般都会语速加快，一加快，就会慌不择路，口不择言，出现"口先脑后"的毛病。

"口先脑后"主要有三种表现：

一是结巴。嘴已经张开了，脑子却不知道要说什么，自然就结结巴巴说不出来了。

二是重复。不知道下面该说什么，就靠"哼哼哈哈""然后，然后"来想词。

三是语无伦次。

某村有一人，一着急说话就语无伦次。有一天，他让儿子去打水，偏巧辘轳的绳子断了，水桶掉进了井里。儿子告诉他以后，他那个急啊，训起了儿子："你看你，都这么大桶水了，连个孩子都打不好，还指望这菜洗水呢。"这时旁边有人劝他不要着急，他没好气地说："不是你的井掉桶里头你当然不急了。"

要想先脑后口，最有效的方法就是讲完每句话后停顿三秒。靠停顿组织和选择语言。

凡是听过温家宝总理讲话的人，一定都有一个深刻印象，就是讲话深思熟虑，字斟句酌，准确有力。2003年他在哈佛大学演讲之前，即兴介绍了他的简历。他说：

我的工作，大部分时间／都是在／中国最艰苦的地方／度过的。因此，我对我的国家，对我的人民，了解得深，爱得深。

在看这段视频的时候，我从温总理讲话的神态和停顿中，就可以充分地感受到什么叫先想后开口，什么叫深思熟虑，什么叫用词准确。

我在教学中非常强调对学生进行停顿三秒再开口的训练。哪位同学上台做不到停顿三秒再开口，我马上让他重来一次，就是要通过强制性的训练，让学生克服不过脑子就说话的毛病，养成想在前、说在后的习惯，养成讲话深思熟虑的习惯。

林同学：

我曾经主持过很多活动，也参加过英文的演讲比赛，在评委给我的点评中，我最大的缺点就在于语速太快，不定。现在回想起来，自己的确没有在讲话前停顿三秒以及很淡定地望着观众。当时心里害怕，语速就会自然加快，导致我给评委留下很"赶"的感觉。其实，在时间充足的情况下，慢一些，定一些，对我在塑造主持人的整体形象上会有很大的帮助。因此，我会每天练习停顿三秒，相信我未来的演讲会有很大的改善。

2.站直与站稳的具体要求

站直要做到：

（1）**站如松**。身体像松树一样直，不能左右扭，也不能含胸撅肚。

（2）**腰要挺**。挺腰要找到着力点，着力点就在系腰带的脊椎骨部位，一用力，腰就挺起来了。

（3）**腿并拢**。站如松，指的是站如一棵松，不是两棵松。两条腿一定要完全并拢，不留缝隙。没有受过上台训练的人，往往不习惯两腿并拢，不自觉地就把两腿叉开。可以自己对着镜子反复练。

站稳要做到：

（1）**上台站稳，停顿三秒再开口**。面对镜子站立，看着自己的眼睛，面带微笑，先默数"一、二、三"，再开口说"早上好"。重复10遍。

（2）**讲话每个段落之间停顿三秒**。在讲话的段落中为什么要停顿三秒？看文章，很容易了解文章的层次，因为每一个自然段开头，都会空两格，一看就明白。而讲话的时候，没有空格，只能靠停顿，通过停顿三秒，让观众听出你的讲话层次，同时通过停顿三秒，给观众一个消化理解讲话内容的时间。

（3）**讲话结束后停顿三秒**。讲话结束后停顿三秒再下台，做到善始善终。

3. 练习站定的方法

站直训练方法：

（1）面对镜子站直，天天站10分钟，面带微笑，看着镜子中自己的眼睛。

（2）两人面对面站直，面带微笑，看着对方的眼睛。

读者小张：

讲话时摇摆不定一直是我的致命伤，我就让自己每天贴墙站20分钟。两周下来，我可以站在讲台上讲10分钟，完全不会再像"唐老鸭"一般左摇右摆了。

站稳训练方法：
跨步练停顿。

先向左跨一步，默数"一、二、三"，开口说"早上好"。再向右跨一步，默数"一、二、三"，开口说"早上好"。

或者两人面对面站立，讲话者看着陪练者的眼睛，两人一起默数"一、二、三"，再开口说"早上好"。

抑或一人面对三人，用上面的方法进行练习，然后再轮换练。

无论用哪一种方法练，要反复练习20遍。这个练习主要是训练停顿的自控能力。

沈同学：

过去由于很胆小，我站在台上，都是低头含胸，双腿哆嗦。针对我台风不好的症状，我给自己开了"停顿三秒"的练习药方，每天练习10分钟。每天面对镜子，先默数三秒，开口说"各位老师"；再默数三秒，开口说"各位同学"。一个学期下来，在成果展示课上，我讲话时敢于停顿，心定下来了。连殷老师都说我的"三定"做得很好，台风有了很大的进步。我真的很高兴。

这里还要强调： 站定的训练也要贯彻一箭多雕原则，不要忘了笑定、眼定，还有说悄悄话练气息的方法。

五、快速克服讲话无胆方法之四：循环式综合练胆法

1. 什么是循环式综合练胆法？

循环，就是以全班学员为一个单位，排好顺序，轮流登台，人人都要登台三次；综合，就是将笑定、眼定、站定的要求综合运用，上台进行实战训练。简称循环式综合练胆法。

领导者学会了这个方法之后，可以带着自己的下属来共同训练，共同进步。

先让我们通过实例，看看什么叫循环式综合练胆法。

朱同学：

在学校广场进行练胆，我感触良多。所谓无胆是当众说话的拦路虎，果真如此。很开心有这样一个机会可以让我们尝试打败这只"拦路虎"。

"各位老师、各位同学，大家好！我的'一字悟'是'胆'。"短短的一句话，但要当着全校上下课走来走去的同学的面，声情并茂地讲出来，对我来说，的确很有难度。

深呼吸一口气，按照老师之前的要求，"行如风"地走上原本觉得并不高的F区舞台。有一个瞬间觉得这条路很漫长。

在舞台中间站定，保持微笑，听着下面同学们的轻轻计数，"一，二，三"，然后把那句话说出来。作为第一个上台的人，内心开始很是忐忑，但看着台下同学们鼓励的神情，依靠习惯就把这句话演绎出来了。第二次，第三次，一次比一次表现得好。我对自己的进步感到很神奇，开始享受在台上的感觉，还嫌每次轮到我上台的时候，经过的同学都不是很多呢。

这次练胆活动很有意义，让我感受到"三定"的神奇，也有了征服"拦路虎"的经验。相信我在当众讲话时可以越来越有胆，越来越发挥自如。

我每次在大学总裁班讲课结束前，都会把三定综合练胆法再演示一遍，让学员拍下来，回去带着自己企业的下属一起练习，一起进步。西安一家电器连锁公司的总经理上完课后，就回去带领员工坚持练习了21天，还把练习的视频发给我看。

2. 循环式综合练胆法的神奇之处

循环式综合练胆法的神奇之处，体现在以下三个方面：

第一，逼上梁山。因为是集体练习，人人有份，个个都要上台，你就没有逃遁的理由，硬着头皮也得上台。如果是点将上台练习，有的台上练，有的台下看，上台练的人往往就怕出丑，被台下人看笑话。

一位学员写道：

都要上台去，突然就觉得安心了很多。在这里，没有嘲笑，有的只是理解与鼓励，我只要尽力就好。所以，慢慢地，我就变得有胆量了，不再那么害怕了。

第二，实践出真知。俗话说，一回生，二回熟，三回就能当师傅。这话不光有道理，而且还十分精确。人与人区别不大，就在于肯不肯实践，肯不肯反复实践。只要反复练习，三次真的就会无胆变有胆，发生质的飞跃。

因为学员第一次上台，没有经验，做起笑定、眼定、站定会顾此失彼，肯定是缺点多过优点，如果这个时候停下来，不再接着训练，脑子里就会留下失败的阴影。而且积累的时间越长，心理的阴影越重。如果趁热打铁，连续三次上台，上台一次，总结一次，进步一次，缺点减少了，优点增加了，自信心会越来越强，对登台就会见怪不怪，如履平地了。

一家参加三定综合训练的百货店长写道：

> 一上午进行三定训练，我们每个人都要上台。第一次上台的我，双手发抖，连嘴唇都控制不了。第二次上台的我，学会了站直，微笑，勉强地能控制自己的音量与举动了。第三次，眼睛敢于看观众了，声音也洪亮了。真没想到三次上台，收获这么大！

一位学生在"一字悟"中写道：

> 循环式练胆，频繁上台，几乎让我感觉台上台下一个样，拉近了和观众的距离，让我不再害怕，上去的心态就跟玩似的，还有点兴奋。

另外，人都是要面子的，如果连续三次上台都没一点进步，自己都会觉得不好意思，所以，每次从台上下来以后，学员都不用扬鞭自奋蹄，在台下认真观察，揣摩，总结，反复练习，让自己每一次上台都有所进步。

第三，越夸越起劲。第一次登台的学员非常敏感，很在意老师的评价，老师的一个表情、一个眼神、一句评语，学员都非常在意。所以，当老师的一定要学会当众夸奖，表现再差的学员，也要学会挑出他的一个优点，伸出大拇指，重重地夸奖。

3. 循环式综合练胆法的步骤和方法

循环式综合练胆法共分五个步骤：

走—停—说—停—走。

具体方法如下：

（1）走。从台下走到台上。

要求：

①行如风。两臂摆开，用小碎步快步从左侧上台。

②眼睛侧视观众。

③微笑出场，并将微笑保持到下台之后。

（2）停。走到台中央站好之后停顿。

要求：

①上台者本人站定之后心中默数"一、二、三"。

②台下的观众同时一起数"一、二、三"。目的是提醒台上的人，同时让自己反复数，养成习惯。

（3）说。开口说十一个字开场白："各位领导（停顿三秒）、各位来宾（停顿三秒），大家好！"

要求：

①先面向左边观众说"各位领导"，再面向右边观众说"各位来宾"，再面向中间观众说"大家好"。

②看观众的眼光要虚，不要实，即眼睛要看到一片人，而不是一个人。如果只盯着一个人看，你就把其他的观众给得罪了。

③头动带眼动。就是看左边的观众时，头部明显转到左边，往右看时，头部明显转到右边。我在教学中发现，有些同学只动眼不动头，只看到眼睛骨碌碌地转，就会给人贼眉鼠眼的感觉。

④说完"大家好"之后，要深鞠躬。

（4）停。说完十一个字的开场白后，再默念"一、二、三"，然后从容下台。

目的： 练习善始善终，避免出现讲完话之后拔腿就跑的毛病。

要求：

说完"大家好"之后，台上台下一起数"一、二、三"。

（5）**走**。讲完话停顿三秒后走下台。

要求：

①结束后，从右侧下台。

②按照上台时的走姿要求走下台。

③下台时眼睛看前方，不看观众。

强调：练习的人数要由少到多。

先以五人为小组，每个人轮流上台三次，练习三轮；再以小组为单位，五人一起上台练习；最后全班每个人轮流上台三次进行练习。这样循序渐进，就可以迅速练出胆量。

最后再讲一讲为何要深鞠躬的问题。

南怀瑾老师讲：

> 《易经》八八六十四卦，没有大吉大利的卦，每一卦都是有好有坏，找不出哪一卦是完全好的。勉强说只有一个卦，就是谦卦，六爻皆吉。全部《易经》你懂了，不要学了，只学一卦就行了，那就是谦卦。
>
> 谦卦到了九三爻是最好的境界，但是上面有个"劳"字，劳谦。你随时随地自己要劳苦，随时随地自己要小心，要勤劳，要努力，这是谦卦的卦象。内心要谦虚，要小心谨慎，要后退。

鞠躬90度，表明演讲者对听众的诚心敬意，也表明演讲者内心的谦卑。古代圣贤说：谦卑助缘多。谦虚的人，周围帮助你的人就多啊！

这里有一个上台讲话者首先深鞠躬，结果获得巨额投资的真实故事。

> 某省召开一个巨额投资项目的申报评审大会，每个城市的市委书记

都要上台宣读本市的申请报告，由省有关专家、官员组成的评审组进行评审。由于该投资项目是唯一的，竞争非常激烈，各市都非常认真。没想到最后该项目落到了该省的一个小城市手里。

后来有关人员评价，这个城市之所以获得该投资项目，其中有一个重要的原因，是该市市委书记上台后那深深的90度的鞠躬，谦卑、恭敬之情打动了评委。而其他城市市委书记上台后，都是微微点一个头，只有获得该投资项目的市委书记是个特例。

其实，我们的生活又何尝不是如此。自认为怀才不遇的人，往往看不到别人的优秀；愤世嫉俗的人，往往看不到世界的美好；只有敢于低头并不断否定自己的人，才能够不断吸取教训，才会为别人的成功而欣喜，为自己的善解人意而自得，才会在挫折面前心安理得。

4. 循环式综合练胆法一定要群练

细心的读者可能发现了，本书教给大家练讲话的方法都是可以个人单独练的，而唯独循环式综合练胆法却是一定要群练的。为什么？

这是由讲话的对象决定的。

讲话不是自说自话，而是你讲观众听。所以，丑媳妇一定要见公婆，讲话一定要见观众。不面对观众的练习，永远都是纸上谈兵。吃梨子才知梨子的味道，下水才能够学会游泳，在战争中才能学会打仗，讲话的胆量，也一定只有在面对观众的练习中才能真正锻炼出来。

一回生，二回熟，真知都是在实践中磨炼出来的，胆量也是在循环式综合练习中磨炼出来的。俗话说，解铃还须系铃人，紧张感是因面对观众而产生的，也一定要面对观众来消除。

我的一位学生把自己面对众人练胆的过程写得特别真实，我们来看看。

为了锻炼我们的胆量，殷老师要求我们在教学楼F区的阶梯上当着全班人的面，也当着全校来来往往那么多学生的面，练习"各位老师、各位同学，大家好"这句开场白。

　　这对我来说确实是很大的一次挑战。我记得轮到我时，我讲话时腿都是颤抖的。但还好我按照老师的要求坚持了下来：以碎步上台，停顿三秒，开始讲话，再停顿三秒，以碎步下台。这些看起来貌似很简单的步骤，让我完成了人生中的一次突破，一次让我终生难忘的突破：原来在众人面前演讲也并不是特别难的事情。这次训练让我树立起了自信。这也让我拥有了一样宝贵的东西：胆量。

不放过任何一个面对众人的机会，坚持用循环式综合练胆法练胆，你也一定可以和这位同学一样，取得心理素质的重大突破，拥有人生宝贵的东西：胆量！

读者来信问答

1. "三定"训练对竞争上岗者很重要！

　　我要参加单位的中层干部竞争上岗演讲，按照三定法练习有用吗？

竞争上岗，面对众多评委演讲，也属于当众讲话的范畴，按照三定法练胆，自然有用。
　　举个例子吧。

　　年前，一位年轻朋友要在公司竞职上岗。竞争的岗位是总经办副主任。他临阵磨枪，练习了一晚上"三定"，第二天派上用场，他竞职成功。

第二天就要竞职演讲了，头天晚上他找到我，让我给他辅导一下。

我让他按照明天上场的要求实操一遍。他做完之后，我发现他主要有这样几个毛病：一是上场走路的步伐太慢，显得没精神；二是上场后没站定就鞠躬，显得太慌张；三是开口讲话时没笑容，显得太严肃；四是讲"各位领导、各位评委"时，眼睛不敢看人，显得不自信；五是每句话中间没有停顿，显得太匆忙。这些表现的综合效果就是不自信，没胆量。

我一一给他指出，然后帮助他进行了简短的训练。先练习微笑，从上场开始就一直要微笑。然后练眼定，加停顿三秒。最后练习行如风上场。

经过反复五次的练习，他基本掌握"三定"要求。他晚上回到家之后，又加紧练习。第二天竞职演讲，他得分最高，为最终竞岗成功奠定了良好基础。

根据我的经验，上面这位朋友犯的毛病，正是大部分面试者的通病。要竞岗升职的读者，一定要早早把"三定"练好，变成习惯，这样就可以在演讲阶段胜人一筹！

2.怎样做到对上讲话、对下讲话都有胆？

我现在是一家单位的副职领导，在很多场合需要当众说话，但我目前当众讲话存在以下问题：

一是害怕。在面对多位上级领导时，尤其是在会议上，轮到自己发言时，心里很紧张，头几句话总是说不好，过一会儿就变得正常些了，但在面对下级讲话时自己并不感到很紧张。

二是缺微笑。自己性格比较内向，平时很少笑，可以说"不苟言笑"。

你给自己"号脉"号得很准，我就给你对症开点"药"吧。

你现在属于半无胆。你已经有了对下讲话的胆了。接下来，练习对上讲话的胆。

怎样练？

先练微笑。练习说"引"或"笑"，选一个就行了。每天练习100遍。如练习说"引"字时，一是用耳语法；二是加第三声的手势；三是每一遍练完停顿三秒，再练下一遍。停顿三秒的好处是，可以让微笑的状态凝固，还可以体会气沉丹田的感觉。

首先，微笑变成了习惯，见了领导，也能自觉保持微笑。你一微笑，领导下意识被你的微笑感染，他也微笑，气氛马上就轻松了。而且一微笑，整个脸部肌肉放松，太阳穴处的肌肉也随之放松。大脑马上就觉得很轻松，脑供血一下子很充沛，思路一下子接通，这样才可能有即兴发挥。人一微笑，大脑放松，潜意识才开始工作，如珠的妙语才会出现。

其次，练习讲话停顿三秒。按照站定停顿三秒的内容练，开场前默数三秒，每一段讲话前后停顿三秒。练好了"停顿三秒"，讲话前就能让自己的心定下来，思维清晰。

接下来，再运用循环式综合练胆法进行练习。先对着家人练，然后在对下级讲话的过程中运用此法。熟练了，再对着熟悉的领导练，循序渐进，"三定"就变成了肌肉记忆。

此外，把向领导汇报的内容先写下来，反复背诵，按照背的内容汇报。

最后，放下包袱。怎样放下包袱呢？一是把领导当家人。二是汇报不代表一切。做的方案好，交给领导看，即使没有做汇报，方案一样会被采纳。三是退一步想，领导虽然不喜欢你，但又不能吃了你，又不能炒你鱿鱼，你不就是进步慢点吗？四是讲话只是锦上添花的事，讲话不行，专业过硬，照样当专家。

3. "有识无胆"与"无胆无识"

真的是有胆就能上台当众讲话了吗？可我觉得自己好像除了紧张外，更大的问题是大脑里没有头绪和条理。我要在本月27日参加一个8分钟岗位竞聘演讲，这对我很重要，我该怎么克服我的问题？怎么准备？

你的问题提得好！你所讲的是相互依存的两个问题，一个是胆，一个是识。在当众讲话中二者缺一不可，所以有有胆有识、胆识过人这样的词语。

第一，有识无胆的人怎样练胆量？

什么人容易有识无胆呢？写得多讲得少的人，例如长期做文秘工作，开口讲话机会很少的人。长期动笔写，所以练出了识；很少开口讲，所以缺少胆，上台讲，就害怕讲砸锅。

对有识无胆的人来说，有识是长处，无胆是短处，重点是补短，练就了胆量，就会如虎添翼、锦上添花。有识无胆的人，重点看本章内容，按其中要求练习笑定、眼定、站定。胆练出了，就成了有胆有识之人。

第二，无胆又无识的人怎样练胆量？

对这种类型的朋友来说，就要既练胆，又练识，双管齐下。练胆看本章内容，练识看"一简二活三口诀"一章。

第三，怎样解决讲话没有头绪的问题呢？

①把"诀"一章看上三遍。

②用"一简二活三口诀"法写你的竞聘演讲稿。

③把演讲稿背熟。

④按照"三定"法练习上场和开场。

4. 牙齿稀疏能开口讲话吗？

我按照你书中的方法坚持练习三天了，和大家交流的愿望大大增强。可同时我也遇到了练习讲话的拦路虎——难看的牙齿！当我照着镜子练习时，越来越发现自己的牙齿难看，我的上牙长得好稀疏呀，而看到其他人说笑时露出的一口整齐洁白的牙齿，我就感觉很自卑，有些羞于开口笑，开口说话了。

殷老师，我该如何赶走这只"拦路虎"，成为会讲话的人呢？

牙齿的问题，有几个选择：

如果能矫正，做美牙手术，就去做；不能做，就放下。

为什么这么说？

第一，听你演讲的人不是来看你牙齿的，是来听你讲话的。讲话有胆声情识，就能吸引人。怎样吸引？练习"定耳舞诀"，抓住重点突破。

第二，自己注意，人家才注意。什么缺陷都一样，你不注意，没人注意。你老是觉得牙齿不好看，讲话时老不露齿，想掩饰，别人反而觉得这个人怪怪的，就去注意你的牙齿了。

第三，天下没有无缺陷的人，人人有本难念的经。有个炒股赚了上亿元的人叫林园。人人都羡慕他有钱，可他说，我最羡慕个子高的人，如果上帝让我长到1.7米，我宁肯拿上亿元的钱去换。

关键是自信。自信从何而来？艺高人胆大。你把当众讲话的方法练好了，自信了，人们只会为你的讲话倾倒，谁会去注意你的牙齿呢？

5. 自己觉得微笑了，但别人却看不出来，怎么办？

我每次站在讲台上讲话的时候，同事们都说我看上去面无表情，给人很冷漠的感觉。我觉得我微笑了，可是为什么大家还感觉很冷漠呢？

我分析你的问题是表里不一造成的。什么意思呢？就是你心里觉得笑了，但是自己的笑肌没有提起来，所以别人看着仍然觉得你很冷漠。这说明你有笑的愿望，但还没有形成笑的习惯。

解决该问题的办法是，天天练习说"引"字，每天用耳语法练习100遍，把内心的微笑转化成脸上肌肉微笑的记忆。这样心里一想笑，脸上肌肉就马上笑，就会表里如一了。

6. 练微笑两腮不舒服，对吗？

练习说"引"字的时候觉得口张得很大，很夸张，两腮很不舒服，不知道我现在练的方法对不对。

练习说"引"字时，两腮酸，是有效果的表现。练习说"引"字的目的就是训练笑肌，要让两腮形成肌肉记忆。过去没有用过两腮肌肉，现在开始用了，自然会酸，坚持一段时间笑肌发达了，就会从酸到不酸。继续坚持夸张练习说"引"字。

7. 嘴衔筷子练微笑可以吗？

我像空姐那样用嘴衔筷子练习微笑，不知道可不可以，这种方法和用"引""笑""乐"字练习微笑有什么区别吗？

最好用"引"字练微笑。因为衔筷子，只练嘴角上翘，不练眼睛笑。眼睛是心灵的窗户，眼笑代表心笑，心笑才是真的笑。练习说"引"字，可以让嘴笑、眼笑，一箭双雕，效果更佳。

8. 怎样改变大舌头？

今天替朋友向你汇报他最近这段时间的练习进展，最大的收获就是大舌头变灵活了。

这段时间他一直按照您说的方法利用"引"字来练习，每天对着镜子练习15分钟，练微笑，练眼神。

另外，他还加了一个锻炼舌头的动作，就是让舌头在牙齿和嘴唇中间来回转圈，正转30下，反转30下。

　　练习时间有两个星期，他感觉舌头灵活多了，说话也不像以前大舌头在嘴里面绊着费劲了。发音吐字也比以前清楚点了。总之，他说话比以前舒服了。这是他自己说的，我真替他高兴。

感谢你给我提供了一个练习舌头灵活的完整训练方法：练习说"引"字，练转舌。

我分析，他的舌头变灵活了，主要有两个方面的原因：一是练习说"引"字，舌头软了，不僵硬了，讲话就灵巧了；二是转舌头的效果。转舌头让舌头肌肉结实了，也变小了。

我对他下一步练习的建议：

第一，继续加大练习说"引"字的次数。最好早晚各半小时。

第二，用耳语法练习绕口令《四是四》，可以练微笑，练舌头的灵活性。练习方法参看本章。

第三，继续且长期坚持他的锻炼舌头的练习。我也是每天坚持转舌。在开车的时候舌头贴着外牙床，左转40次，右转40次，分两次完成。我已经坚持十年了。这样做一是对牙床好，二是让舌头有力，三是让舌头灵活。

不知他的体形胖不胖？如果胖，舌头也会大。减减肥，可能舌头也能小一点。

9.怎样改变目光呆滞？

　　现在眼睛无神困扰着我。有时想睁大，却感觉用不上力，要不就不太自然地睁大。

怎样改变目光呆滞、眼睛无神呢？我的建议是：首先，坚持练习睁眼法。眼睛盯着前上方2米左右的一个目标（比如一片树叶，或一个小黑点），一睁一闭。每天早晚各100次，坚持三个月，眼睛就会有神。为什么要盯着前上方呢？一是脖子抬起来对颈椎好，二是上眼皮用力。为什么要盯住一个小目标呢？这样眼睛聚光，有神。

这个练习正好可以解决你的眼部肌肉无力问题。坚持睁眼法练习，练到后来眼部肌肉有力了，眼睛聚光了，就有神了。

其次，练习说"引"字很好，继续坚持。除了能练出笑容，也能让眼睛肌肉得到锻炼，让眼睛会说话。

最后，练习眼定。对着镜子练习"各位领导、各位同事，大家好！"。先对着镜子中自己的眼睛说，再对着镜子进行左右中的练习。先看左边的观众说"各位领导"，再看右边的观众说"各位同事"，再看着中间的方位说"大家好"。每天练习100次。坚持练习，眼就有神了，灵活了。

关于睁眼不太自然的问题，这是练习初期必经的一个阶段。心里想到了，但是眼睛做不出来，或者提醒一次，才能睁大一次，都是因为还没有形成习惯，就觉得不自然。坚持练习，形成眼部肌肉记忆，就会像俗话说的"习惯成自然"了。

10. 讲话眨眼怎么办？

关于眨眼的几个问题，向您请教。

第一，讲话需要眨眼时，每次应该快速眨眼，还是慢速？

第二，多快的眨眼频率是最好的呢？杨澜为了让自己少眨眼而刻苦练习，我们平时讲话，也应该尽量克制自己眨眼吗？

第三，具体应该在何时眨眼呢？

第一，当众讲话不需要频繁眨眼。因为不停地眨眼，会影响讲话者的形象，让观众分神，影响他们听你的内容。

第二，改掉频繁眨眼毛病的方法就是睁眼法。你有爱眨眼的毛病，就是因为自己控制不了眼皮的肌肉。而天天练习睁闭眼，就可以使眼皮的肌肉有力，自己的神经能够控制肌肉。

第三，关键是持之以恒。你现在练习睁眼法，说明你很有悟性，对症下药。

我的一位学生从小就有讲话爱眨眼的毛病，家长想了很多办法，也没能解决这个问题。后来，他按照我教他的睁眼法进行练习，练了三个月，功到自然成，现在讲话爱眨眼的毛病已基本克服。你也要不急不躁，靠恒心，练到水到渠成那一天。

11. 讲话语速快怎么改？

> 我上台讲话语速快，控制不了怎么办？

语速快分为两种：字快，句快。

什么叫字快？就是讲话时字与字衔接太紧。什么叫句快？就是每一句之间没有停顿。解决这两种语速快的问题，可从以下两个方面进行练习：

第一，练习停顿三秒。

就是上场之后默数三秒再开始讲话，句与句之间停顿三秒再往下讲，讲完之后停顿三秒再下台。

为什么要停顿三秒？

停顿三秒的好处：一是转移紧张情绪。你越说不紧张，就会越紧张。因为你说不紧张，潜意识只记住了"紧张"两个字，那个"不"字被大脑屏蔽掉了。正确的方法就是转移。因为心无二用，当你开始数"一、二、三"的时候，全部精力都在数数上，脑子里已经把紧张情绪给排挤掉了。这就是转移法。二是定心，让心平静下来。宁静才能致远。心静才能思维清晰，思维清晰才能讲话得体。

语速快是一种长时间养成的习惯。要改掉旧习惯，只能用新习惯覆盖它。天天练习数三秒，慢慢地，心里的节奏就放慢了，就养成会停顿的新习惯了。

练习内容：停顿三秒，说"各位领导"；再停顿三秒，说"各位来宾"；再停顿三秒，说"大家好"；再停顿三秒，然后下台。天天练习100遍，语速就慢下来了。

第二，练"双人舞"。

语言比动作快。例如加手势说"力量"这个词，你要先举起手，握紧双拳，收紧肌肉，才能完成这个动作。而说"力量"这个词，张嘴就出来了。所以通过加手势说话，就可以逼着你把语速放慢。只有把语速放慢，语言和动作二者才能合拍，协调一致。

练习停顿三秒和"双人舞"，关键是持之以恒。

12. 站着讲话不习惯怎么办？

讲同样的话，我站着讲就会比坐着讲紧张。这个毛病怎样克服？

为什么站着讲话紧张？我觉得主要有两个原因：

一是站着的时候，目标大，从上到下，身体全部暴露在观众面前，不会做肢体动作，害怕出丑，心里会有压力，所以紧张。而坐着讲，目标小，可以不做动作，心里就踏实一些，不会太紧张。

二是平时讲话坐着讲习惯了，突然站起来讲，没有练习过，身体不协调，就不习惯。

要养成站着讲话的习惯，需要做三个练习：一是站的练习；二是站在台上的练习；三是走的练习，从台下走到台上。

怎样练习呢？

就是按照综合练"三定"的要求进行自我训练。

站的练习，练习站如松。天天对着镜子站10分钟。

走的练习，练习行如风。

集体三定综合练习，练习怎样站在台上。

用"引"字练微笑，让自己在台上放松下来。

进行"双人舞"手势练习，学会讲话加手势，就不会觉着双手没地方放了。

讲完了练胆之法，有了胆量，讲话是不是一定就有魅力了呢？不是。接着就要学会用声，讲话时气息通畅，吐字清晰，声音悦耳，这才能为你的讲话魅力再增加一分。下一章我们就要讲耳语练气发声法。

让我们一起再默读这两句话：

简单练到极致就是绝招！
天才就是重复最多的人！

第三章

耳语练气发声法
——提升领导者当众讲话魅力第二招

> 震天下者必震之于声，导人心者必导之于言。

耳——耳语练气发声法，是快速掌握科学用气发声的理论及方法。这个方法很简单，会说悄悄话，就能学会练气发声的方法。掌握了耳语练气发声法，就可以达到美声、美身、美神的目的。

一、为什么讲话魅力在声？

我过去认为，学习用气发声那都是歌唱家、播音员的事，与领导干部风马牛不相及。这几年研究当众讲话之后才发现，"震天下者必震之于声，导人心者必导之于言"。领导干部天天要开口，经常要当众讲话，用气发声吐字，还真是一个绕不开躲不掉，迫切要解决的现实问题。

领导者当众讲话时声音的魅力在哪儿呢？就是气要通，声要悦，字要清。下面就来举例说明。

气要通。什么是气？气者声之帅也，它是声音的统帅。气息从肺部发出，振动声带，发出声音。气息虽然看不见，摸不着，闻不到，但是它却是声音的根本动力，就像是汽车的发动机。发动机好了，动力强大了，车才跑得快。同样的道理，气息充足了，声音才能洪亮悦耳。

2012年全国人民代表大会上，中央电视台的一位记者在现场聆听了温家宝总理做的政府工作报告。他在报道中说：

> 温总理的报告有1万多字，30多页，而温总理已经是70岁的人了，可是他在2个小时的报告里，气息通畅，情绪饱满，语言流畅，让我们年轻人听得目瞪口呆，实在是让人敬佩！

温总理当时已是70岁高龄，为什么能始终气息通畅，声音洪亮呢？肯定是因为用气发声方法科学正确。气息通了，讲的时间再长，声音也不会嘶哑。

声要悦。当众讲话，声音悦耳就吸引人，观众就爱听，如果是公鸭嗓、破锣声，观众听起来就刺耳，不愿意听。

我们来看看周总理的例子。

应重庆大学党支部的邀请，周恩来于1938年12月下旬来到松林坡进行演讲，周恩来做了题为《第二期抗战形势》的演讲，得到了空前的反响，掌声持续不断。在热烈的掌声中，身着中山装的周恩来由邓颖超陪同，神采奕奕地登上了礼堂讲台。

演讲时，周恩来声音洪亮，目光炯炯。一位听了演讲的重庆大学的学生说："以前我从来不相信余音绕梁，三日不绝。听了周先生的演讲我相信了。"据当年参加维护会场安全的同学说，当他们离开会场后，周恩来洪亮的声音仍然在耳边回荡。

"余音绕梁，三日不绝"，这就是周总理讲话声音的魅力呀！

字要清。就是吐字清楚，不会因为字音给观众传递歧义信息。

清华大学国际关系研究院院长阎学通教授的课堂总是人满为患。能容纳600人的建筑学院报告厅，常常在上课前半小时就被早早占满，来晚的人不得不站在过道里听课。

"看起来温文尔雅的阎老师，一上课声音清脆，妙语连珠，课堂氛围十分活跃。他的语速非常快，但是吐字清楚，再加上贴近时事的课程内容非常吸引我们这些热血青年，他的课不火都难。"阎学通的学生"粉丝"这样评价道。

闫教授讲课为什么很火？一是内容好，"妙语连珠"；二是"声音清脆"；三是"吐字清楚"。假如吐字不清楚，声音再好，妙语再多，也不会受到学生的欢迎。所以，吐字清楚是声音魅力的重要内容，要给予高度的重视。

二、领导者用声常见问题：疼，嘶，哑，浊

如果讲话不会用气，只是用嗓子说，讲话多了嗓子就疼；经常疼，时间长了就会嘶；长期嘶，最后就会哑。

疼。由于讲话时用声方法不对头，用嗓子眼儿说话，讲话多了就会嗓子疼。

对当领导的人来说，天天开口讲话就是其工作。可是因为不会用声，讲一天话就会嗓子疼。疼了也没办法，要么是多喝水，要么靠金嗓子喉宝，但都是治标不治本。

深圳航空公司的一位乘务长上完课后对我说：

> 今天让我感触最深的是学会了用丹田发音。平日广播很多，经常嗓子疼，看来还是自己的方法不对。现在用丹田发音，嗓子很轻松，耳语法真灵。

嘶。什么是嘶？就是能够说出话，但是声音沙哑，不悦耳。

徐小平先生是著名职业规划专家和投资人。我曾经在复旦大学聆听过他的关于大学生职业规划的演讲。他穿西装打领带，一直面带微笑，手势也非常丰富，讲话内容对大学生就业指导性很强，给我留下的印象很深。

但是作为一名优秀的演讲家，徐老师缺的是什么呢？就是声。徐老师一开口，从头到尾声音都是嘶哑的，让人感到美中不足。

徐小平在新东方的同事王强说："一个人嗓子嘶哑一次并不难，难的是

嘶哑一辈子，并且用这个嘶哑形成了自己的风格。这就是小平的风格……"

我想，如果徐老师能够学会用气发声，让嘶哑的声音变悦耳，一来可以减轻徐老师讲话时喉咙的痛苦，二来可以为徐老师的演讲锦上添花。

哑。长期嘶，最后的结果就是哑，导致失声说不出话来。一旦失声，轻则影响工作，重则砸掉饭碗，最严重的会带来脑部疾病。

喜欢杨澜的观众都为她的优雅、知性、智慧、全球视野所折服，但是对杨澜沙哑的声音感到美中不足。很多人想不通，作为主持人，杨澜的声音怎么会沙哑呢？杨澜说自己不是学播音主持的，所以在主持节目时发音方法与科班出身的主持人不同，这也是其声音受损的原因之一。因为长期用声方法不对头，最近被发现长了声带小结，声带上磨出茧子，需噤声。

2011年，杨澜为其新书《一问一世界》做推广宣传期间，因为失声说不出话来，不得已只能用笔和记者交流。杨澜笑称，做了这么多年的主持人，现在才发现自己其实是"不会说话"的。

再来看一个曾是中国福布斯排行榜上的内地首富的宗庆后的例子。

宗庆后曾经因为长期在娃哈哈工作辛劳，抽烟，讲话多，导致声带出现疾病，动了手术。他在医院里住了几天，憋坏了。手术第二天，他就翻身下地，跑出了医院。

没办法讲话怎么办？他叫秘书给他提一块小黑板，拿着粉笔来到车间巡查工作。有疑问时，他就停下来在黑板上写问题，得到的解释还不明确，他就擦掉，再写新问题……

宗庆后的工作精神可嘉，但是失声毕竟还是会影响工作。

常言说，无巧不成书，我在培训中真遇到了党政一把手同时做声带手术的巧事。

我到一个高新区管委会讲课。讲完课吃饭的时候，管委会主任说，今年春节他和管委会书记全都做手术了。我问怎么回事。他说，招商引资压力大，两位主官天天都要见几拨客商，不停地讲话，讲得多了嗓子就疼。三年下来，最后声音都嘶哑了。一检查，全都是长了声带小结，医生要求做手术。何时做呢？为了不影响工作，就双双利用春节七天长假做了声带手术。

再来看一个影响职业前途的例子。

一位在部队很有前途的年轻团长，却不得不在35岁忍痛转业。为什么？喊口令喊出了职业病。作为军事干部，天天要喊口令指挥部队。他在喊口令时声音大，有时经常顶着北风喊。结果因为发声方法不对头，他越喊越哑，哑了还喊，声带长期充血，久治不愈，最后完全失声，不得不含泪离开了部队。

喉部常常发炎还会影响大脑。常言说，"咽喉要道"，咽喉还真是通往大脑的要道和屏障。按照中医理论，走咽喉的经络一共有八条，所有上脑、上头的经络，全都要经过咽喉，如果用声不当，喉部长期发炎，咽喉要道失去屏障作用，人的大脑就容易得病。

浊。就是声音浑浊，吐字含混不清。
吐字含混不清主要有三种情况：一种叫音包字，一种叫少气无字，一种叫乡音重。
音包字，就是声音响亮，吐字不清。这种情况是由双唇和舌头无力造成的。

我曾经听过一个音乐家的讲座。这位嘉宾讲的是音乐欣赏。他的声音很洪亮，手势也很丰富，举例也很生动，但就是有吃字现象，每句话开头的几个字往往听不清。例如"由此,我们就可以推论音乐没有视觉形象","由此"两个字就听不清;"别人听说你是音乐学院的学生","别人"俩字听不清;"之所以会出现这样一种局面","之所以"三个字听不清。

少气无字,就是讲话少气无力而造成的吐字不清。我们常说细声细气,就是说气一细了,声音就细,声音一细,字音就容易听不清。

一位读者来信说:

以前的我说话别人总听不清,有时总要说两遍,总觉得说话没底气,可能真是不会丹田用气。看过您的书,觉得它对我的启发很大。我正在练习念"引"、"人一之"和《望庐山瀑布》,刚坚持三天,感觉说话比以前清楚很多。

乡音重,就是讲话用方言,讲不好普通话,让观众听不懂。

南方有个地区的方言很奇特,尾音很高,比如"局",便发音成了"猪"。

一名记者到县委宣传部,想请对方帮助联系去人事局采访。宣传部的人打电话替记者预约,用免提。

宣传部:"喂,你人是猪(人事局)吗?"

对方:"不是,你搞错了。我不是人是猪(人事局),我娘是猪(粮食局)。"

记者拼命忍住笑,肚子都疼了。

第二天他参加县政府的一个汇报会。会前点名。

主持人:"哪些单位到了?"

于是参会者一个个地自报家门：

"我是公阉猪（公安局）。"

"我叫肉猪（教育局）。"

"我有点猪（邮电局）。"

我认识一位搞房地产的老总，嗓子嘶哑，口音又特别重，再加上吐字不清，所以听他讲话非常费劲，要竖着耳朵高度注意听他讲，还是连蒙带猜，才能明白个大概。

这里要说明一点，我这里讲的是乡音重，而不是说有乡音。就我的观察，除了学播音主持的，其他人恐怕都有乡音，只是轻重的区别。只要你的乡音不影响信息的传递，不会造成语言的误会，就可以大胆地讲，不用当成包袱背在身上。

上面这些例子都说明，无论做哪个行业的领导者，不会科学的用气发声方法，一是会给自己带来痛苦，二是会给工作带来麻烦。所以科学的用气发声方法，领导者不能不学。

三、可望而不可即的胸腹式联合呼吸法

什么是科学正确的用气发声方法呢？就是胸腹式联合呼吸法，俗称气沉丹田。这套方法很科学，但要掌握这套方法不容易。广播学院也好，音乐学院也好，教学生用气发声时，都要讲胸腹式联合呼吸法。胸腹式联合呼吸法是播音员、主持人在工作时应该掌握的用声方法。

教科书是这样表述胸腹式联合呼吸方法的：深呼吸，迫使膈下压，扩展胸腔，把膈作为气息的支撑点，使整个发声有根基，使声音有立体感。

这种方法要求胸腔、横膈肌、腹肌联合控制气息。这种呼吸活动范围大，伸缩性强。它可以操纵和支持声音的能力，为气息均衡、平稳地呼出提供了条件。

胸腹式联合呼吸法是唯一正确的用气发声方法，非常科学，但是学习起来非常困难。

为什么难呢？因为它是从生理解剖角度对人体内部器官做的分析和介绍，一般人看不见，摸不着，很难一下子掌握，非常玄乎。比如说，要求胸腹式联合呼吸，胸在哪儿？腹在哪儿？二者怎么联合？膈下降，膈在哪里呢？没学过生理解剖，一般人是根本找不着的。

我国演讲口才方面的一位权威，有一次在广州做演讲与口才讲座，他讲述的内容深入浅出，很受大家欢迎。当时，有一个听众提问："能不能教我们书上学不到的基本功，比如说呼吸怎么练啊？"这位权威老师回答："谢谢你了，我实在不能回答你这个问题，等下来我们单独交流意见。"为什么这位老师不当场回答呢？不是他不会回答，而是要讲清楚呼吸的问题太复杂，难以用一句话讲明白，只有下来以后慢慢解释。

我当初在北京广播学院（现为中国传媒大学）进修，从学习用丹田发声的科学方法到真正掌握，大概花了十年的时间。为什么呢？因为这样一套理论很复杂，你要循序渐进分步骤地练习，先练吸气，再练呼气，再练共鸣，再练吐字，你要有很强的毅力，经过很长的时间才能基本掌握。说实话，我自己长期从事播音主持工作，用气发声的状态一直时好时坏，很不稳定，尤其是在朗诵诗歌时，常常为无法自如用气而苦恼。

古人讲，大道至简。自2005年起，我开始给非播音主持专业的大学生讲授演讲口才课。这门课只开设一个学期。按照传统的用气发声理论，专业人士都要花本科四年时间才能基本掌握。一学期的演讲课，不光要练声，还要练情，练胆，练识，显然，传统的用气发声理论，学生难以短时间内掌握。能不能找到一种简单易学，一学就会的用气发声方法，让学生很快就掌握呢？于是我在教学中边实践边摸索，终于找到了耳语练气发声法，并把它变成了一套完整的教学训练方法。

四、会说悄悄话，你就掌握了耳语练气发声法

耳语练气发声法，说白了，就是贴在别人耳朵上说悄悄话的方法。

这种方法人人都会用。

比如说，孩子正在家里复习功课，父母讲话，怕影响孩子，这时说话用的就是耳语法。你会用手卷成话筒状，贴在爱人的耳朵边说。再比如，去病房看望病人，想要对对方说宽慰的话，但碍于其他病人已入睡，你怕打扰他们，这时就会贴在所看望的病人的耳朵边说话。这时说的也是耳语。

用耳语法讲话有三个特点：一是讲话者与听话者距离近，讲话者要贴着对方的耳朵说；二是字要清，要让听话的人听清；三是有气无声，声带基本不振动。

耳语法很简单，人人都会用，三岁的孩子都会用，但是练声效果却是出奇地好，可以收到"三美三不"的效果！

五、用耳语法练气发声让你声美、身美、神美

用耳语法练气发声有什么好处呢？综合起来就是"三美"和"三不"。

"三美"：第一是美声，第二是美身，第三是美神。

1.用耳语法练气发声的好处之一：美声

美声，就是让你通过耳语法一下子掌握用气、发声、吐字的方法，使你的气息更通畅，声音更悦耳，吐字更清晰。

讲耳语法之前我都会先让学生做一个体验式练习。

我:"请问大家,科学地用气发声是用丹田还是用嗓子?"

学生:"用丹田。"

我:"对。丹田在哪儿?"

学生:"就在肚脐下面三寸的地方。"

我:"没错。丹田是什么意思呢?丹是仙丹,田是地方,就是存放仙丹的地方,可见丹田的重要性。"

我:"现在我们来做个体验练习。请大家用两种方式来念一段绕口令:

'稀奇稀奇真稀奇,

麻雀踩死老母鸡,

蚂蚁身长三尺六,

八十岁的老头躺在摇篮里。'"

第一遍要求学生放开声音念。

学生念完绕口令,我就问:"有什么感觉?"

学生:"嗓子很累。"

我:"第二遍,用说悄悄话的方式念。"(要求学生两手做喇叭状,放在嘴上,贴在其他学生的耳朵上,用耳语法念一遍。)

我:"这次哪里累?"

学生:"这一次是小腹累,腰累,嗓子很轻松。"

我:"对,这就是丹田呼吸法,科学的用气发声方法!让气息更通畅,声音更好听的方法。"

具体说来,用耳语法练气发声可以达到"占领两头,解放中间"的效果。

"两头"分为"下头"和"上头","下头"指的是丹田,"上头"指的是唇舌。"中间"指的是声带。

占领"下头"——气沉丹田。首先让你一下子找到丹田的位置。比如要求你用说悄悄话的方式说"各位领导、各位来宾，大家好！"。当你这样说的时候，只用气，不出声音，必须得丹田用劲，小腹收紧，才能发出气声，这样看不见摸不着的丹田气你一下子就会发了，这就把"下头"占领了。

学员小范：

耳语法是一种我从来没有听说过的练声方法。起初我不敢相信这样简单易于掌握的方法能对发声起到那么大的作用。但是就在课堂上短短的几次练习后，我就切身地感受到了它的效果。说话时小腹发胀，气息突然就通畅了。

学员小牛：

我在一家德国机械企业上班，是个部门的小头头。由于工作，我时常需要做一些培训，经常一天讲下来，嗓子就像被猫抓过似的，很不舒服。

通过练习耳语法，我的声音改变了，令我满意。现在讲3个小时，我没有感觉到嗓子有一丝的不适。而且，我感觉到声音刚好充满整个偌大的培训教室，提高声音时不再有那种歇斯底里的感觉，小腹一用力，声音就上去了。

占领"上头"，锻炼唇舌肌肉。讲话时吐字清楚与否，关键看唇舌是否有力。利用耳语法正好可以锻炼唇舌的力度。因为耳语的时候，声音很小，你又要让人听清楚，口型就要非常夸张，唇舌动作很大，才能把话说出来。比如"各位老师"的"师"，双唇就要咧得更开一点，"各位同学"的"学"，双唇就要撮得更圆一些。这样一来，双唇和舌头的肌肉就得到了锻炼，就有力了。肌肉一结实有力，吐字自然就清楚，观众就听得清了。

"解放中间"，就是用耳语法说话，一下子把喉部肌肉的紧张状况给解除了。很多人说话时间长了就觉得嗓子累了，就是因为他们讲话时不会气沉丹田，没有气息做动力，全靠摩擦声带发出声音，声带疲劳过度，自然就会发生病变。而用耳语法说话，只用气声，喉部不需用力，声带自然放松了，解放了。

"下头"让你小腹腰部用力，"上头"让你锻炼唇舌，"中间"把你的声带给解放出来，这就是耳语法的第一个好处——"美声"。

在传统的练声方法里，练气、练声、练字是分开的，而用耳语法练习，一箭三雕，一下子就把气、声、字都练了。

2.用耳语法练气发声的好处之二：美身

什么是"美身"呢？就是用耳语法练气发声对身体好，有助于练就好身材，且使人气色变好。

据科学家研究，人不吃饭只喝水，可以活七天；不喝水，只能活三天；而不呼吸呢？马上就没命了。活人与死人的区别就是一口气。有这一口气，身体是柔软的；没这一口气，身体就是僵硬的。可见，气息对人是多么重要。

气息是什么？就是呼吸，吸进新鲜空气，呼出二氧化碳。

用耳语法练气发声，第一对肺部非常有好处。

气息的呼和吸全靠肺部进行。当一个人用不正确的发声方法说话时，咽喉、肩膀、胸部就会紧张、僵硬。一僵硬，气息就吸不进来，只用到整个肺部的三分之一。而当你用耳语法说话时，必须气沉丹田。这时整个肺部吸入的氧气量就很大，整个肺部都得到了运动和锻炼。肺部长期得到全面的锻炼以后，你的肺活量就增加了，整个肺部机能就增强了。

研究丹田呼吸法的专家认为，呼吸就是"吐故吸新，练五脏"。简单地说，"练五脏"就是借助呼吸按摩内脏的器官。腹部是容易积存静脉血的地方，代谢作用自然较差。要把积存在腹部的血送回心脏，重新换成干净的血液循环全身，需要优质的呼吸。借着呼吸，膈上下活动，因而带动内脏活动，将血液送回心脏。所以说丹田呼吸法是一个锻炼内脏，有效提高全身代谢作用的好方法。

用耳语法练气发声的第二个好处就是有助于练就好身材。天天练耳语发声，小腹自然用力。腹部肌肉用力，天长日久，可以让腰部的肥肉变肌肉，腰部柔韧有力。

刘同学：

每次练习耳语法时，我都觉得肚子好累好累。平时我不太热爱运动，上楼梯多走几层就气喘，肺活量也不是很大。练习了大概一个半月的耳语法，肚子上的肥肉少了点，肺活量也大了。我怎么知道？平时上楼梯时再也不喘了，我就感觉出来了。

仲同学：

开学初殷老师开玩笑说，坚持耳语法练习可以使体态变好，说不定可以减肥。当时我觉得老师只是开玩笑，但是经过一个学期的不懈练习，我的腰比开学的时候细了3厘米。殷老师说的话原来是真的。

用耳语法练气发声的第三个好处是使人气色变好。我们常说某某人气色好。"气"是指气息，"色"是指脸色。"气"在前，"色"在后，说明气息是因，脸色是果，气好色才好。

湖南第一师范学院的熊萍教授在《论科学发声对人体视觉形象的影响》一文中将练气对改善肤色的好处说得非常透彻。

其实，练声不仅能改善人的面容，也会让人肌肤白净，这也有它的科学道理。我们知道，缺氧的人肤色一般呈黑红色，而长期处在有充足新鲜氧气环境中的人肤色往往红润白净。练声首先要练气，普通人的呼吸一般是肺"上半部"的气体与外界交换，体内大部分的浊气没有排除出去。如果把人的身体比作一个大水桶，上半桶气体吐出去了，交换回半桶新鲜空气，而下半桶浊气长期没有排除出去，所以肤色往往不是很好，身体也不是很健康，声音因为底气不足显得单薄，没有力度和韧性。

练声先练气，所谓"练气"就是要把体内整桶浊气都喷吐出去，换来外界新鲜空气，把外界的新鲜空气"抽"进肺底并保持住，能自主控制肺中的气息并能慢慢放出，而这控制气息的力量主要通过腰部来实现，用腰部的力量紧紧拽住外界新鲜的气息并使之下沉直至肺底。气沉得越深，底气也就越足，声音就会变得洪亮有力。当气息下沉，人体得到更多的新鲜氧气，肤色自然变得红润、白净。练完声，我们会感到格外清新，人也变得清爽、健康。

3.用耳语法练气发声的好处之三：美神

什么叫美神呢？就是可以让上台讲话的人神态自若，气定神闲，充满自信。

中国人讲精气神，气和神是密切相关的。气好神才好。

我们先来看看"沉住气"这三个字。

我们经常讲，一个人要沉得住气，比如你上台之前，常常要提醒自己沉住气。这是什么意思呢？

沉住气，可不是虚指，就是气要真的沉下去。沉到哪儿？沉到丹田。日常生活当中，我们看到一个人端着肩膀，上身僵硬，气息很浅地说："各位领导、各位来宾，大家好！"你是不是觉得这个人不沉着，不自信啊？

而当你气息沉下去的时候，丹田是紧张的，面部表情是放松的，肩膀是放松的，声音听起来有根、有力，给人的感觉是从容、淡定的。

再看第二个词"气定神闲"。这个词把气和神的关系表达得非常到位。气先定，神才闲，二者是因果关系，只有气定到丹田，脸上的神态才能显得非常安闲、自信。反复用耳语法练气息，使之成为习惯，往台上一站，自然气沉丹田，双肩和面部放松，神态也就自然显得镇定、沉着。

一个人气定神闲之后，命运都可以改变。

著名的管理学教授曾仕强在中央电视台《百家讲坛》中讲道：

> 运气就是我们身上的一口气而已，这口气是我们自己在运：运得好就叫运气好，运得不好就叫运气不好。这个简单的道理，何必跟别人去求呢？一个人懂得呼吸，就知道怎么运气。身体好，意志自然就强。意志强，你就知道要怎么做了。所以运是你自己走出来的。我们中国人说鼻子宽的人财运高。拼命呼吸，鼻子自然就宽了。你每次都只是呼吸到胸，鼻子就很小，那怪谁呢？相由心生，面相是你自己的心在主宰，你心理一改变，念头一改变，长相就不同了。大多数人只呼吸到胸腔，老实讲最可怜的就是这种胸式呼吸，最起码也应该是腹式呼吸，才更有益于身体。我们要慢慢练习运气，气不运，怎么有好运气呢？
>
> 中国最懂得养生的人不是孔子，是老庄。老庄的呼吸是一直呼吸到脚跟的，这不是开玩笑。你哪天能够一直呼吸到脚底下，你就上下都通了。血脉一通，身体就好；身体一好，意志力就很坚决，开拓创造的精神就可以发挥，当然运气好。

听曾仕强这么一讲就明白了，只有把自己的气运好了，学会气沉丹田了，精神状态才好，意志力才坚决，行动力才强，人生的运气才能好。如果不会运气，怎么会有好运气呢？

六、耳语练气发声法的特点：不玄，不哑，不吵

和传统的练声法相比，耳语练气发声法还有三个特点：不玄，不哑，不吵。

不玄， 就是既能意会，也可言传，让人一看就懂，一学就会。

耳语练气发声法，是从生活当中的悄悄话中提炼出来的，在生活中人人都会说悄悄话，只是没有把它当成练丹田气的方法，所以，我把这层窗户纸一捅破，大家就全能明白。

读者小牛：

我一直在寻找运气发声的方法。四年来，我买了不少播音主持类的书，包括《发声学》《播音发声技巧》等等，艰深晦涩的理论让我无所适从，只得无奈地拿起又放下。

偶然的机会，在网上看到了您的讲课视频，我如获至宝，马上在网上搜索您的名字，发现您出版有《21天掌握当众讲话诀窍》这本书，就直接冲到书店买了一本回来，一口气读完。练习到第三天的时候，就感觉说话有点底气了，很是欣喜。

不哑， 就是每天练习气息和吐字的量再大，你也不会觉得嗓子累，声音不会嘶哑。

因为只用气，未用嗓子，声带不疲劳，声音自然不会哑。

一位叫"熊猫"的网友说：

最近，我每天用耳语法练"百炼成钢"2000遍，效果不错，吐字清楚，声音用中实声就感觉有些响亮了，不用费力地喊了！很开心，我会坚持的！

如果是天天放开声音练吐字发声，方法不当，就非常容易声音嘶哑。传统的练声方法，老师每天都要求学生放开嗓子在空旷的地方练习，很多学生因为没有完全掌握科学方法，越大声，越出错，经常有把声带练坏的情况出现。

台湾一位教演讲的讲师，他说他的师兄是这样教他练声音的：他站在大广场的这头，他的师兄坐在350米以外的广场那头，中间隔着一条车水马龙的大马路，他的师兄让他天天大声喊着练声，直到听清楚为止。

他天天练，胆量是练出来了，可是嗓子却喊哑了。现在他讲课，别人一听，就知道他是哑嗓子。

所以，决不能大声喊着练嗓子。耳语法就是让你避免喊坏嗓子最好的方法。

不吵，就是用说悄悄话的方式练气练字，不需要出声，不会影响别人。

耳语法在家可以练，在车上可以练，早上可以练，晚上可以练，不受时空限制，只要有恒心，随时随地可以练习基本功。而放开声音练，你肯定要找空旷的没人的地方练，因为你怕影响别人，有人的地方没法练，夜深人静的时候不能练，要受很多限制。

我经常和学员开玩笑，说你们一进家门就要和家人一起说悄悄话。"太太，我回来了。""辛苦了，赶快吃饭。""什么饭啊？""你爱吃的西红柿炒鸡蛋。"夫妻全用耳语说话，风趣幽默当中，两个人都把气沉丹田给练了。

学员小仲：

用耳语法练习发声是殷老师独创的方式，不同于常规的大声朗诵，而是用说悄悄话的方式来锻炼从丹田发声。我每天在寝室阳台上以说悄悄话的方式练习20遍"人一之"，谁都不影响。一个学期下来，我的声音比以前悦耳洪亮了。我在网络电台兼职当主播，我的听众都说我的声音比以前更加好听了，一听就知道是用气在说话。

讲完了练习耳语法的好处，接下来就要讲练习耳语法的方法和要领了。

七、耳语练气发声法练习要领："笑手镜"

进行耳语练习要坚持一箭多雕原则。就是在一个练习中，将练气、练声、练眼神、练语言生动紧密结合起来，通过一个内容的练习，达到多重效果。

以坚持一箭多雕原则练耳语法，就要用"笑手镜"。这不是一面镜子，而是练习的三个要领。为了让大家好记，我把三个要领编成了一个常用词，一个口诀。

笑——微笑着练；

手——加手势练；

镜——对着镜子练。

练习要领一：微笑着练

为什么要微笑着练呢？原因有三：一是气息更容易下沉丹田，二是声音更好听，三是吐字更轻巧。

微笑着练，气息更容易下沉丹田。

你可以试一下，微笑着用耳语法说"各位领导、各位来宾，大家好"，气息马上就沉下去了。

为什么微笑会让气息沉到丹田呢？

一是肌肉放松。微笑的时候，全身肌肉自然放松，下巴放松，脖子放松，肩放松，胸也放松，气息没有阻碍，气息自然就容易下沉。

二是鼻孔张大。微笑的时候，嘴角展开，拉动着鼻孔也就张大了。鼻孔一张大，等于进气的管道加大了口径，吸进的空气就容易快速沉到丹田。

微笑着练，声音更好听。

人要想声音好听，就要共鸣好。口腔就是一个共鸣腔。但当你愁眉苦脸的时候，你的嘴是瘪的，上下牙是咬在一起的，口腔里边的"山洞"就又小又扁，声音自然没共鸣。而微笑的时候，笑肌提起来了，后槽牙打开了，体内的共鸣腔就打开了，声音自然就有共鸣，就好听了。

微笑着练，吐字更轻巧。

微笑的时候，舌头根就放松，一放松，才能灵活自如，吐字清楚。常言说，笨嘴拙舌，所谓"拙舌"，就是舌根太紧张，太僵硬，转不过弯来。口吃的人，也是舌头根紧张僵硬，放松不了。比如，结结巴巴地说"各……各……各位老师，各……各位同学"，就是因为舌头僵硬。而微笑着说"各位老师、各位同学，大家好"，这时候舌头自然就放松，舌根就自然往后缩，马上用舌尖灵巧地说话，吐字就很轻巧，很清晰。

现在就让我们来正反体验一下微笑着练耳语法。

先体验紧皱眉头说：

稀奇稀奇真稀奇，

麻雀踩死老母鸡，

蚂蚁身长三尺六，

八十岁的老头躺在摇篮里。

这样练的效果是，声音喑哑，咬字笨拙。

我们再来体验翘起嘴角，眼含笑意，微笑着说绕口令的效果。

稀奇稀奇真稀奇，

麻雀踩死老母鸡，

蚂蚁身长三尺六，

八十岁的老头躺在摇篮里。

这样练的效果是气息通畅，声音好听，吐字轻巧。同是一个人，微笑不微笑，讲话效果完全是两样。

再用这种对比体验法来练习绕口令《八百标兵》：

八百标兵奔北坡，

北坡炮兵并排跑。

炮兵怕把标兵碰，

标兵怕碰炮兵炮。

不比不知道，一比吓一跳，对比练习之下，马上见效，大家不妨尝试着练一练。

练习要领二：加手势练

为什么要加手势练呢？因为一加手势，语言马上生动形象，不死板。

我们来做一个正反式体验练习。先不加动作，用耳语方式说绕口令《稀奇》：

稀奇稀奇真稀奇，

麻雀踩死老母鸡，

蚂蚁身长三尺六，

八十岁的老头躺在摇篮里。

不加手势，只是用口说，就会像小学生背书，有口无心，语言很死板，不生动。

我们再来加上动作读，每一句都先做动作再张口：

（右手背拍在左手心上，连续三次）稀奇稀奇真稀奇，

（耷拉脑袋，两手模仿下垂的鸡翅膀）麻雀踩死老母鸡，

（左右手夸张地向两边横向拉开）蚂蚁身长三尺六，

（右手先捋胡子，再做晃摇篮的动作）八十岁的老头躺在摇篮里。

动作一加，马上身临其境，自己就变成了"老母鸡""老头"，语言立

刻就生动形象起来。

采用耳语法加手势做练习，一个练习呈现两个效果，何乐而不为呢？

练习要领三：对着镜子练

为什么要对着镜子练耳语法呢？原因有三：一是可以纠错，二是可以调气，三是可以提升专注力。

对着镜子练可以纠错。

就是可以让镜子做老师，及时纠正自己在练习中暴露的各种毛病。

例如对着镜子练，看自己的眉打开了没有，看自己的手势做得优美不优美，还要看自己是否做到站如松了。我自己就经常对着镜子练习手势，看自己讲话时的手势是不是到位，是不是美观。

镜子这个老师一是严格，你有什么毛病，它一下子全指出来，不会留一点情面；二是廉价，任劳任怨；三是好请，无论在家、在单位，到哪里都能找到镜子，随处都可以对着镜子练习。

对着镜子练可以调气。

就是面对镜子学会调节气息的大小强弱。

对着镜子练耳语法为何可以调气？这个道理我是从教学当中总结出来的。我在教学中发现，当学生练耳语法没有讲话对象时，往往不会调节气息，有时声音很大，有时声音很小。而一旦让他对着镜子练习时，他马上就会根据距离的远近自动调节气息和声音大小。之所以强调对着镜子练耳语法，就是为了增加讲话的对象感，让气息自然调节。你想练习气息量大，就站得远一点；你想练习气息量小，就站得离镜子近一点。

对着镜子练可以提升专注力。

看着镜子中的眼睛练习讲话，就可以提升专注力。

一个人讲话的时候，眼在哪儿，心就在哪儿。为什么呢？根据解剖学的研究，眼睛看人，不是眼球在看，而是眼球后面的大脑神经在看。我们生活中常说某某人说话时心不在焉。所谓心不在焉，其实就是这个人说话时眼睛没看你，在看其他地方。讲话时眼不看人，讲话的对象感就不强，就会"小和尚念经，有口无心"。而我们要求在练耳语法时，眼睛盯着镜子中自己的眼睛讲，你讲话的注意力马上就很集中，长期坚持，人就会养成专注的习惯，眼睛也会变得有神。

全同学：

通过这一周的练习，我体会到了专注的乐趣。昨天晚上，我正对着镜子练习"人一之"，室友们回来了，我居然丝毫没有察觉到。后来，据说她们在一旁默默地观察，暗暗地偷笑。不是因为我说得不好，而是因为很少见到我如此专注地做一件事情到忘我的境地。等我反应过来的时候，宿舍里响起了掌声……这成为宿舍的佳话！

面对镜子可以练语言，可以练表情，可以练动作，可以调整心情，镜子真是一个难得的好老师，所以我们在练耳语发声法的时候，千万不要丢了这个宝贝。

以上讲的就是练耳语法的三个要领："笑""手""镜"。

为了让你记得更清楚，现在请你将耳语法练习的"笑""手""镜"三个要领，自己加上动作、表情，用耳语复述一次："微笑练，加手势练，对着镜子练。"

八、练习秘诀：辛苦一个月，受用一辈子

学会耳语法，非常容易，但要变成肌肉记忆，变成你开口讲话的习惯，则很难！难就难在你有没有恒心，肯不肯通过滴水穿石的练习，形成丹田用气的肌肉记忆。

肌肉记忆就是耳语练习的最终目的，所以这里还要再强调一下。凡是技

能的习得都要有四肢的参与，肢体参与的最终目的就是形成肌肉记忆。比如说打篮球，投篮需要你的手臂、手腕、五指等部位的配合，投得准最后都变成一种正确的肌肉记忆；弹钢琴是十个指头的肌肉记忆；开汽车是手和脚的肌肉记忆。

1995年的央视春节晚会上，著名青年舞蹈家黄豆豆在方圆两米的大鼓上表演了出神入化的舞蹈《醉鼓》。这舞蹈是怎么练成的？来看看中国国际广播电台主持人邱晓雨对他的采访。

邱晓雨：你还有一个作品叫《醉鼓》，你站在直径两米的鼓面上起舞，不怕掉下去吗？

黄豆豆：练，练了好长时间。

邱晓雨：先在地上画一个圈练吗？

黄豆豆：对，先画圈练，然后慢慢地增高。增高了以后，再塞一些海绵之类的东西，你踩上去它会……

邱晓雨：真的像醉一样？

黄豆豆：对，我就一直在上面练。所以，那个时候，我差不多每天早上醒来，活动开了，就到鼓上去练，一直练到晚上休息以前。其间吃饭或者睡午觉，我都躺在那鼓上面。

邱晓雨：在鼓上面吃饭？

黄豆豆：对。

邱晓雨：找那个感觉？

黄豆豆：不管怎么晃，都要站住。

邱晓雨：那个鼓底下没有人托着的时候，反正是软的，你肯定永远都站得不是很稳。

黄豆豆：对，我想把那个训练平衡之后往下面塞一下海绵，加强平衡训练。

邱晓雨：其实你可以去船上练，也差不多的。

黄豆豆：因为我是海边长大的，可能在平衡这一方面会比较好。

邱晓雨：万一受伤很危险。

黄豆豆：有受伤过，也摔下来过。

邱晓雨：也摔下来过？严重吗？

黄豆豆：还好，可能年纪还小，天不怕，地不怕的，摔倒了起来，再上去接着练。老师对我要求也很苛刻，我一边流着鼻血，一边还在接着练。

邱晓雨：那是1995年？

黄豆豆：其实为了弄那个节目，大概从1993年年底就开始练了，练了差不多快两年时间才登上了春晚。

这可真是"台上三分钟，台下十年功"。为什么才三分四十秒的舞蹈，会练了两年才登上春晚？为什么吃饭都要在鼓上面？因为舞蹈就是身体语言的艺术，要达到身心合一，让神经、肌肉、手中的鼓、脚下的鼓完全融合在一起，就要通过反复训练，形成精准的肌肉记忆。如果你只是练个十遍八遍，舞蹈的动作都记不住，哪里谈得上出神入化呢？

练习耳语法，也是要将该发声方法变成肌肉的记忆。从表面上看，耳语练气发声法是对气息和声音的训练，但实质上它是一种对肌肉的训练，目的是改变错误的肌肉记忆，形成正确的肌肉记忆。

吐字发声错误时，喉部用力，肌肉紧张，腹部肌肉松弛；吐字发声正确时，小腹用力，实质是小腹肌肉紧张，喉部肌肉放松。

练耳语法的目的，就是要让小腹肌肉紧张变成肌肉记忆，只要一张口讲话，就是脖子肌肉放松，小腹肌肉紧张，完全是下意识的，想都不用想。这就算是将丹田用气练到家了。从有意识到下意识，从不习惯到习惯，唯一的方法就是反复练耳语发声法，天天练，水到渠成，练成习惯。

九、少而精的练习材料——见缝插针，聚沙成塔

耳语法练习的材料总共分为两大类：一类是背的材料，一类是说的材料。

1. 背的材料：一个四字词，两首绕口令，一段励志格言

为什么要背下来？是为了方便练习。因为你会背了，就把练习材料装在脑子里了，不管是走路也好，等人等车也好，只要一有时间，见缝插针，张嘴就能练，达到聚沙成塔的效果。

一个四字词：

百炼成钢

练这四个字是为了练气息的流动性，练普通话声调的抑扬之美。普通话有四个声调，而这个成语中，四个声调全有："百"，是第三声，从半山腰下到山底又爬到山顶；"炼"，是第四声，又从山顶下到山底；"成"，是第二声，再从山底爬到山顶；"钢"，是第一声，在山顶上平着走。如果你不会用丹田气，这四个字的四声你就很难发到位。通过练这四个字，气息会变得灵活，同时可以体悟普通话的高低音韵之美。

练习要求： 微笑着练；加四声手势练；慢速练，每个字三秒钟；对着镜子练。在练习的时候，尤其注意要把四声变成手势，用手势指挥着声调的准确变化。

读者小张：

我原来说话很快，练了"百炼成钢"之后，发音从简短、急促转向慢和圆，有韵律感了，普通话也比过去标准了。

两首绕口令：

八百标兵

（先伸右手比八字）八百标兵奔北坡，

（做跑步动作）北坡炮兵并排跑。

（左拳靠近右拳）炮兵怕把标兵碰，

（右拳靠近左拳）标兵怕碰炮兵炮。

练习目的： 练习气息的控制，练习吐字的力度，练习口和手的配合。
练习要求： 耳语法，微笑，加手势，对着镜子练。

稀奇

稀奇稀奇真稀奇，

麻雀踩死老母鸡，

蚂蚁身长三尺六，

八十岁的老头躺在摇篮里。

练习目的： 练习气息的控制，练习口和手的配合，练习语言的生动性。
练习要求： 耳语法，微笑，加手势，对着镜子练。尤其注意手势、表情要夸张。

一段励志格言：

"人一之"

（左手伸出食指在胸前）人一之，

（右手握成一个拳头在胸前）我十之；

（左手握成一个拳头在胸前）人十之，

（两手握成拳头在胸前）我百之；

（左手出拳往前打）百折不挠，

（右手握拳砸到左手掌上）滴水穿石！

练习目的： 练习气息，练习口和手的配合，练习激情，培养恒心。

练习要求： 耳语法，微笑，加手势，对着镜子练。尤其注意手势要有力。

（以上练习的具体动作可以参考微信视频号、抖音视频号、小红书视频号"殷亚敏演讲口才"。）

2. 说的材料

说， 就是生活中用耳语法说话。

一是单说，二是同说。

单说， 就是自己用耳语法读感兴趣的材料。有的读者天天用耳语法读英语，有的读者用耳语法天天读《羊皮卷》，有的读者用耳语法来读我的博客。

同说， 就是两个人共同用耳语说话。可以夫妻同说，母子同说，同事同说，同学同说。早上半个小时，晚上半个小时。这样就会形成一种习惯，一说话俩人都用丹田气，都收到了美声、美身、美神的效果。

俗话说：贪多嚼不烂，伤其十指，不如断其一指。练耳语法的材料不在多，而在精。以上需要背的练习材料，要天天早上背诵20遍，晚上背诵20遍；天天用耳语说一小时话。这样练习一个月，不知不觉中，丹田用气就形成了小腹的肌肉记忆，变成了你开口说话的正确习惯！

读者来信问答

1. 用耳语法练习的时候，语速要放慢吗？

用耳语法练习的时候，我的语速比较快，这样对吗？

练习耳语法时一定要慢。如练习"百炼成钢"，每个字要有三秒钟的时长。

慢练的好处是，每个字字头、字腹、字尾都发全了，慢慢地，就字正腔圆了。语速快了，就只能练气息，不能练吐字。

2. 练习悄悄话的气息量要很大吗？

做悄悄话练习时，气息量要很大吗？是不是应该嘴皮子在动，气息量要少？

练习说悄悄话，用多大的气息量呢？要道法自然，就是按照生活中的悄悄话状态讲。找生活中贴在对方耳朵上讲悄悄话的感觉。什么感觉呢？就是让对方能听清楚，又不让其他人听见。

你说的嘴皮子在动，气息少，是对的，很形象。嘴皮子在动，就说明吐字清楚；气息少，就是悄悄话要悄悄地说的状态。

3. 练习耳语法真的能让气色变好吗？

练习讲悄悄话将近21天了，头几天感觉腹肌很酸，练习几天之后这种感觉没有了，并且每次练完半小时后，照镜子发现自己有一个明显的变化，那就是嘴唇鲜红鲜红的，气色特好，证明练习讲悄悄话能让气血畅通。

谢谢你的信息反馈！练耳语法能让嘴唇鲜红，这个事例对丰富我的教学很有帮助。

我在书中和讲课时都讲到了耳语法练习可以美身，让气色好。而你"嘴唇鲜红"的效果，就给我的理论提供了非常好的案例，我已在上课时用上了。什么叫教学相长，这就是个经典例子。

4. 声音小，吐字不清，怎么办？

我上台汇报工作声音小，吐字不清，怎么办？

吐字不清的问题，要想从根本上解决，需从三个方面入手：练舌，练唇，练气。

一是练舌。因为吐字不清的人，往往舌头僵硬，不灵活。念"引"字练习微笑，可以让舌头肌肉放松，吐字就灵活。

二是练唇。因为吐字无力的人通常双唇无力。练习绕口令《八百标兵》，可以让双唇肌肉结实有力，可以解决吐字不清的问题。

三是练气。就是通过练耳语法，让气息通畅，也可以解决吐字不清的问题。

因为吐字不清的主要原因是，舌头僵硬。舌头和喉部又是紧密相连的。当用嗓子说话，不会气沉丹田的时候，喉部紧张，就连带着舌头僵硬。所以，当学会了气沉丹田，肚子用力，喉部就放松了。喉部一放松，舌头顺带也放松了。舌头一放松，就灵活，吐字自然就清晰灵巧了。

而怎样气沉丹田，使喉部放松呢？就是采用耳语练声法，通过说悄悄话的方式，让丹田用力，嗓子放松。所以说，通过耳语练声法，吐字更清晰灵巧。

耳语练声能纠正吐字不清的问题，这是我的学生在练习耳语法时，自

己悟出来的。这个学生叫奚润豪,深圳大学三年级的学生。来看他的切身感悟:

耳语练习不仅让我更加自然地发声,也改善了我咬字不清的情况。许多问题之间是有一定联系的,在我解决了喉咙发紧的问题后,惊奇地发现自己咬字清晰了许多。细心体会才发现,肌肉的放松也使我僵硬的舌根变得柔软,说话时就更灵活轻松,不会出现舌头打结的感觉。

通过他的感悟,我明白了,如果只练笑、练唇,但是不练气,舌头紧张的问题不解决,吐字不清的问题就不能够得到彻底解决。

5. 声音浑浊怎么办?

我讲话的时候声音有些浑浊,别人听不清楚,怎么办?

讲话声音浑浊,我估计有两个原因:一是嘴皮子无力,二是舌尖无力。改善的方法有三个:

一是练习耳语法。因为练习说悄悄话,既练气,也练吐字。用耳语说话,不出声,为了让对方听清楚字,嘴皮子就要用力。一用力,嘴皮子的肌肉就得到锻炼了。练习一段时间,嘴皮子就有力了,一有力,吐字就清楚了,不浑浊了。

二是重点用耳语法练习绕口令《八百标兵》,用"笑手镜"的方法练。这个绕口令是专门练嘴皮子的。每天40遍,21天后一定有效果。到时吐字就清楚了。

三是练微笑。因为一微笑,舌头自然放松,后缩,舌头尖自然轻巧用力。重点练"引"字,每天100遍,练习21天,舌头就会既放松又灵巧。

6. 紧吸着肚皮练耳语法对吗?

我在练习耳语法的过程中,都不会觉得小腹累。我也试过自己的方法,就是吸紧着肚皮讲悄悄话,但还是没有效果。

关于如何解决耳语法练习过程中的问题,总结起来,就是一句话:找生活中说悄悄话的感觉。生活当中悄悄话怎么讲,你练习的时候就怎么讲。要真的贴到对方的耳朵上说话。真说,就是对的状态。

练习时只想内容,不想吸气。一想就是错的了。为什么一想吸气就是错的呢?因为心无二用。心里想气息的时候,就忘了内容,讲出来的话就是机械的,没有感情的;一想肚子怎样吸气时,就会只顾一点,不考虑呼吸器官各部位的综合平衡了。只有想内容的时候,才是最自然、最正确的呼吸状态。怎样想内容呢?就是遵循"笑手镜"的方法。

7. 怎样练习膛音?

很多人建议我说话时把膛音带上,可我说话的时候就是带不上,找不到那种感觉。以前在部队喊口令的时候膛音感觉还可以,可是一对着麦克风就不会发了。

所谓膛音,就是胸腔共鸣。练习耳语法,让气息通畅了,胸腔就有共鸣了,膛音就出来了。要注意一点,膛音不是模仿出来的,是靠练习耳语法,气沉丹田后自然出来的。

对着麦克风没感觉,属于声音会大不会小,原因是气息控制不灵活。小声说话更需要丹田发声,小腹控制。想让声音能大能小,也要通过练习耳语法解决。小腹有力了,丹田会控制气息了,声音自然就有弹性,会大会小。

8. 讲课讲话要用小虚声吗?

我在台上讲话时,大声说话嗓子累,小声说话嗓子不累。这种用声方法对吗?

完全同意你的观点,讲话讲课声音要小不要大。

小到什么程度呢?以小虚声为主。为什么?

一是不费气力。声音太大,消耗自己的气力多,讲多了就累。讲话声音小,消耗的气力就少,节省着用气力,气力用的时间就长。

二是气沉丹田。因为用小虚声讲话,一半是气声。气声,顾名思义,就得用气,所以声音一小,自然就会气沉丹田了。而讲话声音大,就容易声嘶力竭。因为受过训练的人,声音要大的话,他会加大丹田的力量,声音越大,小腹越用力。而没受过训练的人,一大声说话,就是嗓子用力,所以就会声嘶力竭,容易把声音喊哑喊破。

三是亲切。讲话想亲切,一定要小声说话。因为生活当中亲切的话语,一定是面对面讲的,面对面距离近,自然就是小声讲。亲切是和小声说话画等号的。声音大了就有距离感,肯定不亲切。讲话声音一放小,娓娓道来的感觉自然就出来了,听起来自然就亲切。一大声喊,就增加人与人的距离感,哪里还有亲切可言。

那么有人会问:声音一放小,后面的听众听不到怎么办?解决这个问题,要靠麦克风。我上课时,只要有麦克风,我一定会使用,这样一来让自己不费力,二来也解决了声音小后面听不清的问题。

9. 练耳语法为什么会头晕?

我在练习耳语法的过程中,会出现头晕现象,是不是方法不对呀?

估计有两种可能:

一是气息打通后的正常现象。我的理解：因为原来不会丹田用气，而是用嗓子说话，喉部紧张，将气息锁住了，气血上不了头部。现在练耳语法，气息通了，气血上头了，有些不适应。这说明气息通了，是好事。

　　二是用耳语法练习时气息量太大，就会冲得头晕。就像是水龙头的水：水量小，很柔顺；水量大，就可以变成高压水龙头，把人冲倒了。所以练耳语法时，气息量要小一点。

　　怎样小呢？一是悄悄话要悄悄地说，找让对方听到，不让第三者听到的感觉。二是嘴唇用力。嘴唇一用力，就可以控制住气息量了。

　　另外，实在觉得头晕难受的时候，就要停下来休息会儿，然后再练。如果还是晕，就要到医院看医生了。

10. 大声说话有气，小声说话无气，怎么办？

　　　　我在喊口号，照着书本大声朗读，喊起立时，声音就响亮。但是到了面对面说话，声音小时，就会喑哑，没那么响亮，而且说久了嗓子也会累。怎么办？

　　你现在属于半有气半无气类型，就是放开声音时会用气，小声说话时不会用气。

　　大声讲话时，你不自觉地深吸一口气，就气沉丹田了，所以气息通畅。气从丹田发出，经过胸腔，口腔，又有了共鸣，所以声音就响亮。而你小声说话的时候，还是嗓子用力，不会丹田用气了，自然就费嗓子，没共鸣，嗓子累。有些歌唱演员，唱歌时会用气，说话时声音哑，也属于半有气半无气类型。

　　要想改变这种状况，唯一的方法还是练习耳语法，因为耳语法本身就强调小声说话。坚持耳语法练习，养成习惯了，自然小声说话也会用丹田气了。

11. 怎样把普通话练标准？

我的方言口音很重，讲的普通话别人听不懂，我该怎样练习普通话呢？

练习"百炼成钢"四个字。每天200遍，坚持一个月，就可以举一反三，四声标准，语言准确。

加手势练习。例如：想练四声标准，就加四声手势练耳语法。例如，平翘舌音不分，就练五指伸平与卷起，伸平发平舌音，手指卷起来发翘舌音。练前鼻音，手指着鼻子尖；练后鼻音，手指着后槽牙。要把容易混淆的两个音放在一起，前后对比练。不比不知道，一比就明白了。

读者小徐：

采用殷老师自创的手掌的伸平与弯曲练习法，我的翘舌音与平舌音发声不准的问题，得到了很好的纠正。

让我们再来默读下面两句话：

简单练到极致就是绝招！
天才就是重复最多的人！

第四章

"双人舞"练情法
——提升领导者当众讲话魅力第三招

只要进行练习,手势可以成为每一个人语言表达的有力工具!

舞——"双人舞"，指的是讲话者手舞足蹈，眉飞色舞，让其讲话生动形象之法。牵住手势训练这个牛鼻子，呆板的讲话马上会变得生动形象，吸引观众。

讲话不吸引人，是困扰很多领导者的一个问题。

自己对讲话内容做了精心准备，可是台下观众就是不认真听，或者你讲你的话，我看我的书，或者交头接耳，窃窃私语，甚至打瞌睡。

台下观众注意力不集中，无非有两个原因：

一是讲话内容不吸引人；

二是讲话语言不吸引人。

解决内容不吸引人的问题，我们将在下一章来研究，语言不吸引人的问题，就是本章要解决的问题。

一、从乔布斯的演讲中看什么叫抑扬顿挫

1. 抑扬顿挫可以让你讲话有感情

想当众讲话吸引人，就要让语言有感情。怎样使语言有感情？讲话时需要做到四个字：抑扬顿挫。

什么叫抑扬顿挫呢？抑，指的是声调降低；扬指的是声调升高；顿，指的是停顿；挫，指的是语气转折变化。抑、扬、顿、挫合起来，指声音的高低起伏和停顿转折。

讲话有了抑扬顿挫，听起来就有感情；讲话没有抑扬顿挫，听起来就没感情。

乔布斯在演讲中，就充分运用了抑扬顿挫的技巧。卡迈恩·加洛在《乔布斯的魔力演讲》里写道：

每次演讲中，乔布斯都会灵活运用技巧来吸引听众的关注，本节我们将详细讨论四类相关的技巧：音调的变化、停顿、音量和语速。

音调的变化

乔布斯运用音调抑扬顿挫的变化传达情感。试想，如果在iPhone手机的发布会上，他一直使用单调的音调，音调适中，语气平和，那么实际效果一定大不相同。平铺直叙的演讲很难引起听众的共鸣，相反，乔布斯音调明快，节奏适中，抑扬顿挫分明。当他说"大家听明白了吗？"和"而是一款产品"时，他的音调高亢响亮。他在演讲中常常会冒出很多口头禅，他爱用"令人难以置信的""真棒""酷""巨大的"这些标志性的词汇。这些词汇如果在使用过程中不改变语气和音调加以强调，感情的深浅浓淡就很难表现出来。乔布斯不断地调整其音调，召唤、鼓动听众随着他的思路时而惊呼，时而赞叹，时而大笑，时而震撼。

停顿

停顿是演讲中奇妙的"休止符"。恰到好处的停顿往往比语言能更有效地传达思想，更具有戏剧性。"今天，我们将向大家推出第三类笔记本电脑。"2008年1月，乔布斯在Macworld大会上对观众说道。在介绍之前，他停顿了几个节拍，接着他说："它就是所谓的MacBook Air系列。"他又停顿了一下，才抛出了震惊全场的标题性口号——"它是世界上最薄的笔记本电脑"。

停顿也是一种说话的艺术，恰到好处的"停顿"对一次成功的演讲具有重要意义。它能促使人们对主题进行深入的关注和思考，使演讲者的信息更加有效而巧妙地得到传达。乔布斯演讲从不急于求成，他赋予演讲以生命，让它"自由呼吸"。当他阐述一个关键点时，他时常缄默数秒钟，从而达到出人意料的演讲效果。大部分演讲者语速很快，好像赶着读完事先备好的阅读材料。多数情况下，是他们的阅读资料准备得过多，导致宝贵的演讲时间不够用。乔布斯向来都是不慌不忙，他的演讲都是经过精心排练的，这使他有足够的时间放慢速度、恰到好处地停顿，让听众准确地接收他传达的信息。

音量

音量的高低起伏应配合演讲的内容。呼吁、号召时自然提高音量、加重语气。如果演讲中一直使用较高的音量或较重的语气，则无法突出重点，反而给人以嘈杂、夸张的感觉。乔布斯不断地调整音量以增强演讲的戏剧效果。当他一开始在发布会上演讲时，他通常会使用较低的音量，而当他介绍某种产品时，就会提高音量；相反的情形他也处理得恰到好处。例如，当他介绍第一代iPod时，他提高嗓音说："能够做到任何时候都将你的整个音乐库随身携带，这是欣赏音乐的巨大飞跃。"紧接着，他又压低嗓音说，"但iPod最酷的地方还不只是这些，它可以将你的整个音乐资料库都装入口袋里。"

就像抑扬顿挫的音调和恰到好处的停顿能够牢牢抓住听众的注意力一样，音量的高低起伏也能达到这样的效果。

语速

语速和演讲的节奏密切相关。乔布斯的演讲有张有弛，语速拿捏快慢适中，起承转合驾轻就熟。进行示范演示时，他往往会使用正常的语速，阐述标题或主要信息时语速则大大减慢，他希望大家理解并记住重点。当乔布斯第一次介绍iPod时，他压低声音几近耳语，强调这一关键的转变。他还通过放慢语速来增强戏剧效果。

无论在东方还是在西方，讲英语还是讲中文，当众讲话的感情都是通过抑扬顿挫体现出来的。卡迈恩·加洛从"音调的变化、停顿、音量和语速"四个方面进行的分析，有理有据，让人对乔布斯的演讲中抑扬顿挫的技巧十分佩服。

2. "双人舞"练情法可以让你讲话抑扬顿挫

卡迈恩·加洛把乔布斯演讲的技巧划分为四种：音调的变化、停顿、音量和语速。无论在中国，还是在外国，演讲书中对演讲技巧的划分基本相同，我简称为四分法。

根据我的教学经验，这种四分法只是理论研究上的人为划分，讲起来容易，做起来难，很难作为训练方法进行有效操作。

因为它有个弊端：肢解，把生活中感情表达的完整性肢解了。

在生活当中，抑、扬、顿、挫是一个不可分割的整体。比如在高喊"抓小偷啊"这句话时，声音一定是很大的，语调一定是很高的，语气一定是很愤怒的，节奏一定是很急促的。高喊时，是把停连、重音、节奏、语调这四个技巧融为一体表达出来的，根本无法切割。

而四分法的理论却将完整的语言表达规律给肢解了，要你分门别类地进行语言技巧的练习。几乎所有的演讲教科书里，都是这样教授语言技巧的。如练习停顿，你要先去确定"抓小偷啊"这句话是生理停顿，还是语法停顿，抑或是强调停顿。分清楚了，然后再进行语调练习，你要先确定"抓小偷啊"这句话的语调是平调，升调，降调，还是曲调。确定了，然后才能张嘴说话。

你想想，如果我们每次讲话前，都要先做这种分门别类的理性分析，恐怕人人都无法开口了。

那么，有没有什么方法，可以将抑扬顿挫的语言技巧合四为一，一次性学会呢？

有！这就是"双人舞"练情法。

二、讲话生动形象，定要掌握"双人舞"练情法

1. 什么是"双人舞"？

读者一看字面，马上就有疑问：难道讲话时要跳舞吗？有点这意思，但不全是。

还是先来给大家解释一下。

"双人舞"，是训练当众讲话者快速掌握讲话生动形象技巧的一把钥匙。它指的是一要"手舞足蹈"，就是加手势；二要"眉飞色舞"，就是脸上有表情。这两个词中都有"舞"字，于是我把这两个"舞"压缩起来，再借用一个舞蹈术语，就叫作"双人舞"。这样做是为了形象好记。

为了让大家对"双人舞"的神奇之处有个切身的感受，我们还是先来做一个体验练习。

我们用两种方式说"你的讲话水平真棒！"这句话。

第一遍，要求面无表情地说。脸上肌肉不许动，双手也不许动。

第二遍，要求面带微笑，加上手势说。在说到"真棒"时伸出右手大拇指。

哪一种讲话方式最富有感情呢？不言自明，第二种方式。

第二种方式就是"双人舞"。不信你照着镜子看看。说到"真棒"时，你的眼睛是睁大的，嘴是张开的，这就是眉飞色舞！你伸出大拇指，手势有力，肌肉收紧，这就是手舞足蹈！

加了"双人舞"，你的语言马上富有情感，语调马上抑扬顿挫！

这就是很奇妙的"双人舞"理论！

2. 讲话生动形象的人都会"双人舞"

根据我的观察，讲话生动形象的领导者都会"双人舞"。这话是不是有点绝对了？绝对不绝对，先听我说几个例子。

温家宝总理讲话生动形象是中外闻名的。在2007年两会的记者招待会上，温总理一开场，先讲到他不久前给一些孩子回了信："我还是用毛笔亲笔给孩子们回了信……"他右手做出执笔状，引得摄影记者们纷纷按快门。

在整个问答过程中，温总理手势十分丰富，而每一个手势都会引发一次闪光"冲击波"。讲到外汇储备问题时，总理说，外汇少的时候，有少的难处。当年我国外汇紧张，向国际货币基金组织借，他们只借给我们8亿美元。说到这里，他用右手打了一个"八"的手势，现场记者相机的闪光灯立即亮成一片。

加了这些手势，温总理讲话传递的信息给人印象更深刻，语言更加具有生动感，也让记者拍摄的画面更加生动好看。

乔布斯演讲也非常善于使用手势。

卡迈恩·加洛在《乔布斯的魔力演讲》里写道：

乔布斯很少双臂抱肘，双手在胸前交叉，或是站在讲台后面，他的姿势是"开放的"。开放的姿势意味着他没有在自己和听众之间设置任何障碍。

几乎每一句话，乔布斯都会运用手势进行强调。一些守旧的演讲教练依然误导客户，要求他们双手自然下垂，放在身体的两侧。我不知道这种理论的来源，但是这样做对任何一位演讲者而言可谓"死亡之吻"（表面看上去有益，但是实际上是毁灭性的行为）。手放在身体两侧，会使你看起来身体僵硬，过于呆板，而且坦率地说，看上去还有点奇怪。诸如乔布斯之类的杰出的演讲大师，则比一般的演讲者更频繁地使用手势。

2003年，央视10套的科教类栏目《百家讲坛》收视率一直在科教频道的末位徘徊，面临着被淘汰出局的危机。是谁拯救了《百家讲坛》呢？阎崇年。

2004年5月，阎崇年入主讲坛，主讲《清十二帝疑案》，受到观众热烈追捧。此后，《百家讲坛》的收视率一路飙升，创下了央视10套收视率历史之最。

阎崇年的主讲为何大受欢迎？除了观点权威，内容丰富，结构步步设疑外，他丰富的肢体语言也为他讲述时的引人入胜添彩不少。

来看阎崇年怎样讲康熙废除太子这段故事：

康熙一看皇太子不行，就把他废了。废（他）的时候，康熙很难过。历史记载，当着众大臣，当着众皇子，念这个宣谕，是且谕且泣，一面念一面哭。把这个上谕念完了，就扑倒在地，你看多痛苦。

讲到"当着众大臣"，双手摊开向前一指；讲到"当着众皇子"，双手向前又一挥，让观众感到大臣、皇子就在他的面前。讲到"且谕且泣，一面念一面哭"时，双手做出捧书的手势，又抽出右手做抹泪的动作；讲到"就扑倒在地"时，身体前倾，双手做出扑向地面的动作。这话加上动作，就把康熙内心的痛苦绘声绘色地展现在观众的面前了。

余世维是国内首屈一指的管理培训师，顶尖企业争相邀请他做企业培训。我曾经主持过三场余世维的讲座。他讲课一讲就讲一天，现场掌声、笑声阵阵，学员从来不会打瞌睡。为什么？除了他讲授的内容好，还有个奥秘，就是他的手势丰富。

我经常在讲课中模仿余世维的一段表演。

公文来了一定要及时处理。千万不要塞在抽屉里（身体向右侧，弯腰躬身，右手做塞东西动作），锁在柜子里（身体向左侧，左手做转钥匙的动作），存在电脑里（身体面向正前方，双手做打电脑动作）。

加了丰富的动作之后，语言很传神，传递的信息十分立体，令人印象很深刻。

我每次模仿这段话之时，现场都是先有一阵大笑，接着是热烈的掌声。看完之后，学员对手舞足蹈、眉飞色舞的妙处心领神会。

我在讲课时，主办单位常问我用什么话筒，我都说用耳麦或者纽扣麦。为什么？就是为了解放双手！

解放双手又是为了什么呢？为了方便两只手都可以做动作，以更丰富的肢体语言吸引观众。如果一手拿话筒，就只能做单手舞，手势的丰富性就大打折扣。

你看，无论是政治家、企业家，还是学者、讲师，只要是讲话精彩的人，一定是有丰富手势的。

3. 不加"双人舞"，讲话一定枯燥乏味

如果一个领导者在当众讲话时，双手下垂或者放在讲台上一动不动，讲话一定是没有感情，平淡乏味的。

国务院发展研究中心原主任王梦奎在一篇回忆胡乔木的文章中有这样一段话：

> 那是我第一次听胡乔木做报告。胡乔木在近两个小时的讲话中一直端坐着，似乎连臂和手都不曾动过。他不善演讲，慢声细语，缺乏抑扬顿挫，像一篇平铺直叙的文章，不能引人入胜。

细读这段文字，你就可以发现手和口的因果关系：因为他讲话的时候

"一直端坐着,似乎连臂和手都不曾动过",所以他讲出来的话,"缺乏抑扬顿挫,像一篇平铺直叙的文章,不能引人入胜"。

胡乔木是共产党的文胆,做了20多年毛泽东的秘书,他写政论时评、讲话报告,在党内无人可比。但尺有所短,寸有所长,胡乔木长期做秘书,伏案动笔多,开口讲话少,讲话不能吸引人,我们既不应感到奇怪,也不应苛责他。我用这个例子只是想说明:只有手舞足蹈,手势不停,语言才会抑扬顿挫,引人入胜。面无表情,一定是口无感情;双手不动,语言一定不生动。

三、讲话运用"双人舞"有什么好处?

当众讲话加了"双人舞"有什么好处呢?

加上"双人舞"之后,讲话有四大好处,叫"三有一快":有激情,有形象,有条理,快记忆。

1. "双人舞"让讲话有激情

对讲话没有情感,死气沉沉的人来说,"双人舞"就是一剂马上无情变有情的良药。

请读者和我一起先做个体验练习。

> 我们用两种方式说"速度、力量、激情"这三个词。
> 第一遍,只动嘴,不加手势说。
> 第二遍,加上手势说。说"速度"时,右手五指并拢做尖刀状,快速从后往前穿;说"力量"时,两臂抬起,两手握拳,展示肌肉力量;说"激情"时,两臂伸展,五指张开。

第一遍不加手势，语气平淡，没有激情。第二遍，加上动作，浑身肌肉收紧，气息饱满，热血沸腾，满脸涨红，两眼放光，感情一下子上来了，激情澎湃的语言脱口而出。我每次上课时，让学员做这个对比练习，都会产生如此神奇的效果。

为什么"双人舞"一做语言马上有感情呢？有两个原因：**一是血流量增加，二是人体节奏一致。**

第一个原因：血流量增加。

某著名专家在一篇研究报告中说：当手做简单的动作时，大脑的血流量增加10%；做复杂或有力的动作时，大脑的血流量增加35%。

这就是做手势可以让大脑兴奋的奥秘。这是什么道理呢？人之所以吃完午饭就犯困，是因为血液都跑到胃里去帮助消化了，大脑呈现缺血状态。大脑一缺血，人就犯困，无精打采想睡觉。若人的大脑供血充足，人就精神，情绪高涨。所以，我们的手一做有力的动作，肌肉一收紧，大脑的血流量马上增加，人就马上有激情，有精神。

第二个原因：人体节奏一致。

也就是说，人的身体是一个整体，这个整体的节奏是一致的。你一做手势，马上就会带动气息、血液、皮肤、肌肉、声音，它们都会按照同一个节奏和谐运动。

比如，说"速度"的时候，快速的动作一做，气息、血液、肌肉的节奏马上随之变快，声音也自然与手势节奏一样加快。绝不可能手势动作快捷，你口中却缓慢说出"速度"二字。

说"力量"的时候，一做有力的动作，双臂的肌肉马上鼓起，声音也自然带出力量。不可能动作很有力，语言软绵绵。

说"激情"的时候，随着双手五指伸开，手臂张开，声音也自然带出冲破束缚的激情。不可能动作奔放有力，你口中却柔情似水地说出"激情"二字。

手有什么感情，口就有什么感情！

手有什么节奏，口就有什么节奏！

只要你天天加上手势，用"双人舞"的方法来练习"速度、力量、激情"这样的语言小段，就会把"双人舞"变成你讲话的习惯，自然而然地，你的讲话就会精神饱满，充满激情，永远告别讲话无精打采的毛病，变得声情并茂。

一位读者来信说：

> 我在练习"人一之"的时候，按照你的要求加了手势来训练。通过一个星期的练习，我现在讲话时不自觉地就想"动手"了，讲出的话比以前铿锵有力了。

俗话说，唱戏的是疯子，看戏的是傻子。就是说台上的人充满了激情，像个疯子一样，才能带着观众入戏，让观众如醉如痴，一会儿哭，一会儿笑。当众讲话也是如此，当你通过手势带出自己讲话的激情，自然会引起观众感情的共鸣，随着你的情绪而起伏变化。

2. "双人舞"让讲话有形象感

为了体验加了"双人舞"讲话有形象感的道理，我在讲到"双人舞"时还会让学员再来做个体验练习。

> 用两种方式说"芝麻这么小，西瓜这么大"。
> 第一遍，不加手势说。结果只是在念字发声，语言没有形象感。
> 第二遍，加上手势说。说"芝麻这么小"时，右手拇指捏着食指，两眼盯着手指，然后手指再抖一抖。这个动作一加，马上无中生有，眼前一亮，一下子好像看到了小小的芝麻，眉头马上锁起来，声音马上变成小虚声，讲出来的话生动，有形象感。
> 说"西瓜这么大"时，两手夸张地做抱大西瓜的动作。手势一加，

学生马上不由自主地睁大双眼，声音放大，语气夸张，"大西瓜"的声音形象马上跃然耳中。

再来看这段讲话：

成功就像一个气球。你要想让这个气球又大又圆，就要不停地吹气。一旦你停止了吹气，气球就会慢慢撒气，直到把气撒光。

说"成功就像一个气球"时，你用双手比画出气球的形状；说"就要不停地吹气"时，你就鼓起腮帮子做吹气球的动作；说"气球就会慢慢撒气"时，你就做一个气球由大变小的动作。这些手势一做，脑海中储存的形象就会被调出来，眼前就会浮现出和讲话内容相同的形象，你的讲话自然就绘声绘色，听众从手势当中也能看到不断变化的气球形象。

同一个人，同一段有形象感的文字，不加动作说，呆若木鸡；加了动作说，马上绘声绘色。学生自己都觉得不可思议。

为什么一加动作，人的讲话就有形象感呢？有两个原因：**一是人人脑中有形象，二是手势可以调出形象。**

第一点，人人脑中有形象。

讲话形象，是因为人的右脑中有一个形象的仓库，储存着大量的形象画面。这些形象画面是人们从生活中记录下来的。人们通过耳鼻眼舌身感知的外界事物，叫外形象。外形象被储存记忆在大脑中后，叫内形象。例如，芝麻、西瓜，我们在生活中都曾经用眼睛看到过，用手接触过，这些客观存在的芝麻、西瓜，就是外形象。当芝麻、西瓜的形象储存在我们的右脑中，它们就变为内形象。

再比如，李白的诗《望庐山瀑布》：

日照香炉生紫烟，遥看瀑布挂前川。

飞流直下三千尺，疑是银河落九天。

诗中的香炉峰、瀑布、飞流、银河这些外界的事物，我们或者身临其境看到过，或者从电影、电视、图片上看到过类似的景观，然后这些景观就储存在了我们的大脑里，就由外形象变成了内形象。

这个内形象的资料库，人人大脑里都有。那为什么有的人能够从资料库中调出这些形象，讲话时生动形象，有的人却无法从资料库中调出这些形象，讲话时没有一点形象呢？这就要讲第二点了。

第二点，手势可以调出形象。

就是说，手有一个功能，可以将脑中的形象变成口中的形象。每一个手势都是一个指挥。它一动，就可以随时把脑中的形象调出来。它不动，你脑中的形象就无法调出来。所以歌唱家唱歌，很少有不加动作干唱的；相声演员在台上表演，很少有不加动作干说的；优秀的演讲家也很少有不加手势干讲的。

手的这种描绘形象、传达信息的功能，是祖先遗传给我们的。我们的祖先是先发明手势语，后发明口头语，再发明书面语的。虽然现在口头语和书面语很发达，但是手势语的这种功能并没有遗失，在每个人的遗传基因中都保留了下来。只是有人常用，有人不常用而已。练习"双人舞"的目的，就是让讲话不善加手势的人，通过练习，恢复手势语的功能。

学员小唐：

殷老师活灵活现的示范与表演，调动了我们的积极性。现场练习"面朝大海"时，做抬手拥抱的姿势，我瞬间就把大脑的内形象转变为近在眼前的外形象。

读者gyi：

我过去讲话死气沉沉，自己听着都没情绪。我才练习了几天"双人舞"，就明显觉得这方法实在太好了。加上手势说话，明显感到语气生动形象，也增添了自己讲话的信心。

讲话者用手势调出形象，才能讲出形象；讲出形象，观众才能看到形象，听出形象，以此带来生动的讲话效果。

3."双人舞"让讲话有条理

通过手势可以强化讲话的条理性。这主要体现在两个方面：**一个是重点突出，一个是条理分明。**
先说重点突出。
我们来看这句话：

> 什么叫心态管理？就是要延长积极心态的时间，缩短消极心态的时间。

如果你要强调"延长"和"缩短"这两个重点，怎么做？加手势。
"什么叫心态管理？（双手向左右拉开）就是要延长积极心态的时间，（双手从左右向中间压缩合拢）缩短消极心态的时间。"

这两个手势一做，从视觉上，马上让观众看到"延长"和"缩短"的两个形象动作；从听觉上，语气马上会拉长和加重"延长"和"缩短"这两个词，两个重点词马上得到强调。如此一来，自然会给观众留下深刻印象。

再讲一个我自己以手势强调观点的例子。

> 我在讲耳语法练习时，强调要坚持"微笑练，加手势练，对着镜子练"三项原则。怎样强调呢？
> 我讲到"微笑练"时，面带微笑，双手比一个微笑弧线；讲到"加

手势练"时，举起双手，五指张开；讲到"对着镜子练"时，用双手比出一个圆形镜子形状。这样手势一加，马上就从视觉和听觉两个方面对三个观点加以强调。

然后，我再让学员和我一起加上手势做一遍，这样学员对"笑手镜"印象就十分深刻。

再说条理分明。

什么叫条理呢？

条，是条状，就是将讲话内容条分缕析，化整为零，将讲话的观点切分成一条一条的形态，不能将几个观点混在一起，分不出个子丑寅卯。

理，是梳理，就是将讲话的条条按照逻辑关系排列出先后顺序，说白了，就是分出个一二三来。分成了一二三，自然就条理清晰，层次分明了。

对领导者来讲，讲话有无条理，是衡量其逻辑思维清不清晰的重要标准。

曾国藩非常善于相面识人，还专门写了《冰鉴》一书总结他的相面识人经验。曾国藩说：

> 邪正看眼鼻，真假看嘴唇；功名看气概，富贵看精神；主意看指爪，风波看脚筋；若要看条理，全在语言中。

曾国藩这七条相面方法中，前六条都是用眼看，最后一条则是用耳听。听什么？就是听其讲话有无条理性。此人有条理，可用；这个人没条理，就免谈了。由此可见，对领导者来说，讲话的条理性有多么重要。

怎样通过手势来体现讲话的条理性呢？很简单，就是学会用手势比画"一、二、三"。

在讲课时，我会做一个"三乐说"的现场演示。

幸福快乐的人生要做到三乐。什么是三乐呢？第一乐叫自得其乐，第二乐叫知足常乐，第三乐叫助人为乐。

讲到"幸福快乐的人生要做到三乐"，我伸出来三个手指；讲"第一乐"，我伸出一个手指；讲"第二乐"，我伸出两个手指；讲"第三乐"，我伸出三个手指。

讲完后，我问大家："我刚才讲了几乐？"

台下讲："三乐。"

我："大家从哪儿知道我讲了三乐？"

台下讲："耳朵听到了，加手势看到了。"

你看，通过比画出"一、二、三"的手势，观众就将你讲话的条理看得明明白白，将讲话内容记得清清楚楚。所以，要想讲话讲出条理来，就要学会分出"一、二、三"，用手势比画"一、二、三"。

4. "双人舞"让讲话内容更好记

当领导的，当众讲话不带稿，常常会让台下观众佩服不已，顿生敬意。

我认识一位市级领导，大会讲话从来不带讲稿，两三个小时的讲话，条理清楚，事例生动，人名、数字一个不错，让下属们佩服得不得了。这种记忆力是从哪儿来的？不是天生的，都是"天道酬勤"，苦练的。每次讲话前一天晚上，他都要反复背稿子，直到能记忆下来为止。

怎么样快速记住讲话内容呢？方法有很多，加手势记忆就是很有效的方法。

印度有句谚语："告诉我的，我忘了；表演给我看的，我记住了；我亲自动手做过的，我记了一辈子。"

这句谚语把记忆分成了三级：**低级记忆**，**中级记忆**，**高级记忆**。

"告诉我的，我忘了"，这属于低级记忆。它说的是听觉记忆，只用耳朵听，记忆效果最差。

"表演给我看的，我记住了"，这属于中级记忆。加上了视觉记忆，让眼睛看到，记忆效果提升一级。"我亲自动手做过的，我记了一辈子"，这叫高级记忆。因为手一参与，效果最好。为什么加了手势就可以记忆深刻呢？因为手势一加，人的神经、肌肉、视觉、听觉全方位参与，多管齐下，记忆效果自然是最好的。

有一位学员对我说："我即兴讲话妙语如珠，但是让我把讲稿背下来讲，我却老是忘词。"我告诉他："你加上手势，稿子就能够快速记住。"他加上手势进行背诵，果然很快记住，再也不忘词了。

学生小陈：

从小学开始我就好怕背诵课本，可是爸爸每晚都会强迫我背诵，背诵后才能睡觉。好不容易当晚背下了，过几天就全部忘光光。《望庐山瀑布》也是小学所背诵过的古诗之一，可是早已经抛诸脑后，而殷老师就教我们利用"双人舞"的方法来背诵，效果马上不一样。一节课下来，只需记得几个手势，对整首诗就记忆深刻，并且背诵时，感情丰富。

我开始把这个方法运用在演讲背词上，效果也很显著。

四、怎样练习"双人舞"？

1. 多练：让双手成为传情达意的神奇工具

没有受过"双人舞"训练的人，会出现两种情况：一种是手不知往哪儿放；一种是想加手势不知怎么加。

没学过当众讲话的人，大都会手足无措，不知道手往哪儿放。一位学员写道：

> 刚开始上台的时候，人很紧张，我觉得双手都是多余的，不知道往哪儿放。开始"双人舞"训练之后，切身体会到了它的妙处，养成了讲话时手舞足蹈、眉飞色舞的习惯，现在双手成了我语言表达的有力工具。

只有通过反复的训练，才能将双手由多余变为有用，变成讲话传情达意的神奇工具。

还有一种情况是想加手势不知怎么加。心里知道做手势的好处，就是不知道怎么做。我有个做新闻发言人的朋友，经常上电视。他对我说："我看了自己节目的录像，发现手势少，呆板，也很想加手势。可是，我要是一考虑手势，就影响说词；脑子一想词，手势又一塌糊涂。二者不协调。"

经常有学员对我说："讲话手舞足蹈是天生的，我天性拘谨，根本不可能学会。"我就告诉他们：只要肯练习，人人都能做到讲话手舞足蹈！

拿我自己为例。

> 小时候，我也是个很腼腆的人，见了生人说话就会脸红，根本不敢加手势。后来做了播音主持工作，面对话筒没问题，主持别人的讲话没问题，但是一旦让我上台讲话，还是拘谨，不知双手往哪儿放，根本不敢加手势。
>
> 看到讲话手舞足蹈的人，我也心生羡慕，总认为人家是天生的。后来在教授当众讲话课程中，发现了手势在讲话中调动感情的作用后，天天对着镜子练习手势，才慢慢地形成肌肉记忆，敢加手势，会加手势，充分体会到了手舞足蹈的妙处，为讲课效果增色不少。

一位学员课后写道：

> 殷老师的课真的是"动起来，更精彩"！他用"双人舞"深深地感染了每一位学员，让我明白了怎样才能放得开，释放自我。在做了一系列手势练习之后，我感觉自己的状态放开了，现在我会有意识地面带微笑讲话，并且运用丰富的手势来表达感情。从某种意义上说，在台上讲话者，就是一个演员！

这些例子都说明，实践出真知，做手势不是天生的，是后天练出来的！只要进行练习，手势可以成为每一个人语言表达的有力工具！

讲话内容千差万别，讲话的手势和表情也是千变万化的，从哪里入手来学习手势呢？首先要掌握"三动"原则：**"生动""仿动""先动"**。

2.练手势的三原则

原则一"生动"——从生活中观察、体验找动作

我在教学当中设计的动作，都不是凭空想出来的，而是观察生活，从生活当中提炼出来的。所以第一条原则"生动"，就是指从生活当中找动作。

为了说明生动原则，我在讲课中做了"双人舞"练习"照相"的对比实验。

"各位同学注意了，现在我们准备照相。前排的同学请坐下，后排的同学请站起来，大家笑一笑，嘴角翘一翘。"

第一次说"前排的同学请坐下"时，我的双手从下往上提。大家一看就笑了。因为手势做反了，不符合生活的规律。第二次说时，我将双手从上往下按，这样就等于说让人坐下来。如此是符合生活规律的，大家点头称"是"。

以后在讲话时不知道怎样设计动作了，就去观察生活，从生活当中一定可以找得到。我在设计"成功就像一个气球"这句话的动作时，因"成功"二字很抽象，我想不出怎样加动作。后来，有一天从电视上看到一位父亲伸出大拇指夸奖儿子，马上受到启发，就用双手伸出大拇指来表达"成功"二字，结果很贴切，让人一看就明白。

原则二"仿动"——通过模仿各种事物的外形找动作

有一位学员问我："我讲话时也加动作，可是别人却说我动作太多了。这是为什么？"我说："你做动作我看看。"他就边说"我们要下定决心，不怕牺牲，排除万难，去争取胜利"边做动作，四句话做一样的手势，都是手握着拳头重复性地从上往下砸。

我一看，明白了，他的毛病就在于动作和内容不统一，重复，单调。如果手势和语言的内容高度统一，就不会出现动作太多的问题。

要想克服动作单调的毛病，就要"仿动"，就是以模仿式的动作为主。

模仿式动作包括三种：**数字式、方位式、形象式。**

数字式，就是用手势表示数字。说到"第一点"时，伸出一个手指头；说到第二点的时候，伸出两个手指头。温总理在回答记者提问的时候，就很善于使用数字式动作，经常伸出手指头来代表他要强调的数字。

方位式。比如说"高"，高是在上面，你的手伸到上面，说"低"，你的手要放到下面；说"左"你要伸出左手，说"右"你要伸出右手。

形象式，就是要尽量逼真地模仿事物原来的形状和动作。

模仿形状。比如说"一个气球"，你要把圆比画出来，让人感觉到一个圆的形状。如果说"一扇窗"，你就要用双手比画出一个四方的形状。

模仿动作。比如说"一推"，你的手就要从里向外做推的动作；说"一拉"，你的手就要从外向里做拉的动作；说"一个气球慢慢地撒气"，你的手就要比画出一个圆形，它慢慢地由大变小；说"不停地给气球吹气"，你的嘴就要真吹；说"八十岁的老头"，你就要做捋胡子的动作；说"醉鬼"

的时候，身体要摇摇晃晃，脑子好像是晕晕乎乎的……

有个成语叫"形神兼备"。"形"和"神"的关系是形在前，神在后。没有"形"，"神"就没有了载体。所以多练习形象式动作，形成了习惯，就能在讲话时做出形象化的动作，让观众从形象化的动作中感受到你的神采。如此，便可带来形神兼备的讲话效果。

原则三 "先动"——先做动作后出声

在练习动作的时候，我们一定要注意动作和语言同步、合拍。比如说"坐着，躺着，打两个滚，踢几脚球，赛几趟跑，捉几回迷藏"时你的语言节奏一定要跟动作的节奏同步。你不能先说"坐着"，然后做下蹲的动作；"躺着"说完了，再做躺下来的动作。这样是不同步的。

怎样让语言和手势同步呢？就要先出手，后出声。因为声音速度快，动作速度慢，只有先做动作，后出语言，二者才能同步。

有个成语叫一举一动，对做动作的程序说得再清楚不过了。先要"一举"，将手先举起来，做好预备动作，然后"一动"，手势落下来定住，动作完成。例如，伸出大拇指夸人"真棒"，手要先举过肩部，再落到胸前的位置，手从上往下落时，"真棒"的"真"字出口，落下来定住的同时，"真棒"的"棒"字也正好说完。

再比如"左手举着话筒，右手高呼口号"这句话。先把左手从下面抬到嘴前，然后开口说"左手举着话筒"；右手先抬到肩膀处，再边往高处举，边说"右手高呼口号"，手势和语言正好同步。

顺便再说说，做手势时的"举手"，还有两个功能：一是自然换气，可以治疗不会换气的毛病；二是自然停顿，可以治疗说话太快的毛病。

例如，说"这两个人，一个在左，一个在右"。举起手伸出两个手指时，自然就一口气吸进来，同时也有个停顿，手势一落，张口说"这两个人"；左手一举，吸气，停顿，手落，说"一个在左"；右手一举，吸气，停顿，手落，说"一个在右"。就在举手抬手之间，既练习了呼吸顺畅，又练习了停顿，自然把不会换气，说话太快的毛病给治好了。

为什么这么神呢？因为举手就要用力气，不吸气，就没力气，先吸一口气，才有力气做动作；因为动作要先举后动，比声音慢，举手的时候自然形成了一个停顿，语言想快都快不起来。

以上讲了"舞"起来的三大原则："生动""仿动""先动"。下面再讲讲怎样让讲话的手势"舞"得悦目，舞得美观大方的问题。

五、让手势美观大方的"三手"要领

既然"双人舞"是让观众从视觉上"看"的，就有一个好看不好看的问题，"双人舞"一定要悦目，要美观。

我观察到很多领导讲话时的动作不美观，主要存在三个问题：一是胳膊肘抬不起来，就是胳膊肘贴在腰上做动作；二是手腕太松，就是手腕太软，没有和小臂形成一体；三是手指弯曲，就是虎口打不开，五指伸不直。

解决的方法就是"三手"：**手臂抬；手腕硬；手指并，虎口张**。

1."舞"美观的要领之一：手臂抬

手臂抬，就是胳膊肘在做手势的时候一定要抬起来，高过腰带，两个手臂不能贴在腰上，夹着胳肢窝做动作。

例如做"什么叫三乐呢？"的动作时，将胳膊肘夹在腰上，就显得动作僵硬，很小气。如果将两个胳膊肘抬起来，就显得舒展大方。

为了加深体验，请读者对着镜子做个正反对比练习。说"前排的同事请坐下，后排的同事请站起来"。先把手臂夹在腰上做一遍动作，再把手臂抬起来做一遍动作，这样就会对抬手臂有切身的体会了。

2."舞"美观的要领之二：手腕硬

手腕硬，就是做动作的时候，手腕不能软，不能松，要硬起来，和小臂形成一个整体，一条直线。

手腕硬，是克服动作无力，太过阴柔的关键。

在培训过程中，我发现有些学员在做动作的时候手腕很松，手腕和小臂没有形成一个整体。比如说"第一点""第二点""第三点"时，手腕就像折了一样，给人感觉软绵绵的，动作无力。

手腕一松，手势就无力，连带着讲话的语气就缺乏激情、感染力。因为手势和语言的力度是同步的，手势坚定，你的语气就显得很坚定，手势绵软，语气就绵软。手腕硬起来说"第一点""第二点""第三点"，马上就使你的语气听起来很肯定，让人感觉说话者很自信。手腕硬，无论从视觉上还是听觉上都让观众感到你的坚定自信。

在练习手腕硬的时候，也要参照练手臂抬的方法，面对镜子进行正反式对比练习，先手腕软绵绵地说一遍"第一点""第二点""第三点"，再手腕硬起来说一遍"第一点""第二点""第三点"。这样，有比较，有鉴别，你马上就会感受到手腕硬的好处。

3."舞"美观的要领之三：手指并，虎口张

虎口张，就是做动作的时候，大拇指和食指之间的虎口要用力撑开，不能五指并拢。

虎口张开的好处是手指有力量。

五指一并拢，看起来就像五个手指头粘连起来的畸形手，从视觉上就不好看。虎口张开之后，手部肌肉马上绷紧，五指马上就伸直，指尖马上有力量。我在训练当中看到，有的学员手指软绵绵的，仔细一看，他的五指并在一起，像个鸡爪子，伸不直，手指没有力量。一旦让他把虎口张开，他的整个手马上有劲了，紧跟着他的语气也有力了。

现在来做一个体验式的练习。面对着镜子，加手势说两遍"前排的同事请坐下，后排的同事请站起来"。第一遍，先把五指并拢做动作；第二遍，再把虎口张开做一遍。由此就可以切身感受到虎口张开的美感和力度了。

为了记住手势美感的三要领，现在我们来一起做个综合的"双人舞"练习。

（抬起双肘）说："第一要手臂抬。"

（手臂、手腕连为一体，竖起来）说："第二要手腕硬，不能松。"

（五指并拢，然后打开虎口）说："第三要手指并，虎口张。"

反复练习，形成习惯，讲话的手势就一定会大方、美观、有力，看起来十分悦目。

"双人舞"的训练既包括手舞足蹈——手势的训练，也包括"眉飞色舞"——面部表情的训练。但是在实际的训练当中，我们要以练手势为主，练面部表情为辅。为什么？因为手势训练是龙头，手势一做，眼中自然有形象；眼一看形象，眉自然飞；眉一飞，脸色自然舞。手、眼、眉、色形成联动关系。

比如，做"芝麻这么小"的动作时，两个手指一捏，你的眼睛自然就往手指捏的地方看，眉头自然就皱起来了，五官缩在一起，脸上自然就是"太小"的夸张表情。做"西瓜这么大"的动作时，手一比西瓜，眼睛一惊讶，自然瞪得很大，嘴也不由自主地张开，脸上又自然出现了"真大"的生动表情。

所以，我们在"双人舞"训练中，要将"手舞足蹈"放在前，以"手舞足蹈"带动"眉飞色舞"。

六、"双人舞"的训练材料和方法

手势训练重点练习三个段子：

"速度"——练习讲话有激情；

"气球说"——练习讲话有形象感；

"三乐说"——练习讲话有条理性。

1. 练习讲话有激情的段子——"速度"

速度、力量、激情。

手势设计：

说"速度"时，右手做尖刀状，从腰部起，快速从后往前穿；

说"力量"时，两臂抬起，两手握拳，肌肉收紧；

说"激情"时，两手从胸前向斜上方挥动，两臂伸展，五指张开。

练习要求： 每天用耳语法练习100遍，坚持21天。

适合对象： 讲话干巴巴，没有激情的人。

练习目的： 培养讲话有激情的习惯。

在本章的前面已经讲过"双人舞"可以练讲话有激情。练习这个段子，动作力度大，浑身肌肉收紧，气息饱满，热血沸腾，语言马上激情澎湃。

2. 练习讲话有形象感的段子——"气球说"

成功就像一个气球。你要想让这个气球又大又圆，就要不停地吹气。一旦你停止了吹气，气球就会慢慢撒气，直到把气撒光。

手势设计：

双手伸大拇指，说"成功"，双手比画出气球的形状，说"就像一个气球"；

左右手向两边拉开，说"你要想让这个气球又大又圆"；

双手对着嘴，吐气做吹气球的动作，然后说"就要不停地吹气"；

两手做球赛叫停的动作，说"一旦你停止了吹气"；

双手做气球慢慢由大变小的动作，说"气球就会慢慢撒气"；

摊开双手，说"直到把气撒光"。

这个小段你也可以根据自己的习惯来设计动作。

练习要求： 每天用耳语法练习20遍，坚持21天。

适合对象： 不会做形象化的手势，讲话不形象的人。

练习目的： 练模仿性动作。

3. 练习讲话有条理性的段子——"三乐说"

幸福快乐的人生要做到三乐。什么是三乐呢？第一乐叫自得其乐，第二乐叫知足常乐，第三乐叫助人为乐。

手势设计：

双手抚胸，面带微笑，说"幸福快乐的人生"；

右手伸出三个手指，说"要做到三乐"；

双手摊开，身体前倾，眼睛看观众，问"什么是三乐呢？"；

右手伸出一个指头，说"第一乐"；

双手抚胸，闭眼，摇头晃脑，说"叫自得其乐"；

右手伸两个指头，说"第二乐"；

做双手捧着宝物的动作，眼睛看着双手，说"叫知足常乐"；

右手伸三个指头，说"第三乐"；

双手做搀扶老人的动作，说"叫助人为乐"。

练习要求： 每天用耳语法练习20遍，练习21天。

适合对象： 希望讲话更有条理的人。

练习目的：

一是练讲话有条有理。学会用"第一、第二、第三"讲话，所讲的内容就具有条理性。

二是练笑容。因为一说"乐"字，自然眉开眼笑露牙齿，这段话共有九个"乐"字，天天说，常常说，微笑自然成了习惯。

三是练心态。天天练习，"三乐说"的观点就进入了你的潜意识，遇到不开心的事情时，三乐说就自动跳出来帮你排除烦恼，调整心态。

以上三个训练材料的具体动作可参看我的微信视频号、抖音、小红书"殷亚敏演讲口才"。

练习要求：

第一，用"笑手镜"的方法练习。面对镜子，用耳语法，练"双人舞"。

第二，每一句话说完后，停留三秒。如此可养成语句之间的停顿习惯，改变说话快的毛病。

第三，坚持少而精的原则，只选取一个小段练习，反复练。

读者来信问答

1. 庄重场合能用"双人舞"吗？

我有个困惑，"双人舞"练情法是很不错，但是在比较庄重的场合也能用吗？

学习"双人舞"练情法，要坚持两个原则：一是苦学，先学会，艺不压身；二是活用，使用时分清场合。

怎样分场合呢？第一，庄重场合少用，随意亲切场合多用；第二，对上讲话少用，对下讲话多用；第三，宣读式讲话不用，脱稿式讲话多用。宣读式讲话以停顿、语气、面部表情和头部动作来表达感情。

2. 讲话语气不坚定怎么练？

我在正式场合讲话时语气不坚定，如何解决为妙？

解决语气不坚定的问题，要从两个方面入手。

一是通过练习耳语法，解决气息问题。少气无力这个成语是少气在前，无力在后，说明少气是因，无力是果。要想让讲话有力，先要有气。练耳语法就可以解决气的问题。

二是加"双人舞"练耳语法。因为人体是一个整体，动作坚定有力，说话的语气一定坚定有力。

具体练习内容是：加手势练习"速度、力量、激情"，每天100遍，练习21天。气息通畅，动作有力，语气自然就坚定有力。

3. 怎样让讲话时的动作优雅大方？

有些人天生说话时小动作比较多。怎么样才能使自己的肢体语言优雅得体，而不画蛇添足？

要从两个方面练习：

一方面，练规范动作。通过练习"三乐说"中"双人舞"的标准动作，就可以让动作规范大方。因为所谓的小动作，一定是和讲话内容不相干的，一定是不规范的。而我在"三乐说"里设计的动作，都是和内容紧密结合的，动作也是规范的。练习规范的动作，不规范的动作自然就被取代了。

另一方面，停三秒。就是在做完每一句的动作后停三秒钟。比如说"什么是三乐呢？"，做了摊开双手问观众的动作后，让这个动作停三秒钟，再说下一句"第一乐"，做下一个动作，再停三秒。这样一个规范的动作接着下一个规范的动作，中间就不可能做其他小动作了。

4. 我不会加手势，怎么办？

下面就来说说，如何学习演讲手势。

结合马化腾的三次演讲，谈谈学习演讲手势的两动：先敢动，再善动。

敢动，就是先要解放思想，演讲时手大胆地加动作。不管动作好看不好看，准确不准确，只管做。做了就比不做好。

好在哪儿？有两个好处：一是松，二是声。

一是松，就是放松。

因为演讲时紧张的人，浑身是僵硬的，两只手是放在两边不敢动的，手不动，就等于自己把自己捆住了，就越发僵硬，不自在。而手只要一动起来，气血就通畅，肌肉就不僵硬，人就放松、自在了，也就不僵硬了。

二是声，就是声音有了抑扬顿挫。

因为语言的抑扬顿挫是由气息推动的。手一动，气就动，气一动，声音就动，声音就有了强调和停顿的变化。

例如，我看马化腾在第二届中国深商大会上演讲的视频，他介绍深商的特点时说，深商的特点是创新、务实、开放。由于没有手势，他的语气单调刻板，语言也很不流畅。这就是不敢动的结果。

后来，看他在另一次介绍腾讯八条论纲的演讲视频中就变得"敢动"，有手势了，虽然手势很单调，就是右手夹在腰部做重复单调的动作，但是这已经让演讲语言有变化了。他会强调了。例如他说"我们姑且将这八条论纲叫作八个选择"。说"八个选择"时，右手一抬一落，重音和停顿就出来了。这就是敢动的效果。

当你敢动了，尝到加手势的好处之后，就要提高要求，再上一个台阶了，就是要做到善动。

善动，就是动作生动形象，和语言高度吻合。说"高"，手要指着高处；说"低"，手要指着低处；说"大"，手要比大；说"小"，手要比小。

再来看个马化腾演讲善动的例子。前几年，马化腾在香港大学有一次演讲。他虽然开篇就讲自己是个理工男，不善于演讲，但是语言和手势已经很生动形象了。讲到当年推广开发的聊天软件时，说"没有人聊天，我要陪聊的"（做一个双手陪同的手势），说"有时候还要换一个头像"（双手做一个换头像的手势），"假扮成一个女孩子和人聊天"（两只手又从左边指向右边的位置）。语言风趣幽默，加上手势生动形象，这次演讲全场笑声不断，效果很好。

怎样学会善动呢？

要以一当十练手势。"一"，指的就是反复练习一个动作，将其变成习惯。然后就一通百通，讲什么内容，就会自然加什么手势了。

今天给大家推荐一个练习，用三个动作练三个词：速度、力量、激情。

说"速度"时，右手做尖刀状，在腰部从后往前快速刺出去；说"力量"时，两手握拳，在与肩膀同高处，用力晃一晃；说"激情"时，两个手在头顶处先交叉，再打开。用耳语法加手势进行练习，每天200遍。坚持一个月，善动就变成肌肉记忆，当众讲话时，就会随着讲话内容，自然做出生动形象的动作，从视觉上吸引观众。

为什么练习这三个动作？

一是这三个动作力度大，肌肉用力，记忆深刻。

二是动作变化多样。三个动作有两变：一是从低到高的变化。说"速度"时，一只手在腰部做动作，位置低；说"力量"时，两只手在肩膀两侧做动作，位置在中间；说"激情"时，两只手在头顶交叉后彻底打开，位置高。二是从小到大的变化，就是动作幅度从小到大。说"速度"时，动作幅度小；说"力量"时，动作幅度中等；说"激情"时，两只手彻底打开，动作幅度最大。

我在清华大学深圳国际研究生院工信部领军人才班教过一位学员，他是私募基金合伙人，原来讲话少气无力，讲话没手势，无激情，气场弱。后来，按我的要求，坚持练习这三个动作一个月后，上台演讲手势生动形象，语言充满激情。尝到坚持练习的甜头后，欲罢不能，到现在，已经坚持练习600天，并每天都把练习视频发给我。

这就是我和大家分享的学习演讲手势的两动：敢动和善动。

5.想克服娘娘腔，该如何练习呢?

我认为自己说话最主要的毛病是有气无力，俗称"娘娘腔"，我很苦恼。

解决娘娘腔的问题，要从两个方面入手：一是练耳语法，二是练"双人舞"。

先说练耳语法。所谓娘娘腔，就是你说的有气无力。没有气，就要靠耳语法，把气息练通畅了，说话的声音自然就洪亮了。

再说练"双人舞"。因为我在教学中发现，凡是讲话娘娘腔的人，肢体语言都很软，重点是手腕软。手腕软，语气就软，因为人体是一个整体，呼吸、血液、语言、动作、表情的节奏是一致的。一说软，全身的节奏都是软的；一说硬，肯定全身的节奏都是硬的。所以，想让语言不软，想克服娘娘腔，就不能单纯解决语言的问题，要辨证治疗。手腕一硬，语气马上就硬朗了。

练手腕硬的方法有两个：

一是练"三点"。什么是练"三点"呢？就是口说"第一点"时，右手举起来，伸出一个手指；说"第二点"时，右手伸出两个手指；说"第三点"时，右手伸出三个手指。关键是伸手指时，手腕不能软，一定要硬。

二是用"双人舞"练"人一之"。练习时，手腕要硬，动作要有力。每天早晚各练习40遍。具体动作可以看书中耳语法的练习材料。

6. 字快与句快怎样改？

我讲话语速太快，怎样克服？

讲话语速快，分句快与字快。句快，就是句与句之间没停顿。字快，就是字与字之间连接得太紧。

克服句快，练习停三秒。

"（一、二、三）各位领导，（一、二、三）各位来宾，（一、二、三）大家好！……"每句话停三秒，坚持每天练习100次，21天就可以学会停顿，并将其变成习惯，就可以把句与句之间的节奏放慢了。

想克服字快，就练习"双人舞"。

语言和手势相比哪个速度快？语言快，手势慢。每句话加上手势，手势就自然把字与字之间的距离带长了。比如："什么是三乐呢？第一乐叫自得其乐，第二乐叫知足常乐，第三乐叫助人为乐。"每句话都加上手势，语速自然就会放慢了。

这两种方法，天天坚持练习，21天后，你的语速快问题就可以解决了。

7. 语言不流畅怎样解决？

关于停顿的节奏，我把握得不好，给人的感觉说话断断续续，不流畅，该怎样去改进呢？

解决语言不连贯的问题，可以用以下两种方法：

第一，加上手势练习"三乐说"，可以参看本章中的相关练习。加上手势练习，一是可以解决气息不足的问题，手一抬，气息马上吸得很充足；二是可以解决语言不连贯的问题，动作连贯有力，语言自然就连贯顺畅。

第二，每句话停顿三秒，该停顿的时候停顿了，就会很从容地换气，说下一句的时候气息就够用，讲话就不会断了。你可以先试试，练习一个月后和我联系。

读者and4570跟帖：

> 建议：第一，尽量做到老师说的，先写手稿再说话。如果来不及的话，也可以打腹稿。第二，放慢语速，给自己一个思考的时间。这样做也显得自己很成熟。总之，我感觉说话不连贯的主要原因是，事先没有准备好或者说的内容自己不熟悉。

8. 练"双人舞"时眼睛看哪里？

> 请问练习"双人舞"时，眼睛是看观众呢，还是看自己的手势？

正确的方法是：先看手势再看人。

为什么先看手势呢？因为手势代表形象和方位。比如说"眼定练习要先看左，后看右，再看中"。手指着左边，眼要看着左边；手指着右边，眼要看右边；手指着中间，眼要看中间。

再看人，就是每句话结尾时眼睛看着观众。因为讲话是为了和观众交流，每一句的最后，眼睛的落点一定要在观众的身上。

例如，说"第一乐叫自得其乐"这句话时，说"第一"时，手伸出一个指头，眼睛先看手指头；说"乐"字时，眼睛已经看观众了；说"叫自得其乐"时，前四个字是摇头晃脑做动作，不看观众，到"乐"字时，眼睛又看观众了。

这一章我们讲了如何让语言吸引人，下一章就要讲怎样让内容吸引人了。

本章结束前,让我们再来重复下面两句话:

简单练到极致就是绝招!
天才就是重复最多的人!

第五章

"一简二活三口诀"练识法
——提升领导者当众讲话魅力第四招

口才是有具体标准的。

"一简二活三口诀",是练识之法,是教给领导者怎样把观点说得好记,怎样把论据说得好听,让观众过耳不忘的一套方法。

一、"一简二活三口诀"概述

这一章我们要来讲讲当众讲话训练的第四招。

什么样的讲话内容吸引人呢？就是"两好"：好听、好记。

什么叫好听、好记？我们先来看个例子。

阎崇年老师是怎样在《百家讲坛》创造奇迹的？

阎崇年是著名的历史学家，因为在中央电视台《百家讲坛》主讲《清十二帝疑案》而一鸣惊人。我们来看当年媒体对他的一篇报道：

2003年，央视10套的科教类栏目《百家讲坛》收视率一直在科教频道的末位徘徊，面临着被淘汰出局的危机。

2004年5月，阎崇年入主讲坛，主讲《清十二帝疑案》。在其后的一年多时间里，阎老先生疏淤理脉，用通俗生动而不失权威的语言，步步设疑、引人入胜的讲述方式，使清朝十二帝的形象真实而丰满地呈现在观众面前，受到观众热烈追捧，《百家讲坛》的收视率一路飙升，创下了央视10套收视率历史之最。日前，由中国广播电视协会、中国传媒大学和中央民族大学推出的《中国电视网络影响力报告（2008）》显示，《百家讲坛》在十大央视栏目中居于首位。阎崇年"正说"历史渐成一种现象。因为讲座受欢迎，阎崇年的书也十分畅销，2007年，阎崇年以

300万元版税收入，荣登"2007第二届中国作家富豪榜"第18位。

很多观众对《百家讲坛》的关注始于阎崇年。在"百家讲坛，坛坛都是好酒"的口号中，阎老先生和他的《清十二帝疑案》被公认为"第一坛好酒"。

这第一坛好酒是怎样酿出来的？靠的就是好听、好记。

下面是阎崇年在深圳大讲堂的讲座节选，看看他是怎样讲清朝十二帝的：

清朝296年的历史简单说就是四个字：兴盛衰亡。

清朝十二朝怎么分？我们习惯上把它分为四段：第一段清朝兴的历史，我个人算法就是三朝，天命、天聪、顺治，简称"天天顺"；第二段是强盛，康熙、雍正、乾隆；第三段是衰，大体上也三朝，嘉庆、道光、咸丰；第四段是亡，同治、光绪、宣统。这样清朝296年历史分作四段就好记了。

第一，入关前期，开创基业，改革兴旺。

给清朝第一个皇帝努尔哈赤画像，就两个字"开创"。

努尔哈赤当年在辽东赫图阿拉，今辽宁抚顺市的一个村子兴起。这个村子有多大？全村的人用一口水井，就建在一个山上。这个山很奇怪，平地起的山，离地面大约有十米高，好像一个馒头切的，突然就起来了，顶是平的，上面修了围墙。围墙很简单，垒上石头铺上木头，再就是土。有多少人起兵啊？有人说有百人，我算了一下不到百人，四五十个人。然后是南征北战，东征西讨，顺者折服，逆者逃离。最后建立了一个大清王朝。这个基业是从努尔哈赤开始的。努尔哈赤创下基业的时候很悲苦，一生戎马，44年没有打过一次败仗，可以说攻无不克，战无不胜。

努尔哈赤死了之后，他的第八个儿子皇太极即位。按照贝勒排行，皇太极是第四大贝勒。给皇太极画像就两个字"改革"，革除努尔哈赤治下的弊病，把父亲的基业往前推进。

举一个例子。努尔哈赤怀疑有好多的知识分子暗通明朝，下令杀，见一个杀一个，其中三百人逃到山顶。事情过了之后，人们也出来了，杀就没杀，被分到贝勒家做奴仆。这些人死后，他们的妻和女继续做这个贝勒家的妾或者是女奴。皇太极就做了一个改革，给这些人考试，考试及格了的人免除其奴仆的身份，给其一个自由的身份。这些人很高兴，考完了以后就解放了。历史记载了四个字"民间大悦"。后来又考试了，选择出来十几个举人，就是清朝文官的基础。如果没有第二代皇太极的改革，努尔哈赤的错误政策继续下去的话，那么后来的清朝的崛起，迁都北京，统一中原大概是没有可能的。

顺治6岁就做了皇帝，继承了皇位，在位18年，24岁死的。周岁23岁，跟现在大学毕业生的年龄差不多。给顺治画像怎么画？两个字"任性"。

举例说：多尔衮死了，顺治对多尔衮先发布告示，宣读他的罪状，然后命人从庙里头把牌位撤出来，最大的举动就是把多尔衮的坟墓给挖了，将其尸体拿出来，鞭尸、焚尸。顺治作为皇帝有一点任性。多尔衮要是活着也要说：没有我多尔衮你能做皇帝吗？没有我多尔衮你能入关吗？没有我多尔衮你能坐在金銮殿的宝座上吗？多尔衮在清军入关的时候有很大的功绩，顺治处理多尔衮的事情时意气用事，感情用事，过于任性，没有客观对待。

第二，"康雍乾"把清朝推向繁盛的高潮。

顺治死了以后就是康熙，康熙8岁即位，做了61年皇帝，活到69岁。给康熙怎么画像？我说康熙有很多特点，最重要的特点是"学习"。

康熙回家跟他妈妈说话是讲蒙古语，回宫廷里头是说满语，跟八旗的大臣、内务府大臣商量事情，奏折一律是满语、满文，对汉族大臣说汉语，对进士、大学士用"四书""五经"跟他们讨论问题。这是中学，还有西学，数学、物理、化学、生物学、人体解剖学都学。现在故宫里头有康熙用的计算机，手摇的，现在摇转的话还能用。故宫还有当年康熙做几何题的草稿纸，用过的三角尺。康熙可以说是中西兼读。他一天至少写一千个汉字。除了发高烧生病动不了之外，一年365天不间断，过年也不间断，一直到了晚年中风，右手不能写字的时候，他用左手批奏折，用左手写字。到木兰围场，下江南，坐轿子也好，坐船也好，手不停。

他不仅自己学习，对子女也这样严格要求，他要求儿子们大约早上4点钟就要起床到书房念书，五六岁的小孩，老师画出一段要念，"四书"必须念一百遍，念完之后还要背，会背也不行，还要念。然后老师要考，老师拿着书，皇子背，康熙下朝之后去检查，康熙说背哪一段，就背哪一段，所以康熙三十五个儿子没有一个纨绔子弟，没有一个不学无术者。

雍正夺到皇位之后的13年，大刀阔斧奉行改革，雍正就是雷厉风行。雍正勤政，清朝的皇帝勤政，到什么程度？雍正一天批几十个奏折，上午听政，下午接见大臣，自己还要读书学习，晚上还爱批奏折。那时候灯也不行，所以雍正眼睛不好，配了眼镜，他有好多副眼镜。

接下来，就是他的儿子乾隆，乾隆很幸运，25岁顺理成章做了皇帝，一直做了60年，做到85岁，做了3年太上皇。在中国古代史上是空前绝后的。

乾隆怎么画像？有人说他是风流皇帝，我个人认为是文化皇帝。有些人不同意我的意见，我说乾隆修《四库全书》，有人说这是毫无科学的，书改了毁了，我说你只看了一面，还没有看到另一面，当时的书一个叫孤本，一个叫善本，很珍贵的。一个叫稿本，即手稿，还有一个是抄本，互相传抄。乾隆把全国有用的书搜集到北京，雇了很多人在那儿写。大家有机会看一看《四库全书》，工工整整，一共七万多卷，浩大的文化工程，今天我们还得意于这个。一些本子现在在国家图书馆，还有一个本子现在在兰州，前不久到兰州大学去看这个本子，我们看完以后就知道真是一个了不起的工程，它把一部书分成七部，抄了七部。如果当时不修那些书，毁了，那不更可惜，清朝文化中有一个重大的贡献，就是传承中华文明。

第三，国运不昌，皇上无能，清朝走向衰落灭亡。

乾隆完了之后是嘉庆，嘉庆的画像就两个字"平庸"。嘉庆做了25年皇帝，做得漂亮的就一件事，就是把和珅惩罚了，其他没有什么可大书特书的。

嘉庆完了到道光，鸦片战争失败的责任道光要负，从来没有人说过这个事，反正我是这么说了。道光是一个无能的皇帝，用两个字画像——"无能"。

鸦片战争，英国打上门来了，道光任用林则徐禁烟，又不能用到底，碰到困难又把他免了。道光一会儿禁烟，一会儿主战，一会儿求和，摇摆不定。作为一个政治家缺乏坚定性，英国当时和大清帝国的实力算不上悬殊。那时候中国人已经四万万了，一开始英国才来了五千来人吧，把子弹打完了你还能怎么着，而且你后方印度传输也好，你长途跋涉，所以鸦片战争的失败，《南京条约》的签订，道光应当负主要的历史责任。道光的无能导致了鸦片战争失败，导致了《南京条约》的签订，道光的名字应当钉在中华民族历史的耻辱柱上，让所有卖国者看。

道光完了之后就是咸丰。

咸丰赶上的时候不好，那边是英法联军，这边是太平天国，赶上一个特殊的时代，但是有一条，英法联军打上门了，你咸丰皇帝在圆明园唱大戏，过生日，才三十岁，着急什么？连着唱三天三夜。西方侵略者已经打到天津了，不借这个机会举行朝廷会议研究怎么抵抗，国难当头的时候自己带着家人跑了，还带着戏班子去，又听戏，还带着一大批后妃。

咸丰不组织军民抗战，把包袱留给了恭亲王，自己跑了，条约签订让他回来还不回来，日夜歌舞升平。咸丰是一个懦弱的皇帝，同治是一个顽童，6岁做皇帝，执政13年，19岁死了。

后面就是光绪。光绪怎么画像？我说就两个字"不幸"。第一个不幸，光绪的父亲是醇亲王，他父亲见了他跪下称臣，他见了他父亲得称父亲。光绪是君，他是臣，光绪和他父亲不顺，不能过正常的父子生活。第二个不幸，不能跟他母亲过正常的母子生活，光绪看他妈妈可以吗？不可以，妈妈住在亲王府的北府，现在宋庆龄的故居。第三个不幸是慈禧这个妈，关系也不正常，又不是亲妈，又得叫妈。第四个，皇后又是妻子，又是监督人，远了不行，近了也不行。第五是妃子的问题，喜欢珍妃不行，慈禧要给你推到井下淹死。跟他兄弟之间关系也不行，我数了一下至少有八个不幸。

最后就是宣统。宣统3岁登基，6岁退位，还相当于幼儿园大班的孩子，不足以讨论。

阎崇年的这段讲话内容，集中体现了好听、好记的特点。

先说**好听**。什么是"好听"？就是始终抓住观众的耳朵和眼睛，观众被他的讲话所吸引，全神贯注地听下去。

阎崇年在这次演讲中没有一个高深枯燥的历史术语，全是老百姓一听就懂的大白话，尤其是他善于讲故事，举例子，让你听得津津有味，欲罢不能。

讲到几个重要的皇帝，说完特点，阎崇年紧接着就是生动地举例。比如说了康熙好学习，马上就举出例子："康熙回家跟他妈妈说话是讲蒙古语，回宫廷里头是说满语，跟八旗的大臣、内务府大臣商量事情，奏折一律是满语、满文，对汉族大臣说汉语，对进士、大学士用"四书""五经"跟他们讨论问题。"生动翔实的举例，活灵活现的语言，无论妇孺老幼，皆觉得好听。

如果你的讲话抓不住人的耳朵，人们不愿听，坐在那里打瞌睡，脑子开小差，或者交头接耳，你准备的讲话内容再重要，也没用。

再说**好记**。就是不拿纸笔记，不用强迫自己记，讲话听完了，观点事例都记在脑子里了。

阎崇年讲大清朝296年历史，高度概括就是四个字：兴、盛、衰、亡。讲每个皇帝的特点，都是用两个字来画像。努尔哈赤：开创。皇太极：改革。顺治：任性。康熙：学习。乾隆：文化。嘉庆：平庸。等等。

阎崇年为什么惜字如金，只用一两个字来强调观点？没有别的，就是为了让观众记得住。

讲话光好听还不行，还要好记，让观众只听一遍，就记住了你讲的观点和道理，这才达到传播的目的，这才是真本事。

看书与听讲话，就像是坐两种汽车，看书是坐公交车，听讲话是坐长途车。

坐公共汽车，你可以站站停，站站下，看书也如此，哪里不明白，你可以停下来反复读，也可以回过头去往前读。如果不想看了，还可以放下书来休息会儿再看。

坐长途汽车，从起点上车，要一直坐到终点，中途不让下车。听讲话就像是坐长途车，中间不能停，你不能说这个地方讲得精彩，你给我重新讲一遍；也不适合记笔记，你记了前边的，就听不到后边的。

听阎崇年的讲座，就像坐了趟舒舒服服的长途车，你兴趣盎然地从头听到尾，不必做笔记，听完了，也把要点清清楚楚地记住了。

用好听、好记做标准，我把讲话效果分为"三流"：一流讲话效果，好听又好记；二流讲话效果，好听不好记；三流讲话效果，既不好听又不好记，那就没有人听了。阎崇年就是个讲话好听又好记的一流演讲家。

怎么样能让你的讲话内容好听、好记呢？这就是本章要解决的问题了。我从众多演讲高手的讲话里，找到一个秘诀，又经过了自己主持和教学实践的不断验证，得出了一个方法，它就叫"一简二活三口诀"。

"一简二活三口诀"，说白了，就是把讲话的论点和论据巧妙有效组合的训练方法。

"一简"，是针对论点而言的，就是讲话观点最好为一个字、一个词，或一个成语。

比方说，"真善美，情理法"，这都是一个字一个观点；"成功做事一要甘心，二要醉心，三要恒心"，就是一个词一个观点；"一要自得其乐，二要知足常乐，三要助人为乐"，这就是一个成语一个观点。

"二活"，是针对论据而言的，就是讲了观点，紧接着就用生动的事例、细节、数字等来说明你的观点，增强讲话的说服力。

我们经常说要"摆事实，讲道理"，"摆事实"就是我们所要求的"二活"，"讲道理"就是"一简"。事实胜于雄辩，你不能干巴巴地给人家讲道理，要学会用事例，用故事说明你的道理，这就是"二活"。

"三口诀"，是讲观点组合的。就是把讲话中的两个以上的观点，简化、压缩、串联成一个常用词，并使其排列有序。例如，前边阎崇年老师总结清朝十二帝四个阶段，就压缩成四个字：兴盛衰亡；再比如，古人讲的"三立"，就是将立德、立言、立功这六个字三个观点压缩成了两个字，简单好记。在此基础上再分别展开论述。

下面就分别讲"一简""二活""三口诀"。

二、"简"——让听众过耳不忘的秘诀

1. 讲话之大道——观点要少而精

老子说"大道至简"，意思是说大道理（指基本原理、方法和规律）是极其简单的，简单到一两句话就能说明白。所谓"真传一句话，假传万卷书"，指的也是同一个意思。

"简"，就是观点要非常简洁，最好用一个字表达观点。下面我们来看几个例子。

> 儒家讲做人的根本就是八个字：孝、悌、忠、信、礼、义、廉、耻。

孝：孝顺。孝顺父母，这是为人子女的本分，孝顺是报答父母养育之恩。

悌：悌敬。是指兄弟姊妹之间友爱，相互帮助。扩而充之，对待朋友也要有兄弟姊妹之情，这样人和人之间才能消除矛盾，相互谦让。

忠：尽忠。对国家尽忠，这是做国民的责任，就是要忠于祖国和人民。"忠"也指的是要忠于组织和自己的工作职责。

信：信用。对朋友要言而有信，不可失信。到社会上服务时，"言必忠信，行必笃敬"，说出的话，一定要有忠有信，不欺骗他人。必须以恭恭敬敬的态度，认真去做事，绝对不敷衍了事。

礼：礼节。见到人要有礼貌，我们应该遵守各种规定，遵纪守法。学生见到师长要有礼貌，见到父母要礼貌，见到客人要礼貌。不但表面上要礼貌，心里更要恭敬，这是一个人的道德修养的体现。

义：义气。是说人们应该有正义感，要有见义勇为的精神，无论谁有困难，都要尽力去帮助其解决问题。对朋友要有道义，大公无私、助人为乐，绝无企图之心。

廉：廉洁。廉洁的人，无论见到什么，不起贪求之心，而是具有大公无私的精神。

耻：羞耻。凡是不合道理的事，违背良心的事，绝对不做。人若无耻，和禽兽一样。"耻"也是指自尊自重。孔子曰："知耻近乎勇。"知道错误就去改过，为当所为，不也是勇的表现吗？

佛家讲学佛者必须修持的三种基本学业，也只有三个字：戒、定、慧。这三个字，是治疗贪、嗔、痴三毒的方法。

戒：坏事不做，好事多做。是有道德的、遵守规范的、无害他人的生活标准，可以治疗过分的贪心。

定：使心坚定在一个境上不散乱。是对内心的专注和耐心的培养，可以治疗过分的暴躁和没有耐心引起的嗔恨。

慧：通达事理。是对生命以及宇宙真相的如实了知，从而治疗愚痴。

再看中医诊病的四种手段：望闻问切。

望：指观气色。
闻：指听声息和嗅气味。
问：指询问症状。
切：指摸脉象。

中国戏曲表演的四种艺术手段也是四个字：唱念做打。

唱：指歌唱。
念：指具有音乐性的念白。念与唱二者相辅相成，构成歌舞化的戏曲表演艺术两大要素之一的"歌"。
做：指舞蹈化的形体动作。
打：指武打和翻跌的技艺。做和打二者相互结合，构成歌舞化的戏曲表演艺术两大要素之一的"舞"。
习称四功五法的"四功"，即指唱念做打四种技艺的功夫。

以上这四个例子，都是一个字一个观点，为什么？就是为了好记忆，好传播。这些观点和理论，就是凭着高度简练，才能少则百年，多则千年，一直流传在中国老百姓的口语中。

"西安事变"时，怎样对待国民党，毛主席总结出来三个字：拉，推，打。

毛主席说："陕北毛驴很多，让毛驴上山有三个办法：一拉，二推，三打。蒋介石是不愿意抗战的，我们就采取对付毛驴一样的办法，拉他，推他，再不干就打他。'西安事变'就是这样。当前，日本帝国主义和中华民族的矛盾是主要矛盾。我们党领导全国人民抗战是主要矛盾的主要方面，起决定作用的是我们，国共合作是大势所趋。但是驴子会踢人的，我们又要提防着它，这就要又联合又斗争。"

小平同志讲话也是以简练著称。

他有三个著名的理论，可以说是家喻户晓。一个是"猫论"，即"不管白猫黑猫，会捉老鼠就是好猫"；一个是"摸论"，即"摸着石头过河"也是发展的真理；一个是"不争论"，姓资姓社留待实践进行检验。就是这蕴含深刻道理的直白之语，在改革开放的进程中，曾经发挥了极其重要的作用。

老一辈革命家陈云同志也是讲话观点简练有力的典范。

在讲到要实事求是时，他讲过三句话九个字，人人皆知，那就是：不唯上，不唯书，只唯实。在延安整风运动时期，陈云考虑如何才能做到实事求是，他概括出了"变换、比较、反复"六个字，以此作为听取不同意见，克服片面性的一种方法。

习近平同志专门对领导干部怎样讲话发表过意见。他呼吁要形成新的文风，这就是短、实、新。"短""实""新"，也是一个字一个观点，让你听完就记住了。

蔡礼旭老师在讲到提高修养时，重点讲了两个字：一个是怒，一个是恕。

如何转怒为恕？如何让自己脾气变好？要用什么方法才能根本解决问题？中国文字已经把答案告诉我们了，字中含有老祖宗的智慧。

怒字是心上有一个奴，你就是坏脾气的奴隶，它要你往东你就往东，要你往西撞墙你就撞，等发完脾气之后，会觉得"我怎么做出这种蠢事？"。因为你已经被奴役了，无法主宰自己，所以怒很恐怖，不能继续怒下去，要转"怒"为"恕"。这两个字差多少？把这些棱棱角角削掉了，就变成了宽恕。"恕"字，一个"如"，一个"心"，这叫如其心，也叫同理心，你能如其心，就是站在他人的角度来观察，你就能原谅他了。

从古至今，善讲话者，表达观点一定是非常简练的。
具体说来，遵循这"简"的讲话原则，到底有什么好处呢？

2. "简"的目的——好记

讲话为什么要运用"简"之道呢？说白了，就两个字：**好记**。
讲话内容一定要有思想。
思想一定要变成观点。
观点一定要变得"简"。

讲话内容一定要有思想。
这说的是语言是思想的外壳，讲话的唯一目的是表达思想。只有表达思想，我们的讲话才有意义。没思想，就不需要讲话。

讲话当中的思想怎样体现呢？**那就是一定要提炼成观点。**思想不是散乱一片的，而是一定要提炼成观点，要变成语录式的一句话，来醒目地表达。就像金矿石，不提炼，永远是矿石，提炼之后，去粗取精，才变成金子。不提炼成观点，思想散乱混沌，观众就听不懂，摸不着头脑。

你的观点怎样让人记住呢？这又要求你再把观点压缩成词。观点的字数不能多，最好变成关键词，这样才记得住。如果有观点，但字数太多，语句太长，观众记不住你的观点，讲话还是白讲。

"一简"唯一的目的，就是要压缩观点的字数，让观众过耳不忘，记住讲话人的观点和思想。

细分起来，一简的好记表现为"两记"：**讲话者好记，听者好记**。

第一个好处：讲话者好记。

李敖在北大演讲时说过一句话："罗马教皇说了一句话，他说你们演讲的时候不能用稿子。为啥不能用稿子？用稿子表示你记不住，如果你自己都记不住，你怎么样让听众记得住呢？你这个演讲就失败了。"

为什么讲话者记不住讲话内容就失败了呢？

先来分析一下为什么讲话者记不住内容。所谓记不住，主要就是记不住讲话的要点和大纲，而之所以如此，往往是因为观点太长，内容太杂。

我曾经听过一个新闻业务讲座，主讲人是一个著名出版集团的老总，在讲到他们集团成功的第一条经验时，他是这么念的："以读者为本，改进传播方式和手段，提高了舆论引导能力，培育了在普通读者中的根植力和亲和力。"为什么我要用个"念"字呢？因为他的观点太长，有40个字。他也记不住，只好照着电脑上写的念了。他自己都记不住，还能指望听众记住吗？

记不住，就要照着稿子念，照着稿子念会出现什么结果呢？你的眼睛就要一直盯着稿子，无法和观众交流。我在"'三定'练胆法"一章里已经讲过，眼睛要自始至终和观众交流，看观众的好处是尊重观众，吸引观众。而你的眼睛一直看稿子，不看观众，就是对观众的不尊重，也无法吸引观众。

记不住还会出现另一种情况，就是脑子边想边说。人在边想边说的时候，眼睛是不由自主往上翻的。你的眼睛也无法和观众交流，同样会出现不尊重观众和无法吸引观众的结果。另外，边想边说的话，你的思维就不连贯，语言就不完整，会不由自主地"哼啊，哈啊"加很多语气词。

所以，**只有字数少，观点简单，讲话者才容易记，才能思路清晰，注重和观众的眼睛交流，使讲话的效果事半功倍。**

第二个好处：听者好记。

为什么观点简短，听众就好记呢？

有两个原因：一是从记忆规律上讲，字数少比字数多好记；二是从声音效果上讲，用一个单字做观点，读起来短促有力，容易引起听众注意。比如我讲"当众讲话有四个难点：胆声情识。解决四个难点有四种方法：定耳舞诀"的时候一字一顿，非常干脆，观点读起来响亮有力，听众听起来就印象深刻。

3.讲话为什么有条无点？

（1）什么叫有条无点？

根据我的观察，领导者当众讲话普遍存在一种情况，叫有条无点。

什么叫有条无点呢？有条，就是讲话有条理，能够一条一条地讲；无点，就是观点字数太多，不简练，听了还是记不住。

有一次，某市举办机关公务员口头表达竞赛，邀请我做评委。在三分钟即兴演讲环节，我留心做了个小统计，四十七人参加演讲，其中有四十五人都做到了有条理，能一条一条表达自己的观点。但是能做到观点简练的，只有三个人。

这次演讲的题目是《如何做好公务员？》。这三个人分别是这样表达观点的：

一个讲"扎实干，快乐干，创新干"。

一个讲"爱——爱自己的岗位；勤——勤快细心；真——真诚待人"。

一个讲"义，和，团。义——义不容辞；和——和谐；团——团结"。

就是因为观点简练，有条有点，这三个人的观点我记住了。

四十七人参加演讲，只有三个人能做到观点简练，其他四十四人都没有做到，约占总人数的94%。

（2）为什么会出现有条无点的现象？

这是习惯使然。没有经过"一简"训练的人，都会有这种习惯：把自己要讲的观点写成一句话，而不会再去加一道压缩的工序，把句子变成词。

这种习惯又是由我们所受的教育造成的。我们大多数人，从小学开始，到大学毕业，所学的语文，只有语文的"文"——文字、文学，写作文，而没有语文的"语"——用口头语言如何表达。只受过写书面文章的训练，没有受过怎样写讲话稿、怎样用口头语言表达的训练，所以，当需要当众讲话时，大都拿着书面文章当讲话稿用。

其实，书面语与口语在表达观点时有很大的区别。两者最大的区别就是**一个要全，一个要简。**

文章是要看的，它的观点要经得起反复推敲，所以强调全。在表达时文字要严谨，难免字数多，语句长。

讲话是要听的，所以强调简。观点的字数太多听众就记不住，所以不用顾忌观点的严谨性，要压缩成词，以简练好记为第一要义。

有人可能会问：那就不要严谨了吗？严谨还是要，但要换一种方式。我们可以通过先亮出观点，再加以解释的方法，保证观点的严谨性。

例如："做人要忠。什么叫忠？忠字，是个上下结构，心居中，就是不偏不倚，没有私心的意思。"先讲"做人要忠"，一个字"忠"，这是先亮出观点。接下来讲"什么叫忠？"，就是解释，通过这种方式，就保证了观点的严谨性和准确性。

如果说，用一个句子来表达观点，对文章来说是成品的话，那对讲话来说，则只算是半成品。就是一些经常讲话，很会讲话的人，也常会犯有条无点的毛病。

有一位县委书记在全县转变机关作风动员大会上讲话，讲了三个观点：

一、统一思想，提高认识，切实增强转变作风、服务创业的紧迫感和责任感。

二、突出重点，真抓实干，切实提高转变作风、服务创业的针对性和实效性。

三、加强领导，强力推进，切实加强转变作风、服务创业活动的组织实施。

这三个观点，如果是写文章，做小标题，问题不是太大。看不明白，我还可以再反复看几遍。但是照搬到大会上讲话做观点，每个观点都是二十几个字，就显得太长了，听着后一句，忘了前一句，听众根本无法记住。

再说说我自己。我是天天教别人讲话要简单好记的，可是也经常出现有条无点的情况，常常不自觉地把观点写得很长，不经压缩，拿着讲稿就上台。

我在讲"当众讲话能力训练"课，讲到"练习耳语法"的原则时，我原来的幻灯片上是这样写的：

第一，要微笑着练习耳语法；第二，要加上手势练习耳语法；第三，要对着镜子练习耳语法。

讲第一遍的时候没意识到不够简练，到讲第二遍的时候才发现这样表述不够简练。于是就开始了压缩工序。最后压缩成：

练习耳语法的原则："笑手镜"。
笑——微笑着练；
手——加手势练；
镜——对着镜子练。

经过压缩工序之后，观点变成了三个字"笑手镜"，观众就容易记住了。

人的进步往往是被逼出来的。**凡是那些讲话简练好记的人，也都是被逼出来的。**《论语》之所以用语录体，是因为竹简太重，不能刻太多的字。所以我们要想让自己的讲话观点令观众过耳不忘，就要天天时时和自己的写作习惯做斗争，要逼着自己对讲话的观点再加一道工序，对观点字数进行压缩！

怎样压缩呢？下面就谈谈这个问题。

4. 讲话怎样做到"简"呢？

怎样让你讲话做到"简"呢？有三个方法：长句变短语，短句变成关键词，由词变字——把观点压缩成一个字。

（1）长句变短语

有三个方法：一个是将长句变成词组，另两个是将长句变成成语或四字短语。

将长句变成词组

例如，上面举的县委书记的三个观点，就可以由长句变成词组。

将"一、统一思想，提高认识，切实增强转变作风、服务创业的紧迫感和责任感"压缩成"变思想"；

将"二、突出重点，真抓实干，切实提高转变作风、服务创业的针对性和实效性"压缩成"抓重点"；

将"三、加强领导，强力推进，切实加强转变作风、服务创业活动的组织实施"压缩成"强领导"。

合起来就是"变思想，抓重点，强领导"，简洁有力，让听众马上就能抓住要点，便于理解和记忆。

再看个李稻葵的例子：

著名经济学家李稻葵在一次金融论坛上做演讲，现场就把标题给改了：

"今天主办单位给我定的这个题目《后危机时代的改革与开放》比较冗长，实际上我想用一个简单的题目《新形势，新改革，新开放》。这也是我今天演讲的三个小标题。"

李稻葵不愧是演讲高手，标题这么一改，简洁明了，深入浅出，马上变生涩为通俗，便于大家理解和记忆。

将长句变成成语或四字短语

《演讲与口才》主编，著名演讲家邵守义在讲好口才的标准时讲了四个观点，让人记忆深刻。他说：

> 口才有没有具体标准呢？我们说，口才是有具体标准的。第一，言之有理，不是胡说八道，歪理邪说；第二，言之有物，不是杂乱无章，空洞无物；第三，言之有序，那就是有条有理，条理清晰；第四，言之有文，你讲得生动、形象、活泼，让听众愿意听。具备了这四条的时候，我们说，这人有口才了。

你看，"言之有理，言之有物，言之有序，言之有文"，条条都是四个字一个观点。

网上有篇发言稿，是讲为什么要养成读书习惯的。作者是这样讲观点的：第一，自得其乐；第二，学以致用；第三，修身养性。每个观点都是一个成语，大家一听就明白，也好记忆。

为什么要多用四字成语表达观点呢？一是好懂好记。因为成语约定俗成，不用解释，观众一听就能明白。二是朗朗上口。因为成语经过千百年的打磨，大都声调铿锵，节奏整齐，十分上口。

有时为了表达观点，我们还可以自造四字短语。例如毛主席常用的"十六字诀"句式，就是将四个四字词进行精彩排列，将中国共产党不同时期的方针政策观点表达得言简意赅，朗朗上口，广为传诵。

法侠在《毛主席"十六字诀"都是里程碑》里就举了不少这样的例子。

> 说起毛主席的"十六字诀"，最先让我们想起的，自然是在井冈山

时期提出的关于游击战规律要旨的：

敌进我退，敌驻我扰，敌疲我打，敌退我追。

面对国民党反动派咄咄逼人的内战势头，毛主席提出了热血沸腾的严正主张，那就是十六个斩钉截铁的字：

人不犯我，我不犯人；人若犯我，我必犯人。

针对敌强我弱的不利形势，毛主席又用十六个字概括了当时的基本策略：

利用矛盾，争取多数，反对少数，各个击破。

毛主席的"十六字诀"除了涉及对外包括对敌关系的处理原则外，同样也涉及党和人民内部的关系问题。比如关于开展党内的批评和自我批评，毛主席也提出了"十六字方针"：

知无不言，言无不尽，言者无罪，闻者足戒。

毛主席的这些四字词，或者是借用成语，或者是创新自造，都达到了简洁有力，令人记忆深刻，便于传播的目的，值得我们好好学习。

（2）短句变成关键词

关键词，原是图书馆学中的词语，特指单个媒体在制作使用索引时所用到的词语。现在人们在表达观点时也借用了这个词，常用双音节词做关键词，达到观点简练好记的目的。

> 白岩松在一次播音主持技艺提高班上讲课，通篇就是围绕着三个关键词展开的。他说："做主持人什么是最重要的？对我来说，最重要的就是几个关键词：第一是人，第二是细节，第三是表达。"他开宗明义，亮出三个关键词，观点特别鲜明简练。然后对三个关键词一一展开论述。

阿里巴巴的马云也是善用关键词来表明观点的高手。一家媒体曾经这样报道参加2008年末中国企业领袖年会的马云。

马云的发言一直备受期待。马云2008年的关键词是"过冬"，2009年的关键词是什么？

面对2009年，马云的关键词，不是信心，不是过冬，不是坚强，不是进攻，而是"变革"。变革似乎也是陈词滥调，但马云赋予了它新的视角、突破性的理念。这个身材瘦小的男人，在台上散发出的领袖魅力却十分强大，气势如虹，这是一种思想力，一种软实力，却是很多中国企业领袖的短板。

在2010年的第七届网商大会上，马云演讲的三个关键词是：感谢，感恩，敬畏。

马云在公司内部2012新年讲话中指出，2012年淘宝最核心的关键词是"蛰伏"。一位网友评价说："蛰伏"也意味着马云的一种崭新姿态，那就是务实、反省、检讨和改进。

马云为什么如此热衷对关键词的使用？因为关键词的使用，让马云的思想和观点简练好记，受到媒体和听众的喜爱，得到了最大限度的传播。

（3）由词变字——把观点压缩成一个字

用一个字做观点的例子有很多，除了我上面举过的孝悌忠信礼义廉耻，戒定慧，望闻问切，唱念做打之外，像道家所讲的精气神，相声所讲的说学逗唱，文房四宝笔墨纸砚，古代文人骚客修身养性必备技能琴棋书画，古代典籍四大类经史子集，等等，都是一个字一个观点。正是靠着一个字代表一个观点的简洁表达，才让以上这些中国传统文化的精髓，代代相传，成为中国老百姓口中的常用词。

正是认识到了这种一个字表达观点的好处，我也在自己的写作和讲课中尽量使用了这种方法。把当众讲话的四个难点反复提炼，最后浓缩成胆、声、情、识四个字；把学习当众讲话的四种方法概括为定、耳、舞、诀，让读者一看就记住，让学员一听就能讲出口。

一个字的观点就像珍珠，夺人眼目；

一个字的观点就像子弹，嵌入脑海。

将观点压缩成一个字，这是一种硬指标，是高度概括的思维训练，目的是让你通过短时间的训练，迅速培养出善于概括的思维能力。

艺不压身，学会了，掌握了，变成自己的一种表达习惯，你就多了一个增加讲话传播效果的利器秘籍。

在培训课堂上，讲完"一简"，我都会让学员做一个压缩观点的现场作业。

老子讲："上善若水，水善利万物而不争。"意思是说，最高境界的善行就像水的品性一样，泽被万物而不争名利。

水的品性有四个特点：有容乃大；柔可克刚；善于应对外界变化；滴水之恩，涌泉相报。

现在请大家把水的四个特点分别概括成一个字。

最后概括出来就是：容，柔，变，恩。

通过这种压缩练习，四个观点分别变成了一个字，给观众讲起来，观众就好记多了。

三、"活"——让讲话喜闻乐听的诀窍

1.什么叫"活"？

"活"就是鲜活，就是亮出观点后，紧接着就讲生动鲜活的事例、细节、数字来说明观点。

我们来看看李瑞环同志怎样讲故事。

1995年3月全国政协港澳区小组会上，政协主席李瑞环即兴讲了个小故事：有位穷老太太去市场卖祖传的一把宜兴紫砂小茶壶，买主一看，知道这个长满了茶垢的小茶壶起码有200年的历史，以后就算不加茶叶，水中也会有茶香味，是件好东西，于是愿意以三两银子的高价来购买。岂料老太太觉得茶壶太旧，不好意思要这么多的钱，就用水反复清洗了。买主回来一看，里面的茶垢全洗干净了，便说，就是五钱银子也不要了。

当时是我国和英国就政治体制争论最激烈的时刻，李瑞环同志用百年宜兴紫砂壶来比喻香港，寓意极为深刻：不要妄洗"茶垢"，最后导致香江失去特色，要找最理解香港优点的人来管理香港。

2000年11月，在香港会见当地各界知名人士时，李瑞环语重心长地说："当今中国要发展、要振兴，必须继续弘扬中华民族的优良传统，特别要倡导'和合'，强调团结。我看香港也是如此。"

接着，他就信手拈来讲了一个故事："汉朝时，京城田氏兄弟田真、田庆和田广，一直和睦相处。其家庭院中有棵紫荆树，也长得花繁叶茂。但后来他们闹别扭，要分家，紫荆一夜之间就枯萎了。兄弟三人大为震惊，大受感动，于是兄弟不再分家，和好如初，紫荆花又盛开如初。晋代陆机作诗说：'三荆欢同株，四鸟悲异林。'唐代李白感慨道：'田氏仓卒骨肉分，青天白日摧紫荆。'上面讲的紫荆花和作为香港特区标志的紫荆花是不是一个品种，我没有考证；上面讲的故事，是体现'天人感应'思想的一个传说，未必真有其事。但这个故事所表达的道理，的确发人深思。"

李瑞环同志作为主管港澳工作的中央领导，没有颐指气使讲大话空话，而是通过讲故事的方式，就把道理讲得明明白白，让香港同胞心服口服。这就是善于用鲜活事例讲话的好处。

2.领导者讲话为什么做不到"活"？

常言说，摆事实，讲道理。不会用事实说话，是相当一部分领导者存在的问题。

具体说来，领导者在用事实说话方面存在两个问题：一是有观点无例子；二是有例子，却不具体。

（1）有观点无例子

外交家吴建民在给领导干部讲课时，特别强调要想杜绝空话，就得学会举例子。他说：

> 领导讲话要善于举例子。在一次给干部讲课中，我给一位西部的市长设计了一个场景：你们城市人才济济，但是改革开放以后出现一个现象就是"孔雀东南飞"，人才流到东南沿海发达地区，你们该如何做？
>
> 他讲得很好，说"感情留人，事业留人"。我说你能不能举一个例子。他一时语塞了，在台上很尴尬。
>
> 其实很多大原则都是好的，但是再好的原则老是重复，也会没有吸引力。如果你有例子支撑，大原则也就活了。

没事实的例子有很多。再来看一位县委书记的讲话：

> 我来这里工作快一年了，和班子成员以及中层干部交流时，感到以下四方面比较突出。
>
> 一是懒。推推动动，拨拨转转，有的甚至推也不动，拨也不转，满足于当"传声筒""中转站"，正职靠副职出主意、想办法，副职靠股室拿方案、定意见，工作缺乏创造性、主动性，惰性严重，标准不高，效能低下。

二是散。纪律观念淡薄，自我中心意识浓厚，对上有令不行，有禁不止，有事不办；对内议而不决，决而不行，行而不果，夜郎自大，唯我独尊，我行我素。

三是俗。个别同志整日忙于迎来送往，拉关系，跑门路，吃吃喝喝，拉拉扯扯，把关系看得比天还高，把人缘看得比泰山还重，为一己之私利，慷集体之慨，不顾他人死活。

四是滑。一事当前，有利就争，无利就躲，有难就推，有矛盾就交。面对工作，不是把心思用在破解难题、谋划工作上，而是用在洗清自己、推卸责任上。

他讲话的观点非常简洁，"懒，散，俗，滑"都是一个字。但是由于没有具体的例子做支撑，听起来就显得空洞无物，台下人听了，恐怕谁也不会当回事。

（2）有例子，却不具体

我们来分析一下这段讲话：

要注重提高机关团队的学习力。

国外的大型企业非常重视提升团队学习力。这种团队学习很有针对性，十分有利于激发学习热情，增进团队协作，提升员工综合素质。

现在国内一些大学引进了"拓展训练"的团队培训方式，把学习教育融入团队活动中，通过体验式的教学让每个学员切身体会团队精神，领悟如何遵循游戏规则，培养非定向思维的能力。

这段讲话讲的内容很有针对性，也举了例子。但是讲到"国外的大型企业非常重视提升团队学习力"，是哪家企业？讲到"国内一些大学引进了'拓展训练'"，是哪所大学？由于没有具体的事例，听众听起来不解渴，看不见，摸不着，印象就不深刻。

怎样解决有观点无例子和有例子不具体的问题呢？这就是"二活"要回答的问题了。

下面我们就来讲怎样做到"活"。

3. 领导者讲话怎样做到"活"？

要想举例生动鲜活，一要讲故事，二要讲细节，三要讲数字。

（1）想"活"，就要讲故事

美国一位叫吉·卢卡谢夫斯基的演讲学教授说："一张图片可能相当于一千个单词，但是一个好的故事却抵得上一万张图片。"举例子，讲故事，就有这么大的功效。

乔布斯就深知故事在演讲中的魔力，所以2005年，他在斯坦福大学演讲时只讲了三个故事。

> 我很荣幸能在今天与你们一起参加一个世界上最优秀的大学的毕业典礼。我从来没有从大学毕业。说实话，今天是我离大学毕业最近的一次。今天，我想给你们讲我生活中的三个故事。就是这样。没什么大不了的。只是三个故事。
>
> 第一个故事是关于把我生活中过去的点点滴滴联系起来。
>
> 在过了最初的六个月后，我便从里德学院辍学了。但是，在我真正离开那里前，我又待了大约十八个月。我为什么辍学呢？
>
> 这一切在我出生前就开始了。我的亲生母亲是一个年轻的未婚大学生。她决定让别人收养我。她坚持认为，我应该被有大学学历的人收养。所以，一切本来都已经安排好了，我将会被一个律师和他的妻子收养。但是当我出生以后，律师夫妇在最后一分钟决定他们真正想要的是一个女孩。所以，我的养父母，本来是在等候的名单上的。他们在半夜

接到了一个电话："我们有一个意料之外的男婴。你们想要他吗？"他们回答说："当然。"我的亲生母亲后来发现我的养母从来没有从大学毕业，而我的养父高中都没有毕业。她拒绝在最终的领养文件上签字。过了几个月，我的养父母向她保证我将来会上大学后，她才同意了。

十七年后，我确实上大学了。但是我天真地选择了一个几乎和斯坦福一样昂贵的学院。我工薪阶层的父母的所有积蓄都花在了我的学费上。六个月后，我看不到这有任何价值。我不知道我的一生想要做什么。我不知道大学如何能帮我找到这一问题的答案。而且我在这里花费着我父母一生所有的积蓄。所以，我决定辍学，而且相信所有的这一切都会解决的。在当时，这个决定是非常令人害怕的。但是，回过头来看，这是我做过的最好的决定之一。在我辍学的那一刻，我可以不再去上我不感兴趣的课程，而去上那些看起来有趣的课程。

这并不浪漫。我没有宿舍，所以我睡在了朋友房间的地板上。我回收可乐瓶，用得到的5美分买吃的。我会在每星期天晚上步行7英里[①]穿过城市到Hare Krishna神庙去好好吃一顿。我喜欢那里的饭。我凭着好奇心与直觉所遇到的一切，很大一部分在后来被证明是无比珍贵的。让我给你们举一个例子：

那时，里德学院提供了当时可能是全国最好的书法课程。在校园里，每一个海报，每一个抽屉上的标签都是优美的手写字。因为我辍学了，不用再去上正常的课程，我决定上书法课，去学学如何写书法。我学会了serif和sanserif字体，学会了改变不同字母组合间的间隔，知道了是什么使字体变得优美。这一切都很优美，有历史感，具有科学无法获得的艺术的精巧。我发现这一切令人着迷。

对书法的学习看起来没有任何机会在我的一生中得到实际的应用。但是，十年后，当我们设计第一台Macintosh电脑时，这一切就又重现

[①] 英里：英美制长度单位，1英里约等于1.6公里。

了。我们把字体的设计都放入了Mac，第一个有着优美字体的电脑。如果我没有在学校学书法课程，Mac就不可能有多种字体或者按适当比例间隔的字体。因为Windows只是照搬了Mac，所以有可能没有任何个人电脑会有这样的字体。如果我没有辍学，我就不会选那个书法课程，个人电脑就有可能没有今天这样优美的字体。当然，当我在大学时，把我当时的一点一滴串联起来并不能预测到我后来的结果。但是，当十年后再回头看，这一切非常，非常清楚。

当然，你不能把事情联系在一起而预测未来。你只能回过头来再把它们联系起来。所以，你一定要相信那些点点滴滴在将来一定会以某种形式联系起来。你一定要相信一些事情——你的直觉、命运、生命、因缘，无论是什么。这一方法从没有让我失望过。它对我的生活至关重要。

我的第二个故事有关热爱与失去。

我很幸运，在生命中的最初阶段就找到了自己热爱做的事情。在我20岁的时候，沃兹尼亚克和我在我父母的车库里创建了苹果公司。我们非常努力。十年内，苹果从一个只有我们两个人的车库公司成长到市值20亿美金，有4000员工的公司。当时我刚刚满30岁，就在一年前，我们发布了我们最杰出的创造——Macintosh。然后，我被解雇了。你怎么能被你自己创立的公司解雇呢？唉，当苹果公司逐渐发展，我们雇了一个我认为非常有才华的人来和我一起运作公司。第一年，都还不错。但是，随后我们对未来的想法就开始有了分歧。最终我们闹翻了。当我们闹翻的时候，董事会站在了他的一边。结果是，我在30岁的时候被踢出了公司，而且是以人尽皆知的方式被踢出。我成年以来整个生活的中心没有了，这是毁灭性的。

有几个月的时间，我真的不知道做什么好。我觉得我辜负了把接力棒传递给我的上一代的创业者。我找到戴维·帕卡德和鲍勃·诺伊斯并向他们道歉，为我把事情搞得如此之糟道歉。我是一个众所周知的失败者。我甚至想到从硅谷逃走。但是慢慢地，我才开始意识到我仍旧热爱我所做的事情。在苹果所发生的事情丝毫没有改变这一点。我被拒绝了，但是，我仍旧爱着。所以，我决定重新开始。

在那时我并没有认识到，但是实际上，被苹果解雇对我来说是最好的事情。成功所带来的沉重感被重新开始、对一切都不确定的轻松感所代替。这一切解放了我，让我进入了一生中最有创造性的一段时间。

之后的五年，我创办了一家叫NeXT的公司和另外一家叫Pixar（皮克斯）的公司，还爱上了一个非常好的女人，后来她成了我的妻子。Pixar创造了世界上第一部电脑动画电影——《玩具总动员》。现在，Pixar是世界上最成功的动画工作室之一。在经历了种种起伏后苹果买下了NeXT。我重返了苹果。我们在NeXT发展的技术是苹果目前复兴的核心。劳伦娜和我有一个美好的家庭。

我相当确信，如果我没被苹果解雇，这一切之中的任何事情都不会发生。这是一剂苦药，但是我想我这个病人需要它。有时候，生活像用板砖拍头一样打击你。别失去信心。我深信当时唯一让我坚持下去的原因就是我热爱我所做的一切。你一定要找到你所热爱的。对你的事业是这样，对你的爱人也是如此。你的事业将会占据你生活的很大一部分，你真正得到满足的唯一途径就是去做你坚信其伟大的事业。而做伟大的事业的唯一途径就是热爱你所做的一切。如果你还没有找到，继续找。不要妥协。就像其他一切需要用心灵去感受的事物，当你找到的时候，你会知道的。就像任何美满的伴侣关系，随着时间的推移，事情会变得更美好。所以，继续找吧，直到你找到。不要妥协。

我的第三个故事是有关死亡的。

在我17岁的时候，我读到一段话，大概是："如果你按照生活的每一天都好像是你生命的最后一天那样活着，总有一天你会确信你的方向是对的。"这句话给我留下了深刻的印象，从那以后，在之后的33年里，我每天早晨都会对着镜子问自己："如果今天是我生命的最后一天，我还会去做我今天将要做的事情吗？"而每当连续几天我的回答总是"不"时，我知道我需要做些改变。

记住很快我将离开人世，这是帮助我做重大决定的最重要的工具。因为几乎任何事情——所有外界的期望，所有的自尊，所有对失败或丢脸的恐惧——在死亡面前都会烟消云散，只剩下那些真正重要的东西。记住你会死去，这是我所知的避免陷入患得患失的陷阱的最好的方式。你已经赤条条无牵挂。你没有任何原因不去追随你的内心。

一年前我被诊断患有癌症。早晨7点半我做了扫描。扫描清楚地显示在我的胰脏上有一个肿瘤。我都不知道胰脏是什么。医生们告诉我几乎可以肯定这类癌症是无法治愈的。我应该不会活过三到六个月。我的医生建议我回家把后事准备好，这也是医生对准备去死的说法。也就是在几个月的时间里对你的孩子说所有的事情，那些你曾经认为你会有下一个十年的时间去说的一切。也就是说确保一切安顿停当，让你的家人尽可能地从容一些。也就是你的告别。

我带着这一诊断结果生活了一整天。晚上，我做了活体组织检测。他们把内窥镜插入我的喉咙，穿过我的胃，进入肠子，用一根针穿入我的胰脏从肿瘤上提取一些细胞。我被麻醉了。但是我的妻子在现场。她告诉我，当他们在显微镜下看过之后，医生们喊叫起来。因为这原来是一种极为罕见的胰腺癌，可以通过手术治愈。我做了手术，现在我已经没事了。

这是我面对死亡最近的一次。我希望这也是我今后几十年内离死亡最近的一次。经历过这一切，现在我可以更确信地对你说这一切，死亡不仅仅是一个有用但抽象的概念。

没人希望死。即使是想进入天堂的人们也不想通过死亡进入那里。但是，死亡是我们共同的目的地。没有人能逃脱。死亡就是这样。因为死亡也许是生命中最好的发明。它是生命改变的媒介。它清理老的，给新的让出路。现在，你们就是新的。但是，不久，你们会慢慢变成老的，然后被清理掉。原谅我这种非常直白的说法，但是，这是事实。

你的时间是有限的。所以不要浪费你自己的时间去过别人的生活。不要被教条所禁锢，被动接受别人思想的结果。不要让他人意见的噪声盖过你自己内心的声音。最重要的是，有勇气去追随你的内心与直觉。你的内心和直觉早已洞察了你真正想做的。其他的一切都不重要。

　　当我年轻的时候，有一本优秀的刊物叫《全球概览》，是我们那一代的圣经之一。一个叫斯图尔特·布兰德的人在离这儿不远的门洛帕克用他诗人般的灵感创造了这一刊物。当时是20世纪60年代末，还没有个人电脑和桌面出版系统。所以，这本刊物全部是用打字机、剪刀和宝丽来相机做出来的。这好像是纸上的Google，但比Google出现早30多年。它是理想主义的，充满了简洁的工具与伟大的想法。

　　斯图尔特和他的团队出版了几期《全球概览》。他们最终完成了自己的使命，出了最后一期刊物，时间是20世纪70年代中期。当时我正处在你们的年纪。在刊物封底，是一幅清晨乡间路的照片。如果你乐于冒险搭便车旅行就会看到这种景象。在照片下面有一句话："保持渴望，固执愚见。"这是他们的告别语。保持渴望，虚心若愚。我一直这样勉励我自己。现在，当你们毕业，有新的开始，我同样勉励你们。

　　保持渴望，虚心若愚。

　　多谢你们！

　　就是这三个故事，给乔布斯"保持渴望，虚心若愚"的观点插上了翅膀，在全世界青年人的心中飞翔，给了他们改变自己的勇气和力量。

（2）想"活"，就要讲细节

　　这里讲的细节，是指能够有力地表达讲话观点的细小事物、人物的某些细微的举止行动，以及景物描写片段等。

　　有时候，我们讲话是讲一个完整的故事来说明观点，比如上面举的乔布斯的例子；有时候受讲话时间所限，无法展开讲故事，就要学会讲细节。一叶知秋，有时候一个细节讲好了，也能够达到生动形象表达观点的效果。

　　有一次，我在开车的时候收听中国国际广播电台的节目，一句话，讲得我泪水夺眶而出。

节目讲的是上甘岭的事。

志愿军45师守卫在上甘岭，几番拉锯，部队伤亡严重，只得退守坑道，上甘岭表面的阵地暂时失守。

此时，第15军军长秦基伟正在眺望五圣山，过后，一声不吭地径直走进作战室，拿起电话对第45师师长崔建功下了死命令："守住阵地，粉碎敌人的进攻。丢了上甘岭，你就不要回来见我了。"

秦基伟语气平和，却含着不可反对的威严。崔建功当即表态："请军长放心，打剩一个连我去当连长，打剩一个班我去当班长。只要我崔建功在，上甘岭就是朝中人民的。"

什么叫志愿军的英雄主义精神？不需要千言万语，就崔师长这一句话，就体现得淋漓尽致。所以听到这句话，敬佩之情油然而生，我的眼泪一下子就下来了。这就是语言细节的力量。

我们再来看白岩松是怎样寻找细节的。

好的主持人、好的新闻没有别的，最关键的就是能找到有细节的语言，让人印象深刻的细节以及细节化的表达。印象深的都是细节。

我在节目里说的很多东西新鲜吗？不新鲜，但是一定要用新的说法去说这件事，这样才能把道理传递出去。比如我告诉大家，"现在房地产商不降价，政府在拼命地强调"，你记不住，但是当我说了"总理说了不算，总经理说了才算"，大家就记住了。有很多这样的节目，我跟其他人说的差不多，但是你能记住我说的。

我的语言有细节，我会去捕捉细节。比如说我做大概念的事情，做直播的时候，从来都是最后一个面对摄像机的。他们在那儿不管怎么架机位，我一定要在现场来回晃荡，直到做直播的时候才回来。我在找什么呢？我不是找大的概念，而是在找一个可以进入语言的细节和进入节目报道的细节。

比如说我去圣彼得堡报道胡锦涛参加圣彼得堡国际经济论坛，这是一个很概念性的大事，但是我在做直播的时候不断地往里加新东西。比如第一场直播做完后，我出来瞎逛，在那儿等着，一个小时之后再回来，在论坛中间我突然听到中国的歌《夜上海》，请注意，这是在俄罗斯，是哪儿传出来的呢？我去找，结果是会场有一个大的酒吧，是喝茶、喝酒，中间休息的地方。当我凑过去一看，不仅仅隔三五首歌就会有一首中国歌，而且那里有三分之一的服务员穿的旗袍，有一排灯就是中国的宫灯，我赶紧叫摄像过来。当你要表达办了很多届的国际经济论坛，今天格外有中国特色，这是一个概念，因为胡锦涛来了，你用什么表达？这就是一个很棒的细节。我上节目时就把这个细节传递出去，比用嘴空着说这次论坛非常有中国特色要有说服力多了。

从上面这段话中，我们就能感受到为什么白岩松的语言那么有说服力了，重视细节就是他的秘诀之一。隔行如隔山，隔行不隔理。白岩松的经验也可以给领导者讲话以很好的启示。

（3）想"活"，就要讲数字

想让讲话的论据"活"，还可以用数字来说明观点。因为引用真实典型的数字，也具有非常强的说服力。

1999年4月9日，在接受美国公共广播电视公司记者莱雷尔提问时，朱镕基说："他们向我指出，天主教和一些基督教派在中国发展了一两个世纪，然而在1949年中华人民共和国成立时只有80万教徒，而现在增加到1000万教徒。中国近20年来共印刷了《圣经》2000万本。如果没有宗教信仰自由，这一切又怎么可能发生呢？"

从"80万教徒"到"1000万教徒"，"印刷了《圣经》2000万本"，朱镕基列举的这三个沉甸甸的数字，胜过任何雄辩，充分说明了中华人民共和国并没有限制宗教信仰自由的现实。

上海市委前书记俞正声也很善于用数字来统一干部的思想。

> 上海土地面积只有天津的二分之一，北京的三分之一，每平方公里的投资强度已接近一亿元，再不转型，短期的快速发展有可能，却容易付出较大的资源和环境代价，而且不利于长期的发展。

这几个数字一列举，马上让台下的干部心服口服，认识到了上海经济转型的紧迫性。

乔布斯也是一个善于用数字打动人的高手，经常把最核心、最震撼人心的数字打出来，给观众强烈的印象。

> 在一次新产品发布会上，乔布斯说："大约一年前，我们推出了第三代的iMac。今天，我来告诉大家一个好消息，就是iMac上市的第一年就取得了超过100万台的销售量，我们因此很受鼓舞。"而这时，在乔布斯演讲的幻灯片上看到一个"1Million"（100万）的数字充满了整个画面。
>
> 这样打出数字的效果是：视觉上简洁明了，脑海里印象深刻，让现场的观众受到强烈的震撼！

做到了讲故事，讲细节，讲数字，领导者讲话的内容就具备了很强的说服力。

4. 讲话运用"活"的好处

坚持"活"，用事例说话的好处，具体说来有三个：一是有味儿，二是有理，三是有效。

(1)用"活"说理的好处之一：有味儿

有味儿，就是通过讲故事，举例子，可以让听众听得津津有味。

我在给学生上课时，有一个例牌的节目，就是一上课先讲一段人生感悟。说白了，就是在以"一简二活"的方法讲故事。学生最爱听的就是这段人生感悟，每次都是鸦雀无声，个个全神贯注。

我在讲"韧"这个观点时，先说今天和大家分享"韧"这个观点。什么是"韧"？字面解释就是，虽变形却不易折断，就是做事要不怕失败，不怕挫折，愈挫愈奋。

为了讲这个"韧"字，我一共讲了三个故事。

第一个是风靡全球的芬兰游戏《愤怒的小鸟》，经过51次失败，第52次才取得成功的故事。

第二个是莫言发表处女作《春夜雨霏霏》的故事。莫言的这篇小说经过三次修改，被发表在了河北保定的文学刊物《莲池》上。拿到稿费后，莫言高兴得买了一瓶酒、四只马家烧鸡，和战友痛饮了一场。

第三个是我出书的故事。我的第一本书《21天掌握当众讲话诀窍》写好之后，先后找了三家出版社，都碰了壁。我不灰心，又通过网上搜寻找到了机械工业出版社的电话，和魏编辑联系上，她让我把书稿发给她，结果一周就回话同意出版，签了出版合同。经过三次碰壁，最终书稿出版，在当当网演讲书中连续三周排名第一，发行量将近10万册。

三个故事，学生听得津津有味，不知不觉中就明白了人生要有愈挫精神愈奋的道理。

在我讲故事时，全场没有一点声响，每个学生的眼睛都放着光，专注地看着我，在认真地听讲。听得专注，自然就牢牢地记在脑海里了。每个学期十六周的课程，我要讲十六个这样的故事。几乎每个学生都在期末作业中说，在殷老师的课堂上，最喜欢听的就是人生感悟的故事。

人为什么喜欢听故事？

因为人人喜"形",就是喜欢带感情色彩的形象信息。这和人潜意识的喜好密切相关。人的潜意识又叫右脑意识,它的重要特征之一就是喜欢形象信息,不喜欢抽象的理性信息。所以无论男女老少都喜欢听故事,而不喜欢讲话者讲些枯燥抽象的大道理,就是因为潜意识里喜"形"。

我们在讲话的时候,一定要避免讲枯燥乏味的名词概念,下功夫挑选出生动形象的故事来,再加上"双人舞",把故事讲得绘声绘色。这样,不用你去强迫,听众自然会竖起耳朵听,让你的讲话达到好听的效果。

(2)用"活"说理的好处之二:有理

对领导干部来讲,善于举事例,还是治疗讲空话大话的一剂良药。

毛主席曾经专门讲过要学会举例子的问题。金冲及在《毛泽东传(1949—1976)》里写道:

> 毛泽东的调查研究,从一九五六年二月十四日开始,到四月二十四日结束。共听取国务院三十四个部门的工作汇报,还有国家计委关于第二个五年计划的汇报,实际听汇报的时间为四十三天。
>
> …………
>
> 三月二日,听地方工业部汇报。毛泽东先讲了一段怎样做汇报、怎样写文件的问题。他说:有什么办法使人听了不致忘记?照这样汇报,听过去就忘记了。讲存在的问题,要举事例,把人指出来,不举事例等于无用,别人不好懂。文件重要的是要使人懂,为了使人懂,长一点也不要紧。文字方面不是要反对标语口号吗?就是要有具体形象,有人物。没有具体形象,作品就没有生命。半个月来汇报都存在这个问题,这是使我强迫受训,比坐牢还厉害。坐牢脑子还自由,现在脑子也不自由,受你们指挥。只有观念形态,没有物质,要脱离实际。……

毛主席听了"四十三天""三十四个部门"的汇报,得出这样的结论:举例子才好懂!这个结论真的很宝贵,值得每一个领导干部深思和学习。

为什么讲故事可以承载深刻的道理呢？原因是两情：一是触景生情，二是通情达理。

触景生情

这个成语告诉我们，先有景，后有情，感情在某种景物的触动下才会油然而生。那么景物在哪里？就在故事中。有了故事，就有了场景、人物、语言、行动，其中自然包含着感情。听了乔布斯与癌症做斗争的故事，你自然就会生出同情与敬仰之情；我听了上甘岭崔建功师长的话会流泪，就是因为我对革命前辈产生了敬仰之情。

通情达理

这个成语也很生动地表达了情和理的关系：先有情，后有理，通过情才能到达理。讲话不含情，就没有人接受你讲的道理。

毛主席在《实践论》中讲到，人的认识是从感性到理性。摆事实讲故事就是感性的，讲道理说观点就是理性的。讲道理，如果只是从抽象到抽象，只有理性，没有感性，这些概念不能让观众的脑海中浮现具体的形象，不能产生感受，就不能经过感性认识而产生理性认识，观众听起来就会觉得是大话空话。

如果将以上两个成语连接起来，有三个关键字：

景，情，理。

先讲故事，触景；

触景，自然生情；

由通情再到达理。

这个顺序就讲清了故事为什么可以明理。

（3）用"活"说理的好处之三：有效

什么叫讲话有效？就是讲话能说服人。

什么是说服？就是你一说，听众就服了你。听你的，信你的，按照你说的去做了。

为什么故事能说服人呢？我觉得奥秘就是两个字：联想。

什么是联想？就是由于某人或某种事物而想起其他相关的人或事物的思想活动。

说白了，就是你在讲话中通过举出"某人""某事"的例子，能让听众不由自主联想到自己，反省自己，就是讲话有效果了！

而最容易让听众产生联想的就是故事。

《演讲与口才》杂志上，讲过一个梁朝伟帮助黄晓明突破瓶颈的故事。

2011年3月，黄晓明遇到了"贵人"——他的偶像、香港著名电影演员梁朝伟。

当天，黄晓明因获"第五届亚洲电影大奖最佳男配角奖"提名，乘飞机到香港参加这一颁奖典礼活动。在飞机上，黄晓明意外地遇到了梁朝伟。

抓住时机，黄晓明忙不迭地说出了自己的困惑："我好像遇到了'瓶颈'，如何提高演技呢？你从最初的《绝代双骄》到后来的《鹿鼎记》，再到《阿飞正传》，为什么你每一部戏都能表现得那么优秀？你觉得我下一步该怎么走？"

"哈哈，谢谢你的夸奖，不敢说每个角色我都演得那么好。"谦逊的梁朝伟说，"其实，'瓶颈'我也经历过。做好当下，把自己该做的做好就可以了。记得当年我第一次拍王家卫的电影《阿飞正传》时，由于我习惯了把注意力放在脸上，没有身体语言，所以当得知我的这种演技在电影里行不通时，我非常受挫。那是很简单的一场戏，没想到，王家卫导演一直跟我说：'不行，不行，重来，重来。'他还说我：'你的身体不会合作，整个人就好像精神分裂一样。'

"听了以后，我很受打击，以至于回家以后，我哭得很伤心。第二天我就直接问王导：'我是不是真的那么差？'王导告诉我：'不是差，问题在于你的身体。'随即，王导让我看了回放，我才慢慢理解了他的意思。就是这样，我才在电影方面发展起来的。"

梁朝伟这一番发自肺腑的诚挚话语，字字句句说到了黄晓明的心坎里。黄晓明说："幸好巧遇偶像梁朝伟，我才得以解开心结。他在飞机上的一席话，将使我受益终身！"

黄晓明的心结是怎么解开的？梁朝伟并没有教导黄晓明应该怎样做，只是讲了自己拍《阿飞正传》的故事，正是这个故事自然让黄晓明产生了联想，受到启发，找到了克服瓶颈的办法。

我常想，为什么批评指责人往往没有效果，而讲故事却能产生神奇的效果呢？原因就在于联想。

因为联想是在右脑产生的，右脑有一个特点，就是一定要在快乐的心情中才会工作，才会产生联想。批评人，人就会逆反，右脑这个情感脑就会产生抗拒心理，联想就不会产生。右脑一关闭，你讲再多的话，听众不会产生由此及彼的联想，你讲的话也只能是对牛弹琴了。

而讲故事，是润物的细雨，拂面的春风，它不指责任何人，让你在快乐听的过程中，右脑不知不觉产生联想，在联想中被感化、教化。

我每次在课堂上给学生讲人生感悟，其实都是针对学生不足之处讲的，但我从来不指责学生一个字，只是讲故事，讲我的感悟。因为我知道，你越指责，学生越逆反，而通过故事，学生自然会联想到自己，从中受到教育。

我在课堂上给学生讲的"活在当下"的故事，就产生了这样的效果。

今天老师的人生感悟是：活在当下。

什么叫活在当下呢？就是该吃饭的时候专心吃饭，该睡觉的时候专心睡觉。

给大家讲个故事。

有一次我主持著名管理学家陈春花教授的讲座。我的开场白这样讲："在中国，著名的教授很多，著名的企业家也很多；著名的教授兼著名的企业家很少；著名的女教授兼著名的女企业家就更是凤毛麟角。而陈春花就是凤毛麟角。因为作为一名著名的工商管理学教授，陈春花2003年到了山东六和饲料集团挂职做总经理。两年时间，将公司的业绩由27亿做到74亿。同时，还写出了管理学著作《领先之道》。"

讲座结束之后，我问她："你是怎么把两个角色都做得如此出色的呢？"她告诉我："就是活在当下。我每天白天角色是总经理，只想公司的经营管理，不想写书的一个字。晚上八点以后进入写书时间，绝不想公司的任何事。"

听了她的回答，我明白了，做事要身在曹营心在曹，不能身在曹营心在汉。就是要全心全意做好眼前的事。

我给学生讲这个故事，对象很明确，就是某些上课时不专心而去做别的事情的学生。但是我绝不批评学生一个字，只是让学生自己听完故事去联想。

效果怎样呢？我们来看一位陈同学的例子。

"活在当下"是给我印象最深的人生感悟，故事里的专心一意让我不禁思考，自己课业的忙碌是因为急于求成，很多事情一把抓，却造成了太多的事倍功半。

我试着改变自己。在期中考试那段时间，论文、作业、考试一大堆，我试着活在当下，一次只做一件事，把任务排成适当的时间表，比如晚上要写论文的哪一部分，下午课后复习哪一章的内容，而不是像以前一样，写一会儿论文，复习一会儿功课。这样一来，效率真的比以前高了不少，会计原理课还考到了班里最高分。

我切身体会到，无论当老师，还是做领导，通过讲故事来教育人，都能收到润物无声的效果。

四、口诀——归纳讲话观点的秘方

1.什么叫口诀？

口诀，就是把讲话中两个以上的分论点串联成一个常用词。它就像糖葫芦上的那根竹签，把一颗颗山里红穿起来，让你拿着方便，吃着顺口。

口诀化的表达方法，是我们中华民族言简意赅地表明观点的一种传统。

中国的很多成语就是压缩过的口诀，比如说"四书五经"。"四书"实指：《论语》《孟子》《大学》《中庸》。"五经"实指：《诗经》《尚书》《礼记》《易经》《春秋》。当初为了简单好记，就压缩成了"四书五经"，到后来用的时间长了，就由实指变为虚指，泛指古代儒家经典。

"三畏"，就是孔子口中的一个口诀。

孔子曰："君子有三畏：畏天命，畏大人，畏圣人之言。"

具体说来，什么是"三畏"？南怀瑾先生解释说：

> 这里所谓畏就是敬，人生无所畏，实在很危险……人生如果没有可怕的，无所畏惧就完了……孔子教我们要找畏惧，没有畏惧不行。
>
> 第一个"畏天命"，等于宗教信仰，中国古代没有宗教的形态，而有宗教哲学……这"畏天命"三个字，包括了一切宗教信仰，信上帝、主宰、佛。这些都是"畏天命"。一个人有所怕才有所成，一个人到了无所怕，是不会成功的。
>
> 第二点"畏大人"……对父母、长辈、有道德学问的人有所怕，才有成就。
>
> 第三点"畏圣人之言"，像我们读《论语》，看四书五经，基督教徒看《圣经》，佛教徒看佛经，这些都是圣人之言，怕违反了圣人的话。
>
> ……历史上的成功人物，他们心理上一定有个东西，以普通的哲

学来讲，就是找一个信仰的东西，一个主义，一个目的为中心……孔子说……小人不知天命，所以不怕。"狎大人"，玩弄别人，一切都不信任，也不怕圣人的话，结果一无所成。

无独有偶，孟子也常用口诀。

在《孟子·尽心》里有这样一段话："君子有三乐，而王天下不与存焉。父母俱存，兄弟无故，一乐也；仰不愧于天，俯不怍于人，二乐也；得天下英才而教育之，三乐也。"

这段话告诉我们，孟子所说的"君子三乐"指的是这样的三种人生乐趣：父母都健在，兄弟也都没有什么灾病事故，从而得以躬行孝悌，这是第一乐；为人处事合乎道义，上不愧对天，下不羞对人，对得起自己的良心，因而获得内心的安宁，这是第二乐；第三乐是君子传道、育人所获得的快乐，即能得到天下的优秀人才并对他们进行教育，从而使君子之道遍传天下，造福社会。

像"三畏""三乐"这些儒家文化的精华观点，能流传至今，哺育着一代又一代的正人君子，社会精英，就和这种口诀化的表达方式有直接的关系。

类似这种口诀化的表达方式的成语、俗语有很多，像三山五岳、五湖四海、七情六欲等，真的是随处可见。

毛主席也是讲话善用口诀的典范。唐春元在一篇文章中，介绍了毛主席善用口诀讲道理的故事。

红军时期，我军战士基本上是由读书不多甚至不识字的农民组成的。根据这一特点，毛泽东在向战士做说服教育工作时，特别注意语言的深入浅出，简单明了。一次，他在给战士做演说时，就讲了这样一段简单、通俗和明白的话:"同志们,我们是革命队伍,必须懂得革命道理,懂得为谁打仗。但革命的道理很多,马克思、恩格斯和列宁等革命领袖写了很多书,我们不可能一下子掌握那么多,我今天就讲'二、三、四'三个字,这三个字的道理,请大家一定用心记住。我说的'二'字,就是讲两种战争。古今中外发生了许多战争,打来打去,只有两种,一种是正义的战争,一种是非正义的战争。现在我们共产党人、红军战士就是要用正义的战争反对帝国主义、国民党反动派的非正义的反革命战争。我说的'三'字,就是我们在红军队伍里必须遵守三大纪律。红军是革命的队伍,要有革命的纪律,否则便是一盘散沙,不能统一行动,这样就不能打胜仗,革命的纪律要求我们不能侵犯工农的利益,哪怕是一个小小的鸡蛋和红薯都不能拿。我说的'四'字,就是说红军要做好四件事:一件是打土豪分田地;二是建立工农武装;三是建立革命政权,和国民党反动派对着干,用老百姓的话讲,就是建立我们的苏维埃政府;四是建立地方党组织,领导大家和地主老财斗,与反动派斗。"

毛泽东只用了这几句简短的话语,加起来还不到500字,却把为什么要革命、怎样革命的大道理讲得清清楚楚。毛泽东经常用俗语来说明道理,不仅通俗易懂,而且生动有趣。

1993年陶鲁笳在《一个省委书记回忆毛主席》一书中详细地介绍了毛泽东谈"四面八方"政策的过程。

毛泽东的这次重要谈话,我于1949年5月3日在太行区党委会议上做了口头传达。现在根据查到的会议记录稿摘录如下:"我们的经济政策可以概括为一句话,叫作'四面八方'。什么叫'四面八方'?'四面'即公私、劳资、城乡、内外。其中每一面都包括两方,所以合起来就是'四面八方'……我们的经济政策就是要处理好'四面八方'的关系,实行公私兼顾、劳资两利、城乡互助、内外交流的政策。"

为什么从古到今，名人都愿意用口诀表达思想观点呢？

2. 口诀化的三大好处：好记忆，有悬念，条理清

口诀化的第一个好处：好记忆

我们在前面讲了"一简"，说的是要用一个字表达观点，目的是好记；口诀化，讲的是把一组观点压缩成口诀，也是为了让听众好记。

来看个周总理讲"两台"立功的故事。

> 1954年，周恩来在日内瓦会议上，以惊人的智慧和才能，积极灵活地展开外交。在会议召开的第二天，便以中国代表团的名义举行了招待会，招待各国代表、新闻记者和国际友人。茅台酒以其优秀的品质，一下子成了宴会上的话题。宾主十分高兴，在品评着茅台酒中频频举杯沟通感情，茅台酒在与会国家的代表中出尽了风头。
>
> 在和西方国家代表唇枪舌剑的时候，《梁山伯与祝英台》这部充满人情味的中国戏剧片也成了日内瓦会议场外的热门话题。为了让西方人了解中国文化和中国人的感情，周恩来把片名翻译为中国的《罗密欧与朱丽叶》，随后又将该片送给了住在莱蒙湖畔的电影艺术大师卓别林。
>
> 因此，云集日内瓦的外交官们感慨地说："周恩来不仅用艺术促进了外交，同时也把外交变成了一门艺术。"
>
> 回国后，周恩来总理向党中央汇报时，感慨颇深地说："在日内瓦会议上帮助我们成功的有'两台'，一台是'茅台'，一台是戏剧《梁山伯与祝英台》。"

一个是喝的酒，一个是看的戏，本来毫不相干，但是周总理抓住二者都有个"台"字，就将"一瓶酒"和"一出戏"巧妙地联系起来，让人过耳不忘。

深圳清华大学研究院是全国著名的高校研究院，总结它的成功经验时，

老院长冯冠平教授说了"四不像"理论。

> 我们研究院是四不像：研究院既是大学又不完全像大学，文化不同；研究院既是科研机构又不像科研院所，内容不同；研究院既是企业又不完全像企业，目标不同；研究院既是事业单位又不完全像事业单位，机制不同。

抓住特点，巧妙串联，总结出"四不像"口诀，让人一下子就记住了。我去深圳清华研究院做讲座，在拿"四不像"理论进行口诀化举例时，脱口就把"四不像"的内容说出来了。

口诀为什么好记？秘诀就在于让观众记住一个关键词，就可以提示其联想起一串相关的内容。

口诀化的第二个好处：有悬念

讲话要吸引人听，而悬念法就是吸引人往下听的有效方法。例如说书人常用的"欲知后事如何，且听下回分解"，这就是个悬念。而口诀化表达则是抛出新颖、陌生的观点，设置了一个吊钩，让听众急于了解。

王克勤先生在《演讲与口才》中讲过一个"观世音菩萨"的例子。

> 刘文典是当年清华名教授，他给学生上课，追求学术性强、内容新、语言独特。他曾说过："凡是别人说过的，我都不讲；凡是我讲的，别人都没有说过。"没有渊博的学识底气，谁敢说这话？那年代的学生，那年代的大学课堂，开放得很。你敢发大话，我就要探虚实。
>
> 有一次，学生大声问："先生对写文章有何高见？"刘文典应声道："问得好！"随即朗声念出五个大字："观世音菩萨。"众学子无不愕然——这是哪儿跟哪儿呀！接下去，刘老师神秘地解说道："'观'，多多观察生活；'世'，须要明白世故人情；'音'，讲究音韵；'菩萨'，要有救苦救难、关爱众生的菩萨心肠。"果然非同凡

响，众学子恍然大悟。细细想来，真是"高见"，把写文章的学问概括得既全面、深刻又简练。

"观世音菩萨"，就是一个口诀，就是一个悬念。搞得"众学子无不愕然"，这一愕然，他们的好奇心就被勾出来了，就要不由自主地往下听，这就是悬念的神奇作用。

我在主持复旦大学教授钱文忠的讲座时，开场也是用了口诀做悬念。

我："有一个问题请教大家，易中天的粉丝叫什么？"

听众答："易粉。"

我："于丹的粉丝叫什么？"

听众答："鱼丸。"

我："钱文忠先生的粉丝叫什么呢？"

女听众答："潜艇，我就是！"

我："今天可以说是'潜艇'云集珠海，全部浮出水面，多谢各位'潜艇'"！

"钱文忠教授有什么特点？我总结了'四个一'：一小一老、一左一右。

"先说'一小'。因为他是《百家讲坛》最年轻的主讲人之一，也是研究梵学的专家，今年41岁，刚过不惑之年。

"什么是'一老'呢？钱教授是中国的'国宝'季羡林先生的关门弟子，季羡林先生今年多少岁？96岁了。所以钱教授的辈分非常高，资格非常老，年轻的老资格。他被学术界称为上可以承接钱锺书的青年学者。

"我们再说'一左一右'，钱文忠教授是左手投资赚钱，右手著书教学。有的网友说，钱文忠老师的名字就取得非常有玄机啊！一是忠于文，二是忠于钱，所以叫钱文忠，的确是高人！有机会我们将请钱教授再来给我们讲授投资赚钱的心得。

"有请复旦大学教授,《百家讲坛》主讲人钱文忠教授为我们珠海文化大讲堂做开坛讲演《玄奘西游》。"

"四个一"就是一个悬念,一说到这里,听众脸上马上露出不解,急切想知道什么叫"四个一",不由自主地竖起耳朵,聚精会神地往下听。

口诀化的第三个好处:**条理清**

口诀就是讲话的提纲。把讲话的观点编成口诀,然后开门见山先亮出口诀,这就等于给讲话者一个清楚,给观众一个明白。

首先,讲话者用口诀给自己画了一个框架,你就会严格按照框架里的观点来讲,思路清楚,不会漫无边际讲跑题,这叫"给讲话者一个清楚"。

其次,讲话者开宗明义亮出口诀,你讲几个问题,条理十分清晰,让观众心里清清楚楚,这就叫"给观众一个明白"。

健康教育专家洪昭光,在全国讲健康养生不下上千场,老少咸宜,广受欢迎。他的开场都是先讲口诀,开宗明义,让观众听得明明白白。

讲健康养生,我今天就讲"一、二、三、四"四句话。四句话是:一个中心,两个基本点,三大作风,四大基石。

"一个中心"是以健康为中心。因为健康失去了,那你什么也没有了,21世纪就是以健康为中心。

"两个基本点",第一是糊涂一点。小事糊涂,大事清楚,小事认真,整天计较一些鸡毛蒜皮的事,这种人才是笨蛋,所以糊涂一点。第二是潇洒一点。度量大一些,品格高一些,站得高,望得远一些,这样处人处事多好啊。

"三大作风":助人为乐,知足常乐,自得其乐。永远保持快乐。

"四大基石":合理膳食,适量运动,戒烟限酒,心理平衡。有这些,基本上不用花什么药费,我们个个都能健康地活到七十、八十、九十岁,活到百岁不是梦。最近我总结了四句话,很简单的四句话:

"天天三笑容颜俏，七八分饱人不老，相逢莫问留春术，淡泊宁静比药好。"同志们，只要我们按照这样的话生活，所有病都很少，我们都能健康活到一百二十岁，健康享受每天，健康能使个人幸福、家庭幸福、社会也幸福。

每次开场，无论是讲一天，还是讲半天，洪昭光总是开门见山先亮出口诀化的观点——"一、二、三、四"。对自己来说，这就设定了一个框架，不会跑题、偏题。对观众就等于一个声明：我今天只讲四个方面。观众一下子清清楚楚，心里有底了，就会打足精神往下听你的"一、二、三、四"。如果开头不亮出口诀，观众不知你要讲几个问题，就会心里糊糊涂涂，影响听讲的注意力。

我就是从洪昭光那儿学会了这一招，挖空心思把讲课的观点尽量变成口诀。

像我讲学习当众讲话要"四练"：恒练，精练，全练，巧练。耳语法的好处是"三美"：美声，美身，美神。讲练胆要"三定"：笑定，眼定，站定。讲微笑的好处是"四好"：好声，好脑，好身，好运。这些都是口诀化的观点。

我切身体会到，将讲话观点变成口诀，自己讲起来言而有序，观众听起来条理清晰。

归纳起来，口诀化的三个好处就是：好记忆，有悬念，条理清。

3.怎样做到口诀化？

口诀化的方法有四同：相同字压缩，同音字替代，同韵字集合，词性相同的字相连。

口诀化方法之一：相同字压缩

相同字压缩，就是找出一组观点中相同的字，将其压缩到一起。

温家宝总理访美时，出席由中美关系协会举办的晚宴。他在演讲中满怀深情地说：

"我是很普通的人，从小母亲就教育我，对人要真实、真情、真挚、真切。一个人如果做到'四真'就达到了很高的境界。我想以这样的精神来与在座的朋友们对话，我可能回答不好大家的问题，但我敢说实话。"

温总理这里的"四真"，就是在"真实、真情、真挚、真切"的四个观点中取了一个相同的"真"字，将其压缩到一起。把八个字变成了两个字，就达到了好记的目的。

再来看管理培训专家余世维讲的"三力"的例子：

管理者要有"三力"：思考力，决策力，执行力。

第一，思考力。

思考力所针对的主要问题是顾客在哪里。一家企业重点是顾客，做营销工作，要把产品卖到市场中去，就不得不注意到顾客在哪里。所以永远要想到顾客，就像迪斯尼乐园一样，他们的员工永远把顾客摆在第一位，然后让员工去面对顾客，经理支持员工。

第二，决策力。

人在做决策时不能犯错，而且越是上面的主管，犯错的损失就会越大。因为你的决策一旦下去，就会让下面的员工去执行，所以做决策时要注意两件事：第一是重要和紧急，第二是效果和效率。

第三，执行力。

执行力就是找谁来替你执行计划。接班人将来要代替你，现在你就应该很好地培养他。如果思考力用顾客来解释，决策力用重要和紧急、效果和效率来解释，那么执行力就用接班人来解释。

这里的"三力"，也是在"思考力、决策力、执行力"中取了一个共有的"力"字，属于相同字压缩口诀。

在相同字压缩的过程中，要分两步走。

第一步，先把几个观点格式化。

就是每个观点都用一样的字数，都有一个相同的字。例如，"三乐说：自得其乐，知足常乐，助人为乐"。每个观点都是四个字，每个观点中都有一个"乐"字。

第二步对几个观点进行压缩。

例如，三乐说的三个观点都有"乐"字，一压缩，就变成了"三乐说"。

我曾经让学生做过一个现场作业，来具体练习这两个步骤。

作家二月河写的康熙、雍正、乾隆三位皇帝的小说，震撼文坛，十分畅销，前两部还被改编为长篇历史电视剧，也很轰动。

后来记者在采访他的时候问："你成功的秘诀是什么？"他说："我做事一个是守时，一个是守信，还有在一段时间只做一件事。"

现在请大家对这段话进行口诀化，第一步，将最后那句话"一段时间只做一件事"，压缩成两个字，第一个字也用上"守"字，请大家想想第二个字用什么。

结果，有的说守事，有的说守恒，有的说守一，有的说守寡。这些字都有道理。最后就用了"守事"，守着一件事做到底。经过这个阶段，三个观点就变成了：守时，守信，守事。

第二步，请大家将三个观点进行压缩。

结果大家很轻易地把"守时，守信，守事"压缩成了"三守"，即二月河成功的"三守说"。

这种相同字压缩法，比较简单，容易掌握，在口诀中最为常见。

口诀化方法之二：同音字替代

同音字替代，其实就是谐音式口诀法。

在中国股市评论中，经常会看到今天股市"煤飞色舞"四个字。不炒股的人一看会丈二和尚摸不着头脑，而一解释你就明白了。原来"煤飞"指的是煤炭股大涨，"色舞"说的是有色金属股大涨，合起来就是"煤飞色舞"，这个谐音口诀用得就非常巧，让人过耳不忘。

口诀化方法之三：同韵字集合

同韵字集合，就是把含声母不同，韵母相同的字的几个观点集合在一起形成口诀，也就是我们常说的把押韵的字排放在一起。

> 毛主席在1958年写下了自己的养生体会，即《四言韵语·养生十六字诀》："遇事不怒，基本吃素。多多散步，劳逸适度。"

这里的"怒""素""步""度"，都是声母不同，韵母相同，韵母都是"u"的音，听起来就朗朗上口。

再例如，灵感产生的"蹦碰梦"三字诀，也是一个同韵字集合型口诀。

> 灵感思维何时产生呢？常在"蹦，碰，梦"三种情况下出现。蹦，就是在大脑放松的时候灵感容易产生，比如在听音乐、散步的时候蹦出灵感；碰，就是在讨论问题，思维碰撞的时候灵感容易产生；梦，就是在睡梦中容易产生灵感。

在这个口诀中，"蹦碰梦"这三个字韵母一样，都是后鼻音"eng"，这也是押韵型口诀。

口诀化方法之四：词性相同的字相连

词性相同的字相连，就是将几个观点中词性相同的字挑出来，连接成一个口诀。

先看名词相连的口诀。

例如：孔孟之道，就是一个同性相连型口诀，指孔子和孟子的理论。"孔"，代表孔子，是个名词；"孟"，代表孟子，也是个名词。各取两个名词的一个字一串联，就变成了"孔孟之道"。

再比如，老庄哲学，指老子和庄子的哲学思想，也是个名词相连的口诀。儒释道，将儒家、佛家、道家三家并列，代表中国整个传统文化，也是名词相连的口诀。

再看形容词相连的口诀。

"红、黄、黑、白、绿"五种颜色并列，是健康专家洪昭光总结的健康食谱。红是指西红柿、红辣椒、红葡萄酒；黄是指胡萝卜、柑橘、红薯、老玉米、小米；黑是指黑木耳；白是指燕麦粉、燕麦片、豆腐、大蒜；绿是指绿色蔬菜、绿茶。这个口诀全都是由带颜色的形容词组成，这就是一个形容词相连的口诀。

以上把一简二活三口诀掰开揉碎给大家做了介绍，最后再来讲讲一简二活三口诀的训练方法。

五、"一简二活三口诀"的训练

1. "四说"结构训练

四说，是指讲话结构，包括：总说，分说，细说，总说。

总说，就是开门见山先亮明口诀化的观点；

分说，就是把口诀化串联起来的几个"一简"的观点按先后顺序——表达；

细说，就是用"二活"的事例来说明每个观点；

总说，就是最后再将口诀化的观点重复一次，以加深印象。

我们以我的"职业生涯介绍"为例来说明。

> 我的职业生涯就是三话：讲话，教话，写话。
>
> 第一是讲话。25岁开始做播音员、主持人，在话筒前讲话到退休，1997年获得了第三届金话筒金奖主持人荣誉。
>
> 第二是教话。从50岁开始，教大学生和企业家当众讲话，先后担任了清华、北大等多所高校总裁班、领军班的演讲课讲师。
>
> 第三是写话。就是把自己在教讲话过程中总结出的规律和方法，写成了《21天掌握当众讲话诀窍》《练好口才的第一本书》等四本演讲畅销书。
>
> 这就是我一生做的三件事：讲话，教话，写话。

第一段中的"三话：讲话，教话，写话"，就是"总说"。

第二段中的"讲话"，第三段中的"教话"，第四段中的"写话"，就是"分说"三个小观点。

第二段中的"25岁开始做播音员、主持人，在话筒前讲话到退休，1997年获得了第三届金话筒金奖主持人荣誉"，就是"细说"，通过举出具体的事例来说明"讲话"这个小观点。

第五段中的"这就是我一生做的三件事：讲话，教话，写话"，又是"总说"，再次重复口诀化的总观点，以加强观众的记忆。

"四说"结构，是领导者讲话的经典结构。

在我的两天总裁班演讲课程里，"四说"结构是学员学习演讲稿写作的一个重点，每位学员都要按照"四说"结构来写出演讲稿，人人上台演讲。通过"四说"结构的学习，学员快速学会了讲话内容条理清晰、好听、好记的方法。下面是一位律师学员的"四说"演讲稿。

大家好！我是李刚，在大成律师事务所深圳办公室担任合伙人律师。

自2001年进入律师行业以来，我在这个行业已经默默耕耘了20年。目前，我的主要执业方向为投资并购、不动产能源与建设工程和争议解决。

我本人带领的团队，我认为最大的特点是：一诚二专。

第一，诚。诚信是为人之本，这两个字看似简单，但做起来却非常不容易，特别是在律师行业。

我们接受客户的咨询时，还没有正式委托，我们就会帮助客户审核大量的资料，如实告知客户案件可能的结果。这样，每年都有案件因为事先就告知客户无法胜诉，客户不再委托给我们。但是从长远来看，我们赢得了客户的长期信赖，赢得了口碑。我们的客户，很多是合作10年以上的老客户。就在上个月，有个10年没有联系的客户找到我，希望我能为他们代理建筑工程方面的案件。并且说，这是他们公司老总特别交代的，要求首先找李刚律师。

第二，专。服务范围专。我们团队只提供民事、商事的法律服务，对于刑事、行政、劳动等法律项目，我们一般不接。在非诉方面，2017年，我们代表深圳地铁集团，为深圳地铁受让恒大集团持有的价值300亿的万科股票，提供全程法律服务，为万宝之争画上完美的句号。

20年来，正是凭着一诚二专这两点，我和我的律师团队能够与客户保持长期的合作关系，并不断地共同成长。

李刚同学的这篇"四说"结构演讲稿，就充分体现了"四说"结构的四个好处：

（1）开门见山

第一步，总说。"我本人带领的团队，我认为最大的特点是：一诚二专。"开门见山亮出两个观点，使观众心里清晰明白。如果不先亮出两个观点，观众心中就难免疑惑：今天具体要讲什么呀？

（2）有条有理

第二步，分说。按照先后顺序，讲了"诚——诚信为本""专——服务范围专"两个观点，听起来有条有理，逻辑清晰。

（3）说服力强

第三步，细说。就是每个小观点之后，都举出具体例子来说明观点。比如，什么是"专"呢？说完这个小观点，马上就举了为深圳地铁受让万科股票提供法律服务的例子，观众就很好地理解了"专"的概念。

（4）重复强调

第四步，总说。就是在演讲结束之前，把"一诚二专"再重复一遍，目的是帮助观众把脑子里分散的小观点再总结一下，从而对演讲内容记忆深刻。

现在微信上有句流行语"重要的事情说三遍"，总分细总的演讲结构，就达到了"说三遍"的效果。你看，开头的总说是第一遍，分说观点是第二遍，最后再总说是第三遍。通过说三遍，不知不觉中，就让观众记住了你讲话的观点了。

"四说"演讲结构简单易学。当领导的，学了以后可以自己用，还可以马上教给下属用。

来看西安一家医疗诊断服务企业的董事长刘正春发给我的例子。

殷老师好！

经过两天的线下学习，并参加了课后二十一天演讲练习营，我的普通话更标准了，工作条理清晰。尤其是练习"四说"结构（总说，分说，细说，总说）后，在进行工作总结、产品讲解和公司介绍时表述更加准确，更容易让人记忆犹新。

能力。

只有平时留意观察，才能把最能说明观点的例子写细，写生动；不要求写很多字，关键是养成"一简二活"的习惯。

要求：天天写一字悟稿。写完以后用耳语法背下来，对着镜子练演讲。

坚持三个月，就会有90个观点、90个事例。

来看个读者春菊坚持写一个月一字悟稿的收获。

善

善，讲话能力初步改善。

以前，受困于"当众讲话"这个短板多年，心里有话想说，嘴上却不知如何表达，常常是语无伦次。

现在无论跟领导汇报工作，还是交流发言，我已能厘清思路，有观点，有事例。这就是我坚持每天不间断地练习写"三个一"小结的结果，一个月的量的积累已初步带来了质的突破。

以上是给读者提供的"一简二活三口诀"的训练方法，读者都要从动笔写作入手。希望初学者静下心来，严格按照以上方法，照葫芦画瓢，一丝不苟地进行练习，不偷工减料，不走样。反复练习，熟能生巧，再因地制宜地灵活运用这些方法，最后突破窠臼，推陈出新。

读者来信问答

1. 有什么方法可以让自己的讲话深刻、新颖、鲜活呢？

让讲话内容出新意的思维方法：珍珠四论。

下面就以我的一次发言作为详细回答。这是我在中国视协金笔奖论文评选会上的一次发言，题目叫《讲话与写作思维方法：珍珠四论》：

要想让自己的讲话和论文出新意，我觉得要从思维方法入手。这里就介绍一下我在准备讲稿和写文章时常用的思维方法：珍珠四论。

什么是珍珠四论呢？发散思维捡珍珠，收敛思维选珍珠，灵感思维穿珍珠，形象思维饰珍珠。

（1）发散思维捡珍珠

什么叫发散思维呢？发散思维是指一种不依常规，用多种思路，多条路径，寻求多样化答案的思维过程。包括同中求异原则，正向求反原则，多向辐射原则。用发散思维捡珍珠的目的，就是打破固化思维，放开思维的空间，把讲话稿写出新意来。

发散思维可以分成两种：天女散花式，定点发散式。

天女散花式，就是解决写什么的发散思维法。当你不知道写什么内容时，先把能想到的想法都记下来。

像我这次的评委发言，开始不知讲什么。我就在看每篇论文时，把三言两语的感受记下来，记得多了，再从随手记下的感受中选题目，这就是天女散花式发散思维。

例如：我在看一篇有新意的论文时，产生共鸣了，就在论文的空白处记下"客舍青青柳色新。哪儿新？领域新，观点新，论据新，结构新，文笔新"一段文字。

看到两篇从头到尾没有小标题的论文，就随手记下来："要有条有理。条，是观点；条，要简明；条，要醒目。"

最后就是从上百条的随记火花中筛选，确定了讲三个问题：第一，文如其人；第二，有条有理；第三，珍珠四论。

定点发散式。

就是确定了"写什么"之后，在"怎么写"当中的发散思维法。有了题目，还不急于动笔写，围绕着题目再次进行四面八方的发散联想。想到什么记什么。如确定了要谈有条有理这个问题，就围绕着"有条有理"再发散，想到了"结构上的有条有理，内容上的有条有理，行文上的有条有理"，都记下来。围绕着"有条有理"的话题，我记了30多个素材点。

发散思维捡珍珠，操作起来就是两个字：一要记，四面八方地想，来者不拒地记；二要续，就是对抄下来的资料再反复地看，激发联想和灵感。

举个例子说说续。

我在给成都电视台主持人讲课时，讲到一个观点：要想出口成章，先要出手成章。为什么要先出手成章？在备课的时候我先想到了两点：一是清，就是清晰，通过写，让你的思考条理化；二是精，就是精练，通过写作让语言更加精准、凝练、干净。

写完之后，我觉得还不够全面，但是一时想不全，就先放下了。第二天我再看记下的这两点，顺着思路又想到了两点：深，就是让思考更加深入、深刻；全，就是让思考更加全面系统。

通过先写后续看，我对主持人要先写后讲的观点，举出了四个理由"清，精，深，全"，让我的讲课观点更加有说服力了。

为什么要将记下来的资料反复看呢？因为在记的时候，注意力主要是在文字上，在记录的准确性上，而在续看的时候，注意力主要是在内容的联想上，所以更容易产生新的灵感。

（2）收敛思维选珍珠

收敛思维选珍珠，就是要从发散思维捡回来的珍珠中进行精挑细选。不管是鱼目还是珍珠，不管是南珠还是北珠，先捡回来再说。而选珍珠就要百里挑一，以一当十，以一当百。选珍珠就是为了选出最好的材料。

我曾经在珠海文化大讲堂上主持了于丹的讲座。在准备资料的时候，到网上一找，于丹的资料真多，通过来者不拒地记，记下了于丹的几十个资料点，有观众对她讲《〈论语〉心得》的评价，有媒体对她的报道，有她接受访问的谈话，有《〈论语〉心得》出书的火爆情况。但是最后按照深、新、活的标准，我选用了于丹父亲教于丹读《论语》的故事。在介绍完于丹的简历之后，我这样说：

"问渠那得清如许？为有源头活水来。于丹为什么对中国古代经典有这么深切的感受，又能够如此深入浅出地表达，在全国引起轰动呢？这是因为她从小在父亲的带领下有读经典的'童子功'。

"在她四五岁的时候，爸爸带她出去见朋友，就跟她说：'《论语》当中孔子说"三人行，必有我师"，你出去以后就看看，爸爸这些朋友当中有哪些人可以做你的老师。'

"于丹跟着出去了，结果她观察以后，看到有的人说话嗓门太大，有的人总是抢着说话，有的人还随地乱扔东西乱吐痰。她回来跟爸爸说：'爸爸，你说"三人行，必有我师"，我看他们都不是我的老师。'

"这个时候她爸爸又说：'《论语》当中还有一句话啊，叫"见贤思齐焉，见不贤而内自省也"，你看到他们不好的行为，就要自我反省，不要那样做呀。'"

为什么选这个例子呢？第一，新。于丹的故事家喻户晓，而这个故事知道的人很少，有新鲜感。第二，深。追溯到了于丹成功的家庭原因，对在座的父母有触动。第三，巧。一箭双雕，选这个故事，既让下面的观众耳目一新，又让于丹以父亲为傲，上台时的情绪更高，状况更好。

这个精挑细选的"珍珠"，果然放出了光芒。这个故事一讲，观众一下子被吸引，全场无声；于丹也非常高兴，在接下来的讲座当中还专门提道："主持人刚刚讲了我父亲教我学《论语》的故事，的的确确我小时候就是这样读活书，学《论语》的。"

（3）灵感思维穿珍珠

灵感思维就是思考问题时冥思苦想，偶然得之。或者叫茅塞顿开，豁然开朗。"穿珍珠"怎样穿？要用口诀穿。什么是口诀？就是把几个观点压缩成一个常用词，例如"三农"就是个口诀，把农村、农民、农业三个意思压缩成了一个词。用灵感思维穿珍珠，就是要通过顿悟找到一根绳子，把闪光的材料点巧妙地穿起来。

浙江电视台王森的一等奖论文《论财经节目主持人的特点及定位》的论文结构就是一个口诀：深浅真正。深——专业见解深入；浅——浅出，把财经术语变成大白话；真——真情实感，真诚的态度；正——正确导向。王森告诉我，这个"深浅真正"的结构，他是花了两天的时间，突然想到的。这就是一个灵感，将论文巧妙地穿起来了，特别好记。我给他了个建议：如果反过来，变成"真正深浅"，这四个观点就更上口好记了。

灵感思维常常是灵光一现，一个好点子就出现了，但"灵光一现"的前提一定是冥思苦想。只有冥思苦想，才能偶然得之。

因为苦想是前提，放松出结果。苦想的时候是人的意识在工作，只有苦想，大脑的印象深刻，才会进入潜意识。而潜意识只有在放松的时候才开始工作。所以，听听音乐，散散步，实际上是潜意识在接着想问题，在悄悄地工作。灵感往往就是在放松的时候才会结出果实。

例如，奥运五福娃的设计，就是韩美林日思夜想不得要领，在淋浴头下洗澡的时候想到的。例如门捷列夫的化学元素周期表，就是在睡梦中排列出来的。被誉为"圆舞曲之王"的奥地利作曲家约翰·施特劳斯在一个优美的环境中，灵感突然降临，但没有带纸，于是脱下衬衣，在衣袖上谱写了这首不朽杰作——《蓝色多瑙河》圆舞曲。

（4）形象思维饰珍珠

什么叫形象思维？就是凭借事物的具体形象进行联想的思维。说白了，就是要会打比方。

用形象思维饰珍珠，就是要找到最通俗易懂的讲话与写作材料，让观众、读者好听好看好记。具体包括两个方面：一是将讲话与写作的观点形象化，二是将讲话或写作举出的例子、论据形象化。

重点说说观点形象化。

给大家举个高志凯的"钩矛法"的例子。

高志凯是一家投资公司的老总，曾经当过邓小平的英文翻译。北京奥运前20天,他写了一篇对奥运安保的建议,送到了相关领导手上。

钩矛法的"钩"是鱼钩,指境外人士进行的亮旗、喊口号、打标语、游行这些行为。在西方这些行为受法律保护,故意搞,引你上钩,让中国公安过激反应,外国媒体马上大肆报道,这是西方反华势力的鱼钩。对鱼钩,要巧,要忍,要勇于当邱少云。

钩矛法的"矛"是长矛,指敌对分子的爆炸、劫机、杀人放火等恶性事件,对付长矛,要狠,要猛,要勇于当黄继光。

有关领导觉得这个建议好,马上批示落实,钩矛法理论被迅速传达给两百万公安武警人员,人人会掌握运用。结果,真用上了。2008年8月6号,一个英国人在鸟巢附近,爬上电线杆,悬挂"自由西藏"和"雪山狮子旗"。按照以往的模式,是在地上展开充气气囊,发射麻醉枪,将其击落,带走法办。但公安人员判断这是典型的鱼钩事件,就在电线杆下站成一圈,等着他自己下来。这小子在电线杆上待了两个小时顶不住了,自己乖乖下来,然后被迅速遣送出境。结果,在远处等候报道的外国记者等了个"竹篮打水一场空"。

钩矛法,一听就懂,一用就灵,用形象化的观点,好学好记好传播,值得我们学习借鉴。

珍珠四论所说的四种思维方法之间是什么关系呢?发散思维与收敛思维有前后的逻辑关系,一定是先发散思维,再收敛思维,先有量的积累,再有质的变化。灵感思维和形象思维则是贯穿在前两个思维过程当中的,没有时间先后的顺序,不要教条化,而要灵活地运用。

2. "活"的事例很少,怎么办?

对您所说的"一筒二活三口诀"中的"活",应该怎么练呢?我觉得我的大脑贮存的事例很少,到用的时候找不到,我该如何提高呢?

怎样增加"活"例子的储存呢?

两个方法：一个是生活中观察，一个是书本上寻找。

生活中观察包括两个方面：一个是听，一个是看。

听，就是用耳朵去捕捉生活中的细节。如，在和朋友聚会时，我听到一位医生朋友讲，他独创了一套有效治疗痤疮的方法，奥秘在于将皮肤病治疗和医学美容技术结合起来。后来，我在给学生讲交叉创新时，就将这个听来的故事用上了。

看，就是用眼睛去捕捉生活中的细节。我在课堂上让学生观察我讲课中的细节，一个学生观察到，我对每个演讲完的学生鼓掌时，都是将双手抬到脸前，表达了对每个学生的尊重。这个例子我用在了书中。

二是书本上寻找。包括两个含义：一是从书上找，二是从网上找。

先说从书上找。例如我在写书的时候，例子不够，也从其他人写的书中找了一些例子。例如我在书中用的南怀瑾先生讲微笑对身体的好处的例子，就是从看过的《南怀瑾讲演录》中找到的。还有曲黎敏讲的练习微笑要练"银"的例子，就是从她的书《从头到脚说健康》中找到的。

再说从网上找。我每到一个单位讲课，为了增加讲课内容的贴近性，都会在网上搜索这个单位的资料。例如到深圳清华大学研究院讲课，我就先从网上找到了深圳清华大学研究院老院长冯冠平的"四不像"理论："研究院既是大学又不完全像大学，文化不同；研究院既是科研机构又不像科研院所，内容不同；研究院既是企业又不完全像企业，目标不同；研究院既是事业单位又不完全像事业单位，机制不同。"然后在讲"一简二活三口诀"的时候，就用了这个例子。

"二活"的例子，既要平时多积累，也要临时抱佛脚。两相结合，到了使用的时候，就不会为找不到事例而发愁了。

3. 举例子，可长，可中，可短

您书中讲，"二活"要讲故事，讲细节，讲数字。假如字数有限制，只能是一两句话，该如何举出精彩的例子呢？

用二活法举例子，可长，可中，可短。这个长中短的标准就是要根据讲话的时间来决定。如果讲话时间只有三五分钟，那么你举的例子就不能长。

长的例子如我在讲座中讲微笑给人带来好命运，就举了我的学生微笑考上研究生的例子：

> 在面试的时候，我想到殷老师强调的"笑定"。于是，我尝试着一直保持微笑，笑答面试官的问题，以此化解了我和他们之间的隔膜。我的英文不是非常流利，但是我还是在众多学生中脱颖而出，以优异的成绩被录取了。记得面试结束时一个老师说："I like your smile, you looks so kindly and cute!"其意思是，我喜欢你的笑容，你很亲切和可爱！

中的例子如什么是志愿军的英雄主义气概？我讲了坚守上甘岭的师长崔建功的一句话："请军长放心，打剩一个连我去当连长，打剩一个班我去当班长。"

短的例子如我讲经济学家周其仁的身世奇。"他曾在大兴安岭当了七年猎手"，就是一句话。

4. 怎样写一字悟？

> 这样写一字悟对吗？请指正。
>
> 虑
>
> 学好当众讲话，我体会必须舍去过多的"虑"。顾虑太多就如同四肢被绳索困住一般，寸步难行。不敢当众讲话其实就是太在意别人的看法，太在意自己的表现。今天的丢脸是为明天的侃侃而谈。人是以自我为中心的动物，你的心魔在作祟时，别人早已把你抛到九霄云外了。

你的一字悟可以打七十分。首先观点做到了一个字——"虑"。其次有对观点的解释：虑是"顾虑太多"，"太在意别人的看法"。你写的一字悟的不足之处是：只有议论，没有举例子。要学会举例子，在"二活"上下功夫，写得具体一些。

修改如下：

虑

"虑"就是顾虑，当众讲话时太在意别人的看法。

我在上台前不是考虑自己的演讲内容，而是考虑台下的观众怎样看我。越这样想，心里就越紧张。看了殷老师的书后，知道了练习"三定"是克服顾虑过多，练出胆量的方法。我打算从明天开始，用21天的时间练习"三定"，让自己的胆量尽快突破。

这样写，有内心的想法，叫具体；有怎样练习的打算，也叫具体。

5. 一字悟中一定要写每天的成长

我有几个问题想请教一下您：

一字悟全篇总字数是不是必须在50字以内？

一字悟是不是每次都必须背诵出来？

以下是我今天第一次写的一字悟。不知道对不对，请您指导一下。

奈

我对女儿的教育问题感到非常无奈。在女儿面前，我是真的毫无权威可言，这让我很沮丧。就好像今天，让她去睡觉，她完全当作耳旁风，根本不把我的话当回事。为了此类的事，我多次对她露出我自己都能感觉出的狰狞的面孔。但她仍然我行我素。每次都是以她得逞我妥协而告终，真的是很无奈。

先说说为什么要写一字悟。

第一，写是为了讲。通过写一字悟，背一字悟，讲一字悟，慢慢地讲话就流利顺畅了。

第二，养成反省和做小结的习惯。

第三，提高概括能力和观察能力。

第四，天天发现自己的长处，不断增强自信心。

下面回答你的问题：

首先，写一字悟最少50个字，多了不限。

其次，如果你的语言表达不够流利，就要坚持背下来，再对着镜子讲。如果语言平时就很流畅，就可以不背了。

再次，一字悟写得不错，有具体事例。如果再有细节就更好了。比如，写清楚你对女儿是怎么说的，女儿是怎么答的。如果只说"狰狞"，我们还是感受不到"狰狞"的样子。

最后，一字悟中一定要发现每天的成长！要写每天做得成功的事情和感受。因为天天发现成功的事情，总结成功的事情，看到自己不断进步，你的心情就会快乐、高兴，觉得日子很充实。天天写不成功的事情，心情就会不开心，不快乐。长期积累下来对自己的身心和家庭氛围都不好。

下面是我的学生写的一字悟，供你参考。

静

一转眼已经坚持练习"人一之"两周多的时间了。

在这两周多的时间里，我逐渐加深了对"人一之"练习的兴趣。渐渐地，每次练习变得不再那么单调，我也开始享受这样的一个过程，甚至把它作为一天下来放松自己的方式。每次对着镜子，我便不再思考其他的问题，只是把所有的精力都放在好好地完成练习上。镜子里的自己成了我的观众。

这种感觉很静，很舒服。抛开了所有的杂念，感觉此刻的自己很享受这样一个静心做好一件事的过程。

6. 有稿讲话是即兴讲话的前提

看到别人即兴演讲我非常羡慕，您能不能教一教我怎样即兴演讲？

学习当众讲话要循序渐进，初学者应该先学有稿讲话，后学即兴讲话。

原因是：一，在胆量经过系统严格的训练之前，上台会紧张，一紧张就脑子空白，会把事先准备好的内容都忘掉，还谈什么即兴讲话？二，有稿讲话还讲不好，无稿讲话肯定讲不好。所以要先练习有稿讲话。

有稿讲话怎么练？

一，天天写一字悟。把本行业每天感悟最深的事，提炼出一个字的观点，举一个事例，事例不超过50个字。

二，天天讲一字悟。把每天写的一字悟背下来，练习讲。先用"三定"法开头。笑定，眼定，站定，说："各位老师，各位同学，大家好！我叫殷亚敏。我今天的一字感悟是：胆。"然后就把一字悟讲出来。

这个练习的好处是：第一，练观察力；第二，练概括力；第三，练写作能力；第四，练讲话的利落和工整；第五，"三定"练胆，尤其是通过练"引"，把微笑练成肌肉记忆；第六，积累讲话的内容和词汇。积累得多了，以后就能即兴讲话了。

三，有积累才有即兴讲话。因为所谓的即兴讲话，只是把你所熟悉的领域中平常积累的东西随时调出来而已，并不是指对你完全不懂的领域也能出口成章，脱口而出。比如你对物理学压根不懂，你再有口才，再有胆，再有声，再有情，你也无法即兴讲出来。

所以通过天天写一字悟，讲一字悟，积累某方面的知识、词汇，且已经烂熟于心了，胆也有了，识也有了，自然就会即兴讲话，能够脱口而出了。

7. 讲话卡壳，怎么办？

自己说话越来越容易卡壳了，怎么弄才好？

所谓卡壳,就是每次只想到了半句话就讲出来,讲了前半句没想好后半句,就卡壳了。

解决内容卡壳问题就是四个字:先写后说。为什么呢?第一,写下来的语言是流畅的、完整的、严谨的。第二,事先做了准备,就会减缓紧张情绪。对初学讲话的人来说,本身就紧张,还要现场组织语言,肯定会顾此失彼。

具体训练方法:

一是写一字悟;二是背一字悟;三是加上"三定"开头讲一字悟;四是每次发言或者提问前,先写下来,然后照着写的内容读出来。

新浪网友对"讲话卡壳,怎么办?"发表评论:

感谢这位网友非常有代表性的提问,也感谢殷老师的精心解答!说话卡壳的现象,我也有。一卡壳,心里就着急,发慌!有时实在没办法,就重复前面的讲话,或者草草结束,但事后对自己的讲话感觉差,不尽如人意。

先写后说,就是先在脑子里过一遍,然后在稿纸上记下来,再清晰地表达出来。这样做既练习了思考,又练习了笔功,还练习了口才,一举多得呀!有了殷老师提供的好办法,我一定好好练习,坚持写一字悟,背一字悟!

8. 接不上别人的话,怎么办?

我现在的问题是,有时候别人说的话我接不了,没话说,脑子里一片空白,有时是害怕说错话,事后又知道当时应该怎样接茬,我应该怎样练习,才能应变自如?

练习接话,可以用两种方法:

第一,每天写一字悟,把自己每天感受深刻的内容,用一字悟的方法写下来，背下来，再对着镜子讲。通过积累，慢慢地就有话讲了，和别人谈到同类的话题自然就有话接上了。

第二，把事后想到怎样接的话，写下来。别人是怎样问的，你应该怎样回答，都写下来，然后背下来。自问自答练习。这样下次再遇到类似的话，你就能接上来了。

9. 讲话诀窍从哪里来？

您讲的"一简二活三口诀"是非常好的一个方法。简单，明了，易记，让我有似曾相识之感。

这十年间，我在企业里总结了十多个先进操作法，这些操作法都是用"一简二活三口诀"的方式写的，比如，"一看二听三查""挖、切、钩、削、走、刮六字操作法"等等，成为本市的十大先进操作法。

就在今天，一位工作职责是安全检查的职工，向我请教，他说企业要求每个人总结自己的亮点，不要太多的内容，但他左思右想也想不出，感觉自己没有什么亮点，每天总是机械地重复着日常的工作。

当我了解到他的工作性质后，我给了他三个字：勤，细，严。这三个字就是亮点。勤：每天认真巡查生产线五条以上。细：认真检查现场的安全隐患，并结合自己电气专业的技术，对电气隐患的检查特别到位。严：检查现场发现违反安全或不符合安全要求的现象，均按章考核，不留任何情面。他听了非常高兴。

你将"一简二活三口诀"运用得非常纯熟，说明你是一个非常有悟性的人，无师自通，自己在实践中总结出了很好的方法。

人要善于向生活学习。

我在书中总结的当众讲话的"定耳舞诀"的方法，其实都是从对生活的观察体验中总结出来的。耳语法，是人们从两三岁时就会使用的悄悄讲话的一种方式；"双人舞"，也是讲话生动形象的人都会使用的一种感情表达方式;"一简二活三口诀",也是我们中国人从古到今都爱使用的一种讲话技巧。我只是注意总结,再拿到教学中去检验。

咱们两个异曲同工,你也很善于在日常讲话中总结概括,再运用到讲话的实践中来,对"一简二活三口诀"的无师自通就是一个明证。希望大家都能向你学习,做一个善于观察,善于总结,勇于实践的人。

第六章

领导者当众讲话
十一个实战技巧

重要的讲话，要想讲得精彩，上台之前一定要排练。

金句，就是讲话中像金子一样有价值、宝贵的短语。讲话中使用金句，会有很强的说服力。这里和大家分享三点：多用因果结构金句，找金句的两个方法，讲金句用三招。

在这一章里，和大家分享当众讲话的十一个实战技巧：

一、前读后看

二、先排后演

三、低开高走

四、讲话前动手写，上台时带提纲

五、讲话提纲要简略

六、首次讲话写提纲，重复演讲打腹稿

七、企业家演讲要讲自己的故事

八、讲话用金句的三个方法

九、讲话互动五种方法

十、控制讲话时间三法

十一、克服面对镜头的紧张感的方法

一、前读后看——宣读文稿时与观众交流的秘诀

当众讲话，按照有无文字稿件进行划分，分为有稿讲话和无稿讲话。有稿讲话主要是指在重大庄重场合严格按照手中的讲稿进行宣读的讲话。这种宣读式讲话常犯一种毛病，叫看稿不看人。为了避免读稿子时出错，讲话者从头到尾只看稿子不看台下观众。这样子读稿，可能不会出现文字上的错误，但是会顾此失彼，眼睛不和台下交流，给观众造成不尊重人的印象。克

服这种毛病的办法就是前读后看。

胡锦涛同志在纪念中国共产主义青年团成立90周年大会上的讲话，属于宣读式讲话。在宣读中，胡锦涛同志都是前读后看，自始至终和台下观众进行眼神交流，给人自信、亲切的印象。

我们来看其中的一段。

> 90年前，在中国革命风云激荡的历史变革中，在伟大五四运动的深刻影响下，中国共产主义青年团宣告成立。

胡锦涛同志眼睛看着观众说"90年前"。他在看着稿子读"在中国革命风云激荡的历史变革中"后眼睛看向台下观众。接下来，读了"在伟大五四运动的深刻影响下"后，他又看向观众。

所以，要想让自己的宣读式讲话给人自信、沉着、亲切的感觉，就要向胡锦涛同志学习，学会前读后看。

拿下面这段话，我们来共同做个练习。

> 当众讲话有三条戒律：一是每个观点不能超过一个字，二是一个观点配两个实例，三是一次讲话不要超过三个观点。

这段话四个分句，要这样处理：

第一分句是"当众讲话有三条戒律"。说前半句"当众讲话"时，**眼睛看稿子；**说后半句"有三条戒律"时，**抬头看观众。**

第二分句是"一是每个观点不能超过一个字"。说前半句"一是每个观点"时，**看稿子；**说后半句"不能超过一个字"时，**抬头看观众。**

第三分句是"二是一个观点配两个实例"。说前半句"二是一个观点"时，**看稿子；**说后半句"配两个实例"时，**看观众。**

第四分句是"三是一次讲话不要超过三个观点"。说前半句"三是一次讲话"时，**看稿子；**说后半句"不要超过三个观点"时，**看观众。**

为什么说后半句时可以不看稿子看观众呢？因为在读前面的文字时，眼睛的余光已经看到后面的内容，并记在了脑子里。

开始运用前读后看法时，可能有些人会不习惯，害怕后面的文字看不清，记不住。实际上，只要坚持练习，每个人都能做到前读后看。我在给领导干部进行培训时，都会用上面这段话进行前读后看训练。只要我示范一遍，大家马上就明白。然后通过三遍练习，人人都学会了。

这里还要强调一点，每次上台前都要试读。每次拿到新讲稿，先要全读，就是看着文字稿通读几遍。然后再进行前读后看练习，看看在每句的哪个地方读，哪个地方看。这样通过排练，做到心中有数，上台才能熟练运用前读后看法。

二、先排后演——隆重场合讲话不出错的秘诀

先排后演，就是先进行排练，后正式上台讲话。

业精于勤，荒于嬉。重要的讲话，要想讲得精彩，上台之前一定要排练。如果抱着无所谓的态度，事先不排练，拿着稿子就上台，十有八九会在台上出错出丑。

20世纪50年代，中国代表团去日内瓦出席关于朝鲜问题的国际会议。这是中华人民共和国成立以来首次出席大型国际会议。著名的外交家黄华，当时担任代表团的新闻发言人。周总理就指示，新闻发言人在发言前一定要进行彩排。所以，后来黄华找了新华社的记者，让他们专门扮演外国记者向自己提出一些刁钻的问题。他们彩排了三次。记者提

问题，让黄华来回答。进行这种反复的演练后，黄华才上台。

阎崇年老师在《百家讲坛》上的轰动效果是怎么来的？也都是反复排练，精心准备得来的。

我在《百家讲坛》一年做了38集讲座，就非常累。每天都是这样，大概就是星期一、星期二、星期三、星期四写稿，星期五顺一遍，星期六就给亲戚、朋友讲，让他们帮助修改。修改完以后，我在门口散散步，星期天定稿再顺一遍，然后才会正式讲。这样到了年底，人瘦得就不成样了。后来，门口的人、邻居都说，怎么会瘦成这样了。后来，就住院了，住了一个月。住院以后，医生检查完了说您什么病都没有，就是累的。这样住了一个月就出院了，才缓过来。

排练主要包括两大内容：一是练，试读稿件；二是排，走台彩排。
试读稿件，就是要把稿件出声通读几遍。
出声通读时需要遵循两个原则：一是用耳语法读。这样读起来嗓子不累，又能让嘴皮子参与，把语句读顺畅。二是要通读全篇。
出声通读主要解决"两无"问题：无错别字，无断错句。
先说无错别字。通过通读，可以发现生僻字和拿不准的字。发现之后，查字典，做标记，读正确，以免闹笑话。

有一个文化程度不高的人，当时人力资源部发给他履历表让其填写。这个人填完之后就报上去了，报上去之后他就给人家打电话。

他说："喂，我填写的那个'复'历表你们收到了没有？"人家说："什么'复'历表？""就是你们让我填写的，有自己的身份，有自己的年龄，有自己的学历的那个表。"

人家一听，原来他是把这个"履历表"读成"复历表"了。

再来看一个领导读错字的笑话：

　　有位领导比较年轻，学历很高，讲话喜欢用成语。为他准备讲话稿，只要用的成语多就好通过。可是，他却总把"千里迢迢"读作"千里召召"，把"成绩斐然"读作"成绩文然"……他最喜欢用的成语是"饮鸩止渴"，曾多次在会议上大声疾呼"同志们啊，我们可不能饮'鸠'止渴啊！"，让人想笑又不敢笑。

再说无断错句。
通过通读，就能了解哪里停，哪里连，知道句子怎样断，不至于断错句子闹笑话。
来看两个笑话。

　　一次开会，领导讲计划生育。稿子上写的是"已结婚的和尚未结婚的青年，都要实行计划生育"。
　　正确的断句应该是"已结婚的/和/尚未结婚的青年/都要实行计划生育"。
　　结果这位领导上台前没看稿子，就读成了"已结婚的和尚/未结婚的青年/都要实行计划生育"，搞得哄堂大笑。

第二则笑话：

　　×检查团到农村去检查，大队党支部书记召开群众大会以表欢迎，书记拿出会计写的欢迎词，欢迎词的原句是这样的："我们热烈欢迎×检查团长途跋涉来到我们这儿，这是对我们的关怀，我们表示欢迎（你念到此处停一停，此处可能有掌声）……"
　　而书记却是拖着长声这样念："我们热烈欢迎×检查团长，途跋涉同志来到我们这儿，这是对我们的关怀，我们表示欢迎，你念到此处停一停，此处可能有掌声……"众人笑得前仰后合，会计小声说："错了，你念错了。"书记把眼一瞪："没错，就这么写的。你们笑什么？"

再说走台彩排。

走台彩排，就是除了没有观众，其他全部按照正式开会的要求进行排练。包括：

试一试话筒的音量大小，话筒位置的高低。

走一走上台的路线。从哪个地方上台，上台后怎样鞠躬。

调试一下灯光。看看灯光会不会刺眼。如果有PPT，还可以看一看灯光的强度，要既能保证看清人，又能保证看清PPT的文字。

按照"三定"的要求，站在讲台上将全部内容试讲一次。请同事当评委，看有什么问题需要改正。

三、低开高走——让讲话节省气力的秘诀

什么叫低开高走呢？是指讲话声调前低后高。"低开"指讲话稿的每一句开头声调要低，"高走"指每一句结尾声调要高。具体包括两个内容：一是每句话低开高走，二是全篇低开高走。

1. 每句话低开高走

就是一句话当中，前低后高，像上斜坡一样，句首声调要低一些，平缓些。之后，声调逐步提高，句尾声调要高些。

我们来看个例子：

为天地立心，为生民立命，为往圣继绝学，为万世开太平。

"为天地立心"的"为"字，声调低，逐步往高走，到"立心"声调高；"为生民立命"的"为"字，又回到声调低，再逐步往高走，到"立命"声调高。"为往圣继绝学，为万世开太平"也是按照这个要求，前低后高。这样讲话的声调，就像波浪一样，每一波都是由低到高，连接起来就是：低—高—低—高—低—高—低—高。听起来就有起伏的变化，富有韵律感，不会一个声调下来，让人打瞌睡。

怎样进行低开高走的练习呢？**方法是加手势**。

每一句话都做斜着上坡的手势，指挥着句子从低到高。

例如讲"为天地立心"这句话时，将手放到腰带位置，斜着从低往高处伸，伸到右肩的高度，指挥着语句低开高走。讲下一句"为生民立命"时，又回到腰带位置，再从低往高伸。就这样，在手势一次次的引领下，语句一次次地从低往高走。经过反复练习，就可以将低开高走变为语言习惯，让你的语言听起来低—高—低—高，一直有波浪式的起伏。

2. 全篇低开高走

这里有三层意思：

第一层意思，是说在全篇讲话的语调布局上，讲话开头部分，语调不能太高亢，要有意识地放低，控制住。

第二层意思，是说每一段都可以有高潮，但这些小高潮不能盖过结尾部分的大高潮。

第三层意思，是说最高潮的部分应该在讲话结尾，最高潮的一个词应该是结尾处最后一句话的最后一个词。

我们拿任正非的新年致辞做例子。

先看开头一段:

> 值此2009年的一页将翻过去,新的一年即将开始之际,我代表公司向奋斗在各条战线、各个区域的全体员工致敬,你们辛苦了!特别是对那些还奋斗在艰苦地区、艰苦岗位的员工,我诚挚地表达深深的谢意!你们承载了我们更多的希望,更美好的明天。我也代表公司深深地感谢数十万家属给我们的支持、理解和克制,没有你们的牺牲与奉献,就不会有我们今天的成功,你们辛苦了!

讲致辞的第一句话"值此2009年的一页将翻过去,新的一年即将开始之际"时,不能将调子起高,不能太高亢、太激动,要平缓开头。这叫**全篇要低开**。

在这一段当中,也有高潮,一句是对全体员工的问候语"你们辛苦了!",一句是"我诚挚地表达深深的谢意!",一句是对家属的问候语"你们辛苦了!"。但是这三个高潮句,语调不能高过全篇讲话的结尾一段。这叫**小高潮不能盖过大高潮**。

再看结尾的两段:

> 我们已经听得到新年的炮声,炮火震动着我们的心,胜利鼓舞着我们,我们只要坚持自我批判不动摇,我们就会从胜利走向胜利。我们走在大路上,意气风发,斗志昂扬,没有什么能阻挡我们前进,唯有我们内部的腐败。
>
> "日出江花红胜火,春来江水绿如蓝",待来年我们再共饮庆功酒!

这两段中,"我们已经听得到新年的炮声……"一段,虽然内容也很激动人心,但是它的语调不能高过最后一段。

大高潮应该在最后一段的最后一句:"待来年我们再共饮庆功酒!"

具体说来，"庆功酒"三个字，也应该是步步高，最高潮的一个字是"酒"字，为全篇的最高潮。这叫，**最高潮的一个字应该是结尾处最后一句话的最后一个字**。

无论是一句，还是全篇，为什么都要低开高走呢？有两个原因，一是不疲，二是不累。

不疲，就是观众听觉不疲惫。

先来看个爱因斯坦讲相对论的小故事。

> 一天，一位青年问爱因斯坦："您能解释一下什么是相对论吗？"爱因斯坦说："比方说，你同你的恋人坐在火炉边，一个钟头过去了，你觉得好像只过了十分钟！反过来，你一个人孤零零地坐在火炉边，同样只过了十分钟，但你却像是坐了一个小时！这就是相对论！"

声调同时间一样，也是相对的。如果讲话时一直有声调高低的变化，听众听起来就像是同恋人一起坐在火炉边，听觉不疲惫，感到时间过得很快。如果你一直是高调，或者一直是低调，听众听起来就是一个调，就像一个人孤零零地坐在炉火旁，听觉疲劳，十分难熬。

"欢娱嫌夜短，寂寞恨更长。"为了让听众听你讲话不会"恨更长"，就要学会当众讲话声调的低开高走。

二是不累。就是讲话者自己节省气力，嗓子不累。

做长篇报告一定要学会用巧劲，要把力量用在重点处。不知大家有没有注意到，在一些重大会议上，新当选的领导做长篇报告，常常会出现前高后低的情况。一开头就拔高声调，很有激情，结果讲到一半嗓子就开始嘶哑，无奈之下，不得不将声调又放低。到最后，该高的时候也高不上去了，讲话效果大打折扣。

中央电视台一位著名播音员告诉我，有位高级领导非常虚心，曾经专门向他请教怎样在长篇讲话中保持嗓子不嘶哑的技巧。这位播音员教的重要技巧就是低开高走。学会了这个技巧后，这位高级领导无论做多长的报告，都能做到声音游刃有余，不嘶不哑，收到了很好的效果。

四、讲话前动手写，上台时带提纲

　　一些企业领导者常问我的一个问题是：当众讲话经常遇到脑子短路怎么办？

　　什么叫脑子短路呢？就是在上台讲话时，讲着讲着突然脑子空白，不知道下面该讲什么了。然后，嘴就不听使唤，口不择言，自己都不知道讲的是什么了。下台之后就后悔，觉得没讲好，如果再上一次台，应该这样讲……

　　怎样解决这种短路呢？没有捷径，只有"凡事预则立，不预则废"。怎样"预"呢？一是讲话之前一定动笔写，二是上台之时带提纲。

　　动笔写什么？主要是两写：一是新手要写讲稿，带提纲；二是老手要写提纲，带提纲。

　　一是新手要写讲稿，带提纲。

　　先说写讲稿。如果是初次上台，一定要把讲话内容完全写出来，反复读，反复背，背到滚瓜烂熟再上台。因为新手没有经验，上台后按照提纲临时组织语言的能力比较弱，所以要笨鸟先飞背稿子。

　　上台时再带上提纲，这样讲话心中有底，一般不会出现短路。即使短路了，看一眼提纲，就可以继续往下讲。

　　我出于职业的习惯，到现在都是先写主持词，背下来，再上台主持。这样心中更有底，上台主持更加自信。

　　我这几年先后主持了上百场名人的讲座，每次都是事先花四五个小时时间搜集主讲人资料，写成三分钟左右的讲稿，背熟，再带上提纲上台主持。主讲人讲完以后，我与观众之间互动的串场词，也都是在听讲座时边想边写，写出几个关键词，带着临时写好的词上去串场。这样做，从来没有出现过短路的情况。

为什么写讲稿，带提纲呢？因为讲稿的文字密密麻麻，页数又多，新手上台本来就紧张，如果再忘了词，临时看讲稿，在众目睽睽下，想快速找到哪一页哪一行很困难。而提纲是讲话的要点，比较简短，文字大，页数少，忘词时找起来很容易。

二是老手上台写提纲，带提纲。

经常上台讲话的人，有很丰富的上台讲话经验了，这时可以写提纲。

什么是老手？就是经常登台讲话，心理素质好，语言组织能力又很强的人。只要有个好的思路，好的提纲，马上就能组织很流畅的语言。

老手为什么也要带提纲上场呢？为了有备无患。

带提纲有三大好处：

第一，气定。手中有粮，心中不慌。手中有提纲，心中也不慌。就是不用，但是你有底气，你的神态自然就气定神闲。

第二，不慌。如果不带提纲，一旦忘词，你就没有办法，马上会慌张，脑子就会空白。即使是老手，脑子一短路，无所依靠，也会紧张，再看看台下黑压压的人群都在等着听你的下文，就慌上加慌。这时，就容易把话讲错讲乱，狼狈下场。而有提纲在身，忘词了，利用停顿，看一下提纲，就可以按照要点顺利地往下讲，观众就看不出你忘词。

第三，不跑题。提纲就是按照讲话的先后顺序列出来的要点。按照提纲讲话，先讲什么，后讲什么，顺序不会乱，也不会出现漏掉要点的情况。严格按照提纲要点讲话，就绝对不会跑题。不会兴之所至，天南海北，乱扯一通。

五、讲话提纲要简略

带上台的讲话提纲要简略。简略的标准就是字数要少，尽量少用长句子，多用词或者字。

怎样算简略呢？具体说来，就是观点和举例子都要字数少。

先说观点的字数少。

就拿我写的课件来说，我在讲课时用的课件，其实就是一个提纲，只是起到一个提示作用。

讲什么是当众讲话的魅力，我在课件上只列出四个字：胆，声，情，识。

讲讲话魅力如何训练，是八个字：定—胆；耳—声；舞—情；诀—识。

再说举例子时字数要少。我的经验是，举例子时不要写出完整的情节，只要把最容易忘记的人名、地名、时间、数字写出来就可以起到提示的作用。

例如讲孔子的"仁"，我就写"仁，109次"。因为《论语》当中"仁"字一共出现了109次，足见"仁"的重要性。这个数字不能错，所以我就写出来做提示。

例如讲微笑对身体的好处，举了中医的例子。我就写下"中医学博士彭鑫，四逆汤"，提醒自己，以保证人名、药名不会出错。

讲"二活"要善于举例子时，我举的是乔布斯在斯坦福大学演讲的例子。提纲上写的是："乔布斯，斯坦福，退学学美术字；被苹果解雇；面对胰腺癌。"

抓住这几个关键词，就能起到提示作用，事例就能讲生动。

这里要补充一句，讲话提纲的简略是建立在前期精心准备的基础上的。你像讲中医学博士彭鑫的故事，我事先要把这个故事看上三四遍。然后自己再口述练习讲，完整地讲上三四遍。这就基本上记在脑子里了。到了台上，看一眼课件上的关键字，马上就能完整地讲出来。如果你事先不试讲，就靠提纲上的几个字，还是讲不出东西来。

六、首次讲话写提纲，重复演讲打腹稿

有很多读者曾问：演讲时可以打腹稿吗？我的经验是：首次讲话时间允许的话，就要写提纲，不要打腹稿。

好记性不如烂笔头。想一遍，脑子记一次；写一遍，脑子记一次；看一遍，脑子又记一次；把提纲默读一遍，就记了四次。这样的记忆，脑子参与，眼睛参与，嘴巴参与，记忆当然就深刻很多。如果只是靠脑子记，没有眼睛和嘴巴的参与，自然记忆得就不深刻，容易忘记了。

什么情况下可以打腹稿？我觉得只有一种情况，就是老调重弹。当你换了场合，重复以前讲过的内容时，可以打腹稿。除此之外，只要是第一次讲的内容，都应该本着"凡事预则立"的原则，动手写出提纲。

七、企业家演讲要讲自己的故事

这里谈三个问题：为什么讲？讲什么？怎么讲？

第一个问题：**为什么讲？**

因为只有讲自己的故事，才有说服力。为什么这么说呢？我从两个角度

谈：理论角度，实践角度。

先从理论角度谈。

《论语》中有句话讲得非常清楚：先行其言而后从之。

什么是"行"？就是企业家自己做过的事。

什么是"言"？就是将做过的事讲出来。

什么是"先行其言而后从之"？就是你先做后说，别人才会信服你，跟从你。所以，只有将自己做过的事，讲出来，别人才信服，才跟从。如果你没有做过，先讲出来，别人就不会信服，不会跟从你。

再从实践角度谈。

企业家中的一流演讲者，都是先做后说者。马云演讲时，讲的是自己和阿里巴巴的故事；任正非演讲时，讲的是自己和华为的故事；马化腾演讲时，讲的是自己和腾讯的故事；俞敏洪演讲时，讲的是自己和新东方的故事。他们的演讲之所以受欢迎，首要条件并不是口才好，而是自己的企业做得好。做得好，讲出来才有说服力，观众才愿意听。

企业家讲别人的故事，我为什么要听，我干脆听本人讲不好吗？企业家讲空洞的道理，我为什么要听，我自己也知道啊。

第二个问题：**企业家讲自己的什么故事？**

一是和企业相关的个人故事。

例如，任正非在达沃斯论坛演讲时讲自己的一段往事：

> 我从贵州一个小地方出来，和城市比起来，确实认识太孤陋寡闻了。大学毕业以后，因为正好是中国"文化大革命"，大家到处都不去工作。那不工作，我本人不大愿意这么混，所以我就自学了电子技术，电子技术自学用的是上海联谊工人大学的那个教材。因为它是工人的大学，所以那个"文革"是推广的，是可以买到那个教材的。

任正非讲的是"文革"期间自学电子技术的例子，是个人的故事，但是这个故事是和华为公司向世界上一切先进的国家和企业学习的态度是一致的。二者是有因果关系的。

二是讲企业的故事。

任正非在达沃斯论坛上，分享了三个华为人在全世界范围内赢得客户信任和尊重，从而赢得订单的精彩故事。

> 第一个故事发生在智利，当时智利发生了大地震，有三位华为员工失联，他们被找到后，还让他们去地震中心维护设备。这件事情后来被拍成了微电影。
> 第二个故事发生在利比亚战争发生后的撤侨行动中。当时任正非一声令下：不准撤，网络瘫了，死人更多。他认为战争是精确打击，不在那个点，就没问题。
> 第三个故事发生日本。2011年，日本发生地震海啸，很多人开始撤离，但华为人情绪稳定，背着背包，逆难民而走。人家以为是日本公司，后来在日本的订单很大。

这三个故事，都是华为公司的经典故事。

三是讲向别人学习的故事。

就是讲了别人的故事，但是落脚点还是在自己的企业中，而不是讲完别人的故事就画句号了。

任正非说：

> 稻盛做的精密陶瓷，是电子陶瓷等功能陶瓷。精密医疗器械和电子网络的核心部件，以后大量会是陶瓷的，而全球陶瓷京瓷做得最好。京瓷已在引领一场实实在在的新材料革命，将极大地推动通信业和互联网的发展。他们几十年如一日地精进，做到了全球第一，我们只有追随的

份。华为拥有全球一流的数学家，但他们却拥有全球一流的化学家与物理学家。我们赶不上他！

这里任正非讲的是日本著名企业家稻盛和夫的故事，但是落脚点还是在华为身上，就是我们要向稻盛和夫学习。

第三个问题：怎样讲好企业家自己的故事？
一是用鲜活的事例讲。没有事例的观点不讲。二是加手势讲。加手势讲，是为了讲得生动形象，语言富有感情。

八、讲话用金句的三个方法

金句，就是讲话中像金子一样有价值、宝贵的短语。讲话中使用金句，会有很强的说服力。这里和大家分享三点：**多用因果结构金句，找金句的两个方法，讲好金句有三招。**

1. 多用因果结构金句

那么什么样的金句更有说服力呢？
我最常用的一种金句结构是因果结构。用因果关系的金句，说服力更强。
就以几则我在课堂上常用的金句为例。先看四则我从别人处借来的金句：

简单练到极致就是绝招！（因："简单练到极致"。果："绝招"。）

天才就是重复最多的人！（因："重复最多的人"。果："天才"。）

凡做难事必有大收获！（因："凡做难事"。果："必有大收获"。）

聪明人要下笨功夫！（因："下笨功夫"。果："聪明人"。）

再来看我自己创作的三个金句：

手打开，心打开！（这是讲通过手势的训练，可以让自己把内向胆怯的内心打开。因："手打开"。果："心打开"。）

一事恒，百事恒！（这是讲，通过耳语加手势做"人一之"的坚持练习，你尝到坚持的效果后，就会形成坚持的习惯。因："一事恒"。果："百事恒"。）

要想出口成章，先要出手成章！（这是讲写得好，才能讲得好。因："出手成章"。果："出口成章"。）

为什么因果关系的金句说服力更强呢？因为只要做到这个因，就一定有这个果。

例如，只要"一事恒"，在一件事上坚持到底，产生效果，有了这个因，接下来你就一定会自动养成事事坚持，"百事恒"的习惯。

2. 找金句的两个方法

演讲中想用金句，从哪儿去找呢？

一是借，借东风；二是创，自创金句。

一是借东风。就是把别人用过的金句借到自己的讲话讲课中来用。

例如，我在南京创维公司讲课，学员生盼攀在课后作业中写道："感谢殷老师精彩的课程，课程内容涉及六点，所有的内容都围绕着一个字

'练'，使我记忆最深刻的话就是'简单练到极致就是绝招！天才就是重复最多的人'。"

"简单练到极致就是绝招！天才就是重复最多的人"，这两句话是给学员印象最深刻的金句。这两个金句都是我从"疯狂英语"创始人李阳那里借来的。

"凡做难事必有大收获"这句话，我是从金一南将军的演讲中借来的。

借东风的前提是，这个金句一定能够打动你。只有先打动你，才能打动别人。

二是自创金句。

"一事恒，百事恒"这个金句，是我自己提炼出来的。

是在什么情况下总结提炼的呢？

是从深圳大学学生奚润豪练习悄悄话的学习收获中提炼出来的。

多亏对"人一之"的坚持练习，我发现说话、唱歌的声音更好听了。

这次练习还让我切身体会到把坚持运用到其他方面的乐趣。比如：我通过坚持两个月的健身，科学饮食，体重成功增加了六斤。我还通过坚持一个月不熬夜，保证睡眠，肤色变得更加健康红润了。

第一段，是讲通过练习悄悄话这件事获得的效果，"说话、唱歌的声音更好听了"，这是"一事恒"。

第二段，讲自己通过练习悄悄话这件事尝到了甜头，就自觉地把恒心迁移到生活的其他方面，也取得了效果。这是"百事恒"。

自创金句要注意一个问题，就是你自创的金句一定要经过实践检验。这个实践检验包括两检：自检和他检。

例如，"要想出口成章，先要出手成章"这个金句，就是我通过自己的实践和别人的实践的双重验证，总结出来的。

自检，通过自己的实践进行验证。

我在开始做主持人时，偷懒，不想写主持词，总是上场前打腹稿，结果一上场经常会记不住词，并且语言不利落。后来通过先写下来，再背下来，讲出来的话就利落准确了。

他检，就是对别人的实践进行观察验证。

我反复观看马云的演讲视频，发现马云只要是第一次讲一个话题，一定会带着提纲上台，看着提纲一条一条地讲。例如，他2016年在济南"十人看十年"论坛上的演讲，是第一次讲这个话题，所以就是带着提纲上台的。

3. 讲好金句有三招

写好了金句之后，怎样讲好金句，给现场观众留下深刻印象呢？

有三个招数：加手势，停顿，重复。

一是加手势。

例如，讲"简单练到极致就是绝招"这句话。说"简单"时，双手一摊；说"练到极致"时，右手食指指向天空；说"绝招"时，双手伸出大拇指。

加手势的好处是听觉、视觉双管齐下。如果只说"简单练到极致就是绝招"，只作用于听觉；加上手势，就同时作用于视觉。和听觉相比，视觉给人的印象更强烈，所以说金句要加手势。

二是停顿。

还以"简单练到极致就是绝招"这句话为例。如果这句话中间没有停顿，就无法对这句话的重点词进行强调。而这句话中间用上停顿，就不一样了。"简单/练到极致/就是/绝/招！"，有了停顿，"绝招"二字就得到了很好的强调和突出。

三是重复。

"重要的事情说三遍"，其实说的就是重复的重要性。例如，"天才就是重复最多的人"这句话，在我半天的演讲课中就出现了四次。讲"'三定'练胆法、耳语练气发声法、'双人舞'练情法、'一简二活三口诀'练识法"这四个学习演讲的方法，每个方法讲完了，我都会重复一遍"天才就是重复最多的人"这句话，并且让学员加上动作重复，这样就会让学员记忆更深刻。

创维公司的万磊学员在课后心得中写道："任何好的方法或技巧，要达到效果，离不开勤奋苦练。正所谓：'简单练到极致就是绝招！天才就是重复最多的人！'"

九、讲话互动五种方法

为了活跃讲话气氛，吸引观众注意力，讲话过程中要设计一些互动环节。我在实践中常用的五种互动方法，效果很好，写出来，供大家参考。

1. 口头提问式

例一：

我在讲耳语法之前，问台下：不吃饭只喝水，人能够活几天？
台下答：七天。
我又问：不吃不喝呢？
答：三天。
再问：不呼吸呢？
答：几秒钟。

例二，我在主持珠海文化大讲堂时说的一段开场白：

欢迎大家光临珠海文化大讲堂第154期的讲座现场。

首先请教大家一个问题：看过金庸小说《鹿鼎记》的请举手。（会场一半人举手）韦小宝加入的是哪个帮会？（天地会）回答正确。（掌声）

以提问式开头后，我再介绍讲座嘉宾："中国研究秘密社会史的权威秦宝琦教授。"

在口头提问式互动时，所提的问题不要太难，要让观众脱口而出，很容易答出来。

2. 板书提问式

例一：

我在课件上打出"百炼成钢"四个字。先问：普通话有几个声调？
观众答：四个。
问：这个四字成语有几个声调？
答：第三声，第四声，第二声，第一声，也是四个声调。

例二：

我在课件上打出"眉开眼笑—愁眉苦脸"，然后问观众：脸上表情变化的关键在哪儿？
答：在眉。

3. 讲半句互动法

就是讲话者说出上半句，引导观众回答下半句。

我在讲微笑对身体的好处时说到"中国有一句俗语：笑一笑——"，把第二个"笑"字拉长，观众就会自觉对出下半句"十年少"。

我在主持《史记》研究专家韩兆琦教授的讲座时这样开场：

鲁迅先生评价《史记》时说过："史家之绝唱——"我把"唱"字拉长，观众自然对出"无韵之《离骚》"。

4. 正反式体验

就是先做一次错误的动作，再做一次正确的动作。有比较，才有鉴别。通过正反对比体验，观众自然就对正确的动作记忆深刻。

例如，我在讲课时让学员体会耳语法的好处，先让学员放开声音读绕口令《稀奇》，再用耳语法读一遍绕口令《稀奇》。学员马上就体验到用耳语法可以找到气沉丹田的感觉。

再比如，我在讲课时让学员体会"眼定"，用的也是正反式体验。

先让学员抬头看着天说"各位领导、各位来宾，大家好！"。
问大家："感觉是自卑还是自傲？"
答："自傲。"
再让其低头看着地说"各位领导、各位来宾，大家好！"。
再问："感觉是自卑还是自傲？"
答："自卑。"
再让学员眼睛看着台上的我说"各位领导、各位来宾，大家好！"。
再问："感觉是什么？"
答："自信。"

5. 换位互动

就是讲话者进行两种演示，让观众当评委进行评判。

我在讲到"眼定"时说："在台上讲话时，眼神要和观众交流。交流的时候要掌握一个原则，就是方位要准，眼神要虚。大家看我这样做对不对？"

说完我就眼睛盯着左边一个人的脸看，又盯着右边一个人的脸看。观众就笑了。我问："有什么毛病？"观众说："眼神太实，只盯着一个人看。"

十、控制讲话时间三法

我在实践中总结出控制讲话时间，不超时的"三时"法：问时，分时，对时。

问时，就是讲话前要向主持人问清楚让自己讲多长时间，做到心中有数。

分时，就是按照总的讲话时间，将自己要讲的几个问题细分时间，列出一张讲话时间表。

对时，就是将手表和时间表放到讲台上，每讲一个问题就拿手表和时间表对照一下。

拿我自己做讲座为例。

某日，我到一个单位做讲座。到了以后，我先问清楚讲课时间有多长。接待人员告诉我是下午两点半到五点，两个半小时，中间休息一次。这是问时。

然后，我就拿出一张纸，将所讲的四个问题"定耳舞诀"进行具体时间划分。

2：30—3：00　开场白和耳语练气发声法

3：00—3：30　"三定"练胆法

3：30—3：45　休息

3：45—4：15　"双人舞"练情法

4：15—4：45　"一简二活三口诀"练识法

4：45—5：00　互动提问

这叫分时。

上场时要把手表和时间表都带上，放在一起。讲了30分钟左右时，对照时间表，看一下手表。如果时间正好，就按计划讲。如果还没有讲完第一个问题"耳语练气发声法"，就加快速度，尽快结束。下面三个问题，也都是如此。这叫对时。

按照三时法讲话，时间就控制得比较准确，不会出现超时现象。

十一、克服面对镜头的紧张感的方法

我在给企业家学员讲演讲课时，有学员提问：如何克服面对镜头的紧张感？

可以用三个方法进行练习：**熟，眼，手。**

一是熟，就是增加对镜头的熟悉感。

为什么面对镜头会紧张？因为陌生。

解决的方法就是，平时多对着手机镜头讲话。重点用两个方法：**自拍，他拍。**

自拍， 就是自己架好手机，对着镜头讲话。

他拍， 就是让同事帮助拍摄，你对着镜头讲。这样练习得多了，就对镜头熟悉了，表情也就自然了，放松了。

二是眼，就是增加和镜头的交流感。

如果敢于对着镜头讲话了，但是眼睛没有交流感，会显得很呆板。

怎样练习和镜头的交流感呢？

有两个方法：第一，对着照片讲。就是录制视频时，把一张人头像放在镜头旁边，看着他的眼睛讲话。

第二，对着真人讲。就是让同事站在镜头边上，对着同事的眼睛讲。通过这样反复练习，眼睛就会说话，善于和镜头交流了。

三是手，就是要加上手势讲话。

因为不加手势，人就会显得很拘束。一加上手势讲话，手势有了轻重缓急，就带动语言生动形象，马上就放松了。

以上三个方法，前两个是声音培训师徐洁老师在小红书里讲的，后一个是我自己在教学中常用的。在这里分享给大家。

到这里，《领导者练好口才的第一本书》的内容就全部讲完了。最后，我们再用"双人舞"把当众讲话的四个诀窍重复一遍，以加深记忆。

定耳舞诀天天练，胆声情识变习惯。

（右手依次伸出四个手指）说"定耳舞诀"，（双手握拳，在胸前重复挥动）说"天天练"；

（摊开左右手）说"胆声情识"，（双手伸出大拇指）说"变习惯"。

祝愿大家持之以恒，早日练出胆声情识的讲话魅力！

附录

三招论

三招论，是我上本书《21天掌握当众讲话诀窍》写于结尾的话。我反复看了几遍，觉得对本书的读者也有帮助，就拿来供读者参考。

这是一本教你进行讲话训练的书。看本书不是为了消遣，而是为了切实提高自己的当众讲话能力。为了练出效果，早出效果，特提供"三招论"供你参考。

三招论——仿招，练招，创招

学习"定耳舞诀"这套方法，急不得，懒不得，都要经过仿招、练招、创招三个阶段。就像学开车，先是师傅手把手地教，你跟着模仿，把动作学会，这叫仿招；然后，自己要天天反复练习，熟练的过程，就叫练招；学会了，最后可以在各种不同的路况条件下随心驾驶了，就是创招。

1.仿招——"双人舞"一定要从模仿开始。

人的口头语言和肢体语言都要从模仿入手。人在婴幼儿时期都有牙牙学语的经历，通过不厌其烦地模仿，才能学会说话。打篮球，打太极拳，学游泳，学乐器，只要是有肌肉记忆的技能，也都要从模仿开始。讲话能力也是技能训练，也要从模仿开始。

仿招阶段，一要不贪多，二要不走样。以一当十，反反复复练一个小段，练熟练精。"定耳舞诀"的训练内容，都是我在教学中让学生反复练习的，效果很好。比如教学生"速度、力量、激情"这一段六个字的"双人舞"，从动作、眼神、体态，都要严格按老师的动作做，需一丝不苟，不能走样。学会了动作，一个星期就反反复复练这一个小段。

仿招，还一定要拿镜子当老师。因为镜子是最严格的老师，也是最细心的老师，对着镜子练，就不会模仿走样。

2.练招——贵在潜心静气。

练招，是从量变到质变的"量变"阶段。学会了练习的方法以后，就要天天练习，反复练习。

在量变阶段，最忌一个"烦"字，最需要一个"静"字。要静下心来，不厌其烦，一遍一遍地重复。早上要练，晚上要练，每天重复地练，拳不离手，曲不离口。开始时要想着练，练到熟了，不用想学过的动作，就自然做出来了。再练下去，你就会讲话时不由自主地加动作，不加动作都不习惯了。

姚明说过一句话："我的成功，就是设定了一个目标，然后天天就沉下心来练球。结果，有一天，一抬头，目标到了。"

有量的积累，一定有质的变化，把你的心思花在量的积累上，质变的那一天就会不知不觉来临。

3.创招——熟能生巧，随心所欲。

创招，就是从量变到质变的"质变"阶段，就是熟能生巧，就是变成了习惯，就是形成了肌肉记忆。

这个阶段有两个特征：一是手口合一。讲话时，只要一张口，就不由自主地加手势，有表情。这时，让你讲话不加手势和表情，你就会像戴了手铐一样不习惯了。二是随心所欲，根据讲话的内容自动会做出生动形象的手势和表情。

到了这个阶段，讲话就不是难受，而是享受了。

以三招论练"定耳舞诀"，在不知不觉中，你就成了一个讲话声情并茂、有胆有识的人！

这是我最大的心愿！！！

© 中南博集天卷文化传媒有限公司。本书版权受法律保护。未经权利人许可，任何人不得以任何方式使用本书包括正文、插图、封面、版式等任何部分内容，违者将受到法律制裁。

图书在版编目（CIP）数据

练好口才的第一本书：领导者实践版 / 殷亚敏著. -- 长沙：湖南文艺出版社，2024.6
ISBN 978-7-5726-1701-0

Ⅰ.①练… Ⅱ.①殷… Ⅲ.①领导学－口才学 Ⅳ.①C933.2

中国国家版本馆 CIP 数据核字（2024）第 064925 号

上架建议：演讲口才·成功励志

LIANHAO KOUCAI DE DI-YI BEN SHU：LINGDAOZHE SHIJIAN BAN
练好口才的第一本书：领导者实践版

著　　者：殷亚敏
出 版 人：陈新文
责任编辑：张子霏
监　　制：于向勇
策划编辑：布　狄
文字编辑：赵　静
营销编辑：时宇飞　黄璐璐　邱　天
封面设计：崔浩原
版式设计：李　洁
内文排版：谢　彬
出　　版：湖南文艺出版社
　　　　　（长沙市雨花区东二环一段 508 号　邮编：410014）
网　　址：www.hnwy.net
印　　刷：三河市天润建兴印务有限公司
经　　销：新华书店
开　　本：680 mm × 955 mm　1/16
字　　数：309 千字
印　　张：19.5
版　　次：2024 年 6 月第 1 版
印　　次：2024 年 6 月第 1 次印刷
书　　号：ISBN 978-7-5726-1701-0
定　　价：59.80 元

若有质量问题，请致电质量监督电话：010-59096394
团购电话：010-59320018